# 전쟁에게 평화를 묻다

이스라엘-하마스 전쟁 연구

# 전쟁에게 평화를 묻다

## 이스라엘-하마스 전쟁 연구

서보혁 이찬수 허지영 편

【 여는 말 】

# 연구의 배경과 책의 구성

서보혁·허지영

한국에게 중동은 대개 석유를 수입해 오는 지역이나 과거 개발도상국 시절 달러를 벌어 들여온 열사의 땅으로 인식되어왔다. 물론 기독교인들에게 예수가 탄생한 이스라엘과 그의 제자들이 전도여행을 다닌 이스라엘 안팎의 순례지역은 특별한 경외의 대상이기도 하다. 그에 비해 유대인의 팔레스타인 지역 정착 및 건국을 계기로 시작된 이스라엘과 팔레스타인인들 사이의 고질적 분쟁에 대한 관심은 대단히 미흡해 보인다.

### 연구의 배경과 목적

2023년 10월 7일 하마스가 이스라엘 시민들을 대상으로 한 대규모 테러 공격을 했을 때 한국 언론은 국제사회와 함께 일제히 하마스를 규탄하는 입장을 내놓았다. 그에 대해서는 어떠한 이견이 있을 수 없을 것이다. 어떤 정당한 목적이라고 해도 그것을 위해 폭력을 써서 민간인을 희생시킨다는 것은 정당화될 수 없기 때문이다. 2007년 6월 선거로 집권한 하마스는 가자 지구를 통치해 왔지만, 무장노선으로 팔레스타인 독립국가 건설을 추구해 온 급진 정치세력이다.

한국이 세계평화에 기여하고 그 일환으로 중동지역의 평화를 기원한다면 이스라엘과 팔레스타인의 관계에 대한 객관적인 역사 이해는 필수적이다. 팔레스타인인들을 추방하고 그 자리에서 이스라엘을 건국하고 그 직후부터 계속되어 온 이스라엘의 팔레스타인인들에 대한 차별 및 팔레스타인 독립국가 건설 노력에 대한 억압, 그로 인한 이-팔 분쟁의 역사는 이스라엘-하마스 전쟁의 이해를 위해서도 전제할 바이다. 10·7 테러가 전후 맥락 없이 비이성적인 급진단체가 자행한 우발적 정치폭력이라고만 하기 어려운 이유이다. 그러나 10·7 테러와 그 이후 이스라엘-하마스 전쟁에 관해 한국사회는 이스라엘과 팔레스타인의 역사적 이해에는 관심이 없어 보인다. 보수 언론의 경우 주로 군사기술적 차원에서 전쟁의 양상과 한국의 국익에 주목하고, 진보 언론은 인도주의적 참상에만 주목하는 식으로 이해의 편파성을 보였다.

러시아-우크라이나 전쟁에 관해서는 북한의 개입과 한국 방위산업이 얻을 이익에 대한 기대 등으로 많은 언론이 큰 관심을 나타냈다. 그에 비해 이스라엘-하마스 전쟁은 상대적으로 한국의 '국가이익'에 이해관계가 크지 않은 분쟁으로 치부되는 듯하다. 미국과 중국, 유럽연합과 러시아가 중동에 높은 지정학적이고 지경학적인 이해를 투사하는 것과는 크게 달라 보인다. 윤석열 정부는 출범하면서 '글로벌 중추국가'로서의 외교를 표방하였지만, 중동에 대해서는 원유 보급지역 이상의 의미를 찾으려 하지 않는 것처럼 보였다. 물론 한국정부는 이스라엘과 팔레스타인의 공존을 향한 '두 국가 해법'을 지지해 왔지만, 한국의 제일 동맹국 미국이 이스라엘을 지지함으로써 그런 입장은 무색해졌다. 미국의 바이든 대통령은 임기 마지막까지 이스라엘의 주권 운운하면서 가자 지구 공격에 쓰이는 무기를 대량 지원하였다. 뒤이은 트럼프 정부 역시 큰 차이가 없다. 휴전 합의의 이행을 경제적 이익을 획득하려는 기회로 보려는 움직임이 차이라면 차이다.

국내 시민사회에서는 진보·보수 진영을 막론하고 이 전쟁에 대한 관심이 크게 부족하였다. 친미·반북 성향의 보수 집회에 태극기, 성조기와 함께 이스라엘 국기가 나타나기도 하였다. 국내정치적 이슈를 중심으로 벌인 집회의 맥락상 이스라엘의 관련성은 크지 않아 의아해 보였다. 그러나 보수집회에 극우 성향의 교회 사람들이 참여한다는 점을 고려할 때 한국-미국-이스라엘의 동질성이 있다고 믿는 것으로 이해하게 되었다. 그럼에도 성경에서의 이스라엘과 전쟁범죄 의혹을 사는 작금의 이스라엘을 왜 구분하지 못하는지 안타깝기 짝이 없다. 그에 비해 진보 성향의 집회는 소수의 평화운동 단체가 이스라엘에 의한 팔레스타인 민간인 공격을 비난하는 경우로, 가끔 열렸다. 말하자면 이스라엘과 팔레스타인의 관계, 그 연장선상에서 2년차에 들어선 이스라엘-하마스 전쟁의 참상에 대한 균형적인 여론 형성과 학제간 연구는 국내에서 찾아보기 쉽지 않다.

10·7 테러 이후 이스라엘-하마스 전쟁에 관해 국내 작가들이 출간한 단행본은 두 권이 확인되었다. 김종철 감독이 저술한 『10월 7일, 가자 전쟁의 본질과 진실』은 저자의 수많은 현지 취재 경험을 배경으로 이 전쟁을 균형적으로 다루고 있지만, 급하게 쓴 인상을 지울 수 없다. 다른 하나 조다윗이 쓴 『이스라엘 하마스 전쟁으로 본 중동 극단주의 흐름』은 제목에

서 보듯이 하마스 등 이슬람 세력의 테러리즘에 집중하고 있어 이 책의 문제의식과는 거리가 멀다.

이 책은 10·7 테러를 계기로 전개되어 온 이스라엘-하마스 전쟁을 종합적이고 균형적으로 이해한다는 취지를 갖고, 다양한 분야의 연구자와 활동가들이 참여한 학제간 연구의 결과이다. 전쟁이 터지자마자 필자는 이런 취지에 공감하는 분들을 만나 구체적인 연구 범위와 방법에 대해 논의하였다. 목차와 아래에 있는 '책의 구성'에서 보듯이 이스라엘-하마스 전쟁의 실태와 영향은 물론, 그 배경이 되는 이스라엘-팔레스타인의 관계에 관해 정치, 역사, 종교, 국제법, 협상, 교육, 젠더, 생태, 인공지능, 남·북한 등 다양한 주제에 걸쳐 해당 전문가들이 집필에 참여하였다. 이 책은 국제분쟁에 관한 기존의 주류 시각, 즉 국가 중심의 국제관계 논의와 안보 중심의 담론을 넘어 생명, 인권, 평화 등 보편주의적 시각과 젠더, 생태, 현지 주민 등 아래로부터의 접근을 시도하고 있다. 이러한 대안적인 접근과 학제간 연구는 국제분쟁과 그와 관련된 다양한 인간안보 이슈를 충분히 담아내고 대안을 풍부하게 모색하는 데 유용하다. 이 연구가 한반도 안팎의 평화·분쟁 이슈를 좀 더 다양하고 실효성 높게 접근하는 데 일조하기를 기대하는 마음 간절하다.

이스라엘-하마스 전쟁은 어렵게 만들어낸 지난 1·15 휴전 합의의 1단계가 지나가고 있지만, 3단계까지 합의 이행을 완료하고 평화 정착으로 가기는 낙관하기 어렵다. 휴전 발효(1.19) 이틀 후 이스라엘은 휴전 합의의 범위 밖에 있는 서안지구 공습을 전개하였고, 트럼프 미 행정부는 네타냐후 정부를 전폭 지지하며 가자 지구에 대한 일방적 개발 구상을 밝혔다. 그런 현실 앞에서 이 연구 결과가 이스라엘과 팔레스타인의 공존은커녕 평화구축의 일보를 내딛는 데 일조할지도 의문이다. 연구진은 물론 중동의 평화를 기원하는 모든 이들의 관심과 연구가 계속되어야 하는 이유이다.

## 책의 구성

이 책은 여는말과 맺음말이 있고, 그 사이에 본문을 3개 부(部)로 구성하였고 말미에 부록을 첨부하였다. 본문에서는 열한 가지 주제로 이스라엘-하마스 전쟁의 배경과 실태, 그 영향을 다각적으로 다루고 있다.

제1부는 이스라엘-하마스 전쟁의 배경과 전쟁이 낳은 복합폭력을 다룬다. 이를 통해 전쟁의 직간접적인 실상과 영향을 체계적으로 이해하고자 한다.

먼저 1장은 팔레스타인 현지 평화운동가의 글이다. 이 글은 이 책 전체를 대변하는 논조와 범위를 담고 있으면서 이스라엘 및 세계와 소통하는 팔레스타인 평화운동의 입장을 보여주고 있다. 팔레스타인과 이스라엘의 평화적 공존을 위해 오랫동안 일해온 필자는 10·7 하마스 테러 이후 가자 및 서안 지구에서 발생한 비인도적 참상에 대해 설명하고, 이러한 참상이 발생한 역사적 연원과 관련 국제정치 현실을 논의한다. 이를 통해 독자들이 전쟁의 반인도주의적 현실을 이해하고 이스라엘과 팔레스타인의 평화적 미래를 전망할 수 있도록 인도한다.

2장에서는 이스라엘-하마스 전쟁의 복합적 원인을 역사의 흐름에 따라 정리하고, 전쟁 종식을 위한 대안을 검토한다. 이를 위해 디아스포라 이후 유대인의 긴 역사를 이-팔 전쟁의 원인(遠因)으로 평가한다. 그리고 비교적 가까운 원인으로서 시온주의자들이 주도한 팔레스타인으로의 이주, 이스라엘의 건국, 그리고 가자의 게토화를 논의한다. 마지막으로 이 두 원인을 관통하는 '시온주의'의 개념과 그 현실화 과정을 집중 조명한다.

3장은 젠더폭력의 관점에서 전쟁에 대한 이해를 제공하고 있는데, 구체적으로 여성, 남성, 성소수자와 같이 젠더와 관련된 이유로 가해지는 다양한 종류의 폭력을 다룬다. 전쟁이라는 특수한 맥락에서 여성과 성소수자들을 대상으로 하는 폭력은 극단적인 방식으로 전개되고 있다. 이 장에서는 폭력의 연속이라는 관점을 토대로 이스라엘-하마스 전쟁으로 인한 여성폭력과 전쟁 발발 이전 이스라엘과 팔레스타인 사회의 구조적·문화적 여성폭력을 연결지어 살펴보고, 젠더 시각이 반영된 평화구축과 여성폭력의 궁극적인 해소에 대한 시사점을 검토한다.

4장은 이스라엘-하마스 전쟁이 생태에 미치는 치명적이고 광범위한 피해에 주목한다. 생태폭력은 가해자가 명확하지 않은 구조적·문화적 폭력의 성격을 띠는 개념인데, 이 관점에서 팔레스타인 생태계의 역사와 전쟁의 피해, 그리고 10·7 테러로 시작된 전쟁으로 인한 생태폭력을 살펴본다. 이를 토대로 전쟁이 낳은 생태폭력의 다양한 양상을 소개하고 '모든 생명을 존중하는 국가들 사이에는 전쟁이 없다'는 생명평화로의 방향을 제시한다.

5장에서는 가자 및 서안 지구에서 사용되고 있는 AI 기반 첨단 무기체계의 전모와 그 사용으로 초래되는 법적·윤리적 문제를 검토한다. 또 이스라엘의 무기 생산 및 투자에 필연적으로 연관될 수밖에 없는 미국과 이스라엘의 관계를 조명하고 있다. 저자는 팔레스타인 내 참상을 끝내기 위한 국제사회의 노력과 더불어, AI의 군사적 이용에 대한 국제사회의 법적·윤리적 규제를 마련하기 위한 협력이 필요하다고 말한다. 특히, 이스라엘 편을 들면서 이 전쟁에 관여하고 전 세계 AI 개발 및 투자를 주도하는 미국의 역할을 강조한다.

제2부는 '평화로 가는 험난한 길'이라는 제목 하에 네 개의 주제로 전쟁 종식 이후 이스라엘과 팔레스타인의 평화구축을 논의한다.

6장에서는 이스라엘-하마스 전쟁이 전쟁이 아니라 '제노사이드'라는 시각을 법리적으로 선명하게 밝히고 있다. 필자는 이 전쟁에 대한 국제사법재판소와 국제형사재판소의 대응과 국내 시민사회의 전범 고발운동을 다룬다. 특히, 이 사건과 관련해 두 국제 사법체계가 작동하는 방식과 한계, 그리고 그 의미를 조망한다. 이들 사례를 통해 필자는 기존의 국제질서가 학살을 막는 데 온전히 작동하지는 못했지만, 전쟁책임을 묻는 국내외의 사법 활동과 캠페인이 가자 제노사이드를 비판하고 평화구축의 희망을 품을 수 있게 해준다고 말한다.

7장에서는 이스라엘-하마스 전쟁이 평화구축으로 전환해 가는 국제 협상을 '중개' 개념을 적용해 분석하고 있다. 필자는 '중개' 개념을 적용해 전쟁 종료의 범주, 전쟁을 평화적으로 해결하는 방안, 이스라엘-하마스 전쟁에서 제3자 개입이 필수적인 이유, 그리고 중개를 통한 일련의 전쟁 종식 시도를 논의한다. 분석 결과, 이스라엘과 하마스가 주체적으로 협상을 통제할 수 없는 상황에서 제3자의 개입은 필수적이지만, 중개자의 역할에는 분명한 한계가 있다고 평가한다. 이번 전쟁이 과거부터 지속되어 온 이스라엘과 팔레스타인 분쟁의 연장선상이라는 것을 고려한다면, 휴전 합의 이행이 전개되고 있지만 향후 상황을 낙관적하기는 어렵다고 평가한다.

8장은 이스라엘과 팔레스타인 지역에서 이루어지고 있는 종교 간 대화의 경험을 살펴보면서 그런 노력이 평화구축에 미친 영향을 평가하고 향후 과제를 탐색하고 있다. 종교는 이스라엘과 팔레스타인 갈등의 원인과 배경이기도 하지만, 분쟁 당사자들을 설득함으로써 평화와 화해의 강력한 매개체가 될 수도 있다. 최근 전쟁 속에서도 종교간 대화를 계속해 온 이스라엘과 팔레스타인의 여러 단체들은 더욱 적극적으로 활동을 전개하면서 종교가 평화의 도구로 기능할 수 있다는 기대를 불러일으키고 있다.

9장은 이스라엘과 팔레스타인 사이의 분쟁을 '절멸의 정치' 개념으로 분석하고 있다. 이 장은 절멸의 정치를 수행하는 주체로서 이스라엘 정부의 폭력성을 고발하고 이를 국가폭력으로 단죄할 수 있는 프레임을 제공한다. 저자는 먼저 국가폭력을 정의하고 이 형태의 폭력을 주도하는 '행위자'의 측면을 강조한다. 이를 바탕으로 이스라엘의 국가폭력을 뒷받침하는 개념과 주장을 살펴본 후 이스라엘-하마스 전쟁이 낳은 구체적인 결과를 종합하고 있다. 마지막으로 이스라엘의 국가폭력을 저지하기 위한 평화연대와 평화정치의 중요성을 강조한다.

제3부는 한반도에서 이스라엘-하마스 전쟁을 이해하려는 두 시선을 소개한다. 남한과 북한이 이 전쟁을 어떻게 인식하는지가 그것이다.

10장에서는 한국인들이 이스라엘-하마스 전쟁에 대해 어떻게 생각하는지를 언론 보도를 이용해 살펴보고 있다. 10·7 테러부터 2024년 12월 말까지 《조선일보》와 《한겨레》의 사설과 칼럼 기사를 통해 전쟁에 관한 한국민들의 여론 분포를 전쟁의 원인, 성격과 양상, 전망과 대책 등 세 측면으로 나누어 파악하고 있다. 분석 결과 두 신문은 뚜렷한 입장 차이를 보였는데, 필자는 이러한 차이를 전쟁에 대한 현실주의와 이상주의의 대립으로 평가한다.

11장은 북한 관영《로동신문》을 통해 이스라엘-하마스 전쟁에 관한 북한의 입장을 논의한다. 필자는 북한이 판단하는 이스라엘-하마스 전쟁의 발생 원인, 관련 국제정세 인식, 정책적 함의를 다룬 후, 그런 평가가 한반도에 주는 시사점까지 논의하고 있다. 북한 정권은 이 전쟁을 통해 내부적으로 주민통치를 강화하고 자체 무장화를 지속하며, 대외적으로는 반제국주의에 입각한 갈등론적 정세관을 뚜렷하게 보여주고 있다. 이 장은 김정은 정권의 전쟁 인식을 참고해 한반도 차원에서 단기적인 안정을 넘어 장기적인 평화정책을 모색할 필요가 있다는 함의를 제공한다.

마지막으로 부록에서는 이스라엘-하마스 전쟁과 관련한 국제기구의 결의와 이스라엘과 하마스 간에 체결된 2025년 1·15 휴전 합의 전문을 수록하고, 이 전쟁의 주요 일지를 정리해 독자들의 이해에 도움을 드리고자 하였다.

[ 감사의 글 ]

　이 책은 전공 및 활동 분야가 다른 필자들이 중동의 평화와 정의를 기원하며 이스라엘과 팔레스타인의 관계, 이스라엘-하마스 전쟁에 관해 균형적이고 종합적인 시각을 독자들과 공유하고자 연구한 결과이다. 먼저 1년여 동안 연구계획 발표, 중간 발표, 최종 발표를 거치며 집필에 참여해주신 필자 여러분들과 출간의 기쁨을 나누고 싶다.

　일련의 3단계 집필진 발표회는 자체적으로 진행하였지만, 중간 발표와 최종 발표의 일부는 공개적으로 진행하여 연구의 질을 높이고자 하였다. 중간 발표의 일부는 남북평화재단 주최의 '이스라엘-가자 전쟁과 평화 만들기'라는 주제의 학술회의(2024년 11월 27일, 서울 서대문 공간이제)에서 이루어졌다. 이 행사를 주최하고 연구진을 격려해주신 남북평화재단의 김영주 이사장님과 지정토론을 해주신 유영수 교수(북한대학원대), 사회를 봐주신 이윤희 선생(올리브나무평화한국네트워크 코디네이터)께 감사드린다. 또 최종 발표의 일부는 원광대학교 평화연구소 주최의 '종교와 평화포럼: 이스라엘과 하마스 전쟁'이란 주제의 학술회의(2025년 1월 10일, 서울 원불교 원남교당)에서 진행되었다. 회의를 만들어주신 원광대 평화연구소 원영상 소장, 토론을 맡아주신 안신(배재대), 문유정(동국대), 이병성(연세대) 교수님들께도 고마운 마음을 표하고 싶다.

이 책의 출간을 축하해 주시며 추천의 글을 써주신 김연철 전 통일부 장관을 비롯한 여러 선생님들께도 감사드린다. 또 팔레스타인 현지 상황을 직접 전해준 니달 아부줄루프 선생님을 섭외하고 그의 글을 번역해주신 김민지 목사님과 부록에 수록한 이스라엘-하마스 전쟁의 주요 일지를 정리해준 김진주 연구원에게도 감사드린다. 전공은 다르지만 평화연구의 한길을 걸으며 이 책의 출간을 응원해준 아시아종교평화학회와 비교평화연구회 선생님들께도 출간의 기쁨을 나누고 싶다.

열악한 출판계 사정에도 불구하고 평화와 생명의 길을 추구하며 이 책의 출간을 기꺼이 맡아주신 도서출판 〈모시는사람들〉의 박길수 대표와 편집진 여러분께도 감사의 인사를 드린다.

한국과 중동, 세계가 서로 연결되어 있듯이, 평화와 생태, 정의와 화해가 서로 연결되어 있음을 믿는다. 이들을 연결하는 일에 평화연구와 평화운동이 연대하는 것이 즐겁고 또한 당연하지 않은가.

2025년 5월
필진을 대표하여 서보혁

차례

여는 말 —— 5
감사의 글 —— 14

# 제1부 이스라엘-하마스 전쟁이 낳은 복합폭력

1장 가자·서안에서의 인도주의적 재앙 —————————— 23
   Ⅰ. 가자와 서안 지구의 참상 ———————————————— 24
   Ⅱ. 팔레스타인 문제의 역사적 배경과 근본 원인 ——————— 31
   Ⅲ. 가자 지구의 진행형 역사 ———————————————— 36
   Ⅳ. 이스라엘의 아파르트헤이트 정책과 정착민 식민주의 ——— 37
   Ⅴ. 국제사회의 이중 잣대와 책임 —————————————— 40

2장 시온주의, 신화적 정체성, 그리고 가자의 게토화 ————— 43
   Ⅰ. 전쟁의 원인, 그 오랜 이야기 —————————————— 44
   Ⅱ. 유대인의 '디아스포라'에서 '유대인 해방'까지 ——————— 45
   Ⅲ. 시온주의의 출현과 전개 ———————————————— 48
   Ⅳ. 종교적 제국주의 운동과 아랍민족주의 —————————— 52
   Ⅴ. 유대 민족의식의 재구성과 이스라엘의 건국 ——————— 58
   Ⅵ. 가장 거대한 감옥이 되다, 가자의 게토화 ———————— 64
   Ⅶ. 느슨한 국가연합은 가능할까, 하마스의 출현과 팔레스타인의 미래 — 66

3장 젠더폭력의 관점에서 이스라엘-하마스 전쟁 이해하기 ——— 69
   Ⅰ. 여성폭력, 오래됐지만 여전한 폭력 ———————————— 70
   Ⅱ. '살아 움직이는' 여성폭력 ———————————————— 72
   Ⅲ. 여성폭력의 해소 ———————————————————— 81
   Ⅳ. 처벌을 넘어 폭력의 단절을 향해 ————————————— 87

전쟁에게 평화를 묻다

4장 가자에서의 생태폭력 ———————————————— 89
  I. 전쟁과 생태폭력 ———————————————————— 90
  II. 가자 생태계 역사와 전쟁의 피해 ——————————————— 93
  III. 이스라엘-하마스 전쟁의 생태폭력 ————————————— 100
  IV. 생태폭력의 양상들 ———————————————————— 103
  V. 민주평화를 넘어 생명평화로 ———————————————— 110

5장 전쟁의 참상과 인공지능 ——————————————— 113
  I. 들어가며: 첨단 기술의 실험실이 된 팔레스타인 ———————— 114
  II. AI 기반 무기체계란 무엇인가? ——————————————— 116
  III. AI는 이스라엘-하마스 전쟁에서 어떻게 쓰이고 있는가? ——— 119
  IV. 군사용 AI의 복합 영향 —————————————————— 123
  V. 상황을 악화시키는 미국과 이스라엘의 밀월 관계 ——————— 128
  VI. 나가며: AI 워싱, 그리고 요원한 AI 윤리 확립 ——————— 130

## 제2부 평화로 가는 험난한 길

6장 가자 제노사이드에 대한 국제사법기구와
    한국 평화운동의 대응 ————————————————— 137
  I. 학살을 재판한다는 것 ——————————————————— 138
  II. 국제사법재판소, 학살을 멈추라고 명령하다 ————————— 139
  III. 국제형사재판소, 전쟁범죄자에게 체포영장을 발부하다 ———— 147
  IV. 한국 시민운동, 이스라엘 전범을 고발하다 —————————— 153
  V. 국제재판소는 학살을 막고, 처벌할 수 있는가 ————————— 161

## 7장 제3자 개입과 '중개' ─── 163
- Ⅰ. 전쟁의 끝, 휴전과 종전 ─── 164
- Ⅱ. 국제분쟁의 평화적 해결 방안 ─── 166
- Ⅲ. 이스라엘-하마스 사이의 제3자 ─── 172
- Ⅳ. 가자의 중개자: 이집트·카타르·미국 ─── 177
- Ⅴ. 전쟁 종식으로의 타임라인 ─── 179
- Ⅵ. 가자 평화와 중개 ─── 187

## 8장 전쟁의 수렁에 평화를 일구는 종교 간 대화 ─── 189
- Ⅰ. 종교 간 대화, 평화에 이르는 길 ─── 190
- Ⅱ. 종교 간 대화의 의미와 국내외의 주요 사례 ─── 192
- Ⅲ. 이스라엘과 팔레스타인에서의 종교 간 대화, 그 가능성과 한계 ─── 201
- Ⅳ. 평화를 위한 종교 간 대화, 우리 모두의 사명 ─── 208

## 9장 절멸의 정치 ─── 211
- Ⅰ. 대(對)팔레스타인 식민주의 지배 전략을 수행하는 국가, 이스라엘 ─── 212
- Ⅱ. 국가로서의 이스라엘 ─── 215
- Ⅲ. 이스라엘 국가폭력의 네 층위 ─── 217
- Ⅳ. 기억되지 않는 사람들 ─── 227
- Ⅴ. 나가는 말: 평화 연대와 정치의 중요성 ─── 230

전쟁에게 평화를 묻다

## 제3부 한반도에서 보는 이스라엘-하마스 전쟁

**10장 이스라엘-하마스 전쟁에 대한 한국 사회의 여론 ─── 235**
    Ⅰ. 한국 사회의 여론은 어떨까? ················································ 236
    Ⅱ. 《조선일보》의 논조 ······························································· 239
    Ⅲ. 《한겨레》의 논조 ··································································· 245
    Ⅳ. 두 신문의 논조 비교와 평가 ················································ 254

**11장 북한의 이스라엘-하마스 전쟁 인식과 한반도 함의 ─── 257**
    Ⅰ. 북한의 입장은 어떻게 알 수 있을까? ··································· 258
    Ⅱ. 이스라엘-하마스 전쟁을 통해 북한이 바라본 국제 정세는? ········· 260
    Ⅲ. 한반도는 괜찮을까 ······························································· 277

**맺음말 ─── 281**

**부록 ─────────────────────── 289**
    1. 유엔 안전보장이사회 결의(2024.06.10)
    2. 유엔 총회 결의(2024.09.18)
    3. 이스라엘과 하마스 간에 체결된 인질-휴전 합의(2025.01.15)
    4. 이스라엘-하마스 전쟁 주요 일지

참고문헌 ─ 294    집필진 소개 ─ 308    찾아보기 ─ 312

# 제1부

―――

## 이스라엘-하마스 전쟁이 낳은 복합폭력

1장 — 가자·서안에서의 인도주의적 재앙
/ 니달 아부줄루프

2장 — 시온주의, 신화적 정체성, 그리고 가자의 게토화
/ 이찬수

3장 — 젠더폭력의 관점에서 이스라엘-하마스 전쟁 이해하기
/ 허지영

4장 — 가자에서의 생태폭력
/ 이나미

5장 — 전쟁의 참상과 인공지능
/ 황용하

# 1장

## 가자·서안에서의 인도주의적 재앙
—진행형의 역사와 향후 과제

니달 아부줄루프

필자는 팔레스타인과 이스라엘의 평화적 공존을 위해 오랫동안 일해 오면서 2023년 10·7 하마스 테러 공격 이후 발생하는 광범위하고 비인도적인 참상에 놀라움을 금할 수 없습니다. 아래 내용은 10·7 테러 이후 이스라엘의 가자 지구에서의 집단학살에 가까운 작전으로 인해 발생한 희생자와 파괴 상황에 대한 정보입니다. 일부 수치는 2024년 12월 1일 기준으로 업데이트된 내용입니다. 그다음에 이 전쟁 참상이 발생한 역사적 연원과 그와 관련된 현 국제정치 현실을 짚어 보고자 합니다. 이를 통해 한국의 독자들이 이 전쟁의 반인도주의적 참상을 이해할 뿐만 아니라 이스라엘과 팔레스타인의 평화적 관계를 전망할 수 있기를 소망합니다.

## I. 가자와 서안 지구의 참상

### 1. 가자 지구의 참상

먼저, 가자 지구에서의 비인도적 참상을 말씀드리겠습니다. 유엔인도주의업무조정국(UNOCHA)이 2024년 11월 26일 낸 보고서(Reported Impact

Snapshot, Gaza Strip)에 따르면, 팔레스타인인 44,249명이 사망했습니다.[1] 이 중 17,581명은 어린이, 12,048명은 여성입니다. 이 보고서는 유엔, 가자 지구 보건부와 현지 병원들이 공동 작성한 것입니다. 굶주림 및 영양실조로 인해 어린이 30명이 사망했습니다. 전쟁으로 의료진 및 기자들도 희생되었습니다. 의료진 492명이 환자를 돌보거나 부상자를 구조하다 사망했으며, 기자 137명이 상황을 보도하거나 취재 중 사망했습니다. 팔레스타인 학자 및 과학자 100명이 암살되었습니다. 실종자는 훨씬 많은데 팔레스타인인 10,000명이 실종된 상태이며, 이들 대부분은 잔해 아래에 갇혀 사망했을 가능성이 있습니다. 부상자는 더 많습니다. 111,392명이 부상을 입었으며, 이 중 11,000명은 가자 지구 외부로 이송되어 치료가 필요한 상황입니다. 가자 지구 인구는 230만여 명으로 추산되는데 팔레스타인 190만 명이 강제 이주를 당했습니다. 일부는 여러 번 이주를 겪어야 했습니다. 이는 1948년 나크바보다 더 심각한 상황으로 평가됩니다. 또 5,000명이 구금되었다고 알려져 있지만 구금 상태에 대한 정보는 제공되지 않고 있습니다. 국제적십자위원회(ICRC)는 이들을 방문하지 못하고 있습니다. 의료진 310명과 기자 12명을 포함한 수천 명이 추가로 구금되었으며, 이들의 구금 상태에 대한 정보 역시 확인되지 않고 있습니다. ICRC의 접근 또한 차단된 상태입니다. 가자 지구 인구의 절반에 가까운 사람들이 건강

---

1 〈편집자주〉 가자 보건부는 2025년 3월 18일 이스라엘의 공습 재개 뒤 23일 기준 사망자 673명, 부상자 1,233명으로 집계됐다고 밝혔다. 2023년 10월 7일 하마스 기습 공격으로 시작된 가자 전쟁 전체 기간으로 확대하면 사망자는 5만 21명, 부상자는 11만 3274명이다. 지난해 기준 210만 명으로 추정되는 가자 주민의 2.3%가 1년 5개월(17개월)의 전쟁 동안 희생된 것이다. 《한겨레》, 2025년 3월 24일.

에 이상이 있습니다. 1,095,000명이 건강 문제를 겪고 있는 것으로 보고되었는데, 이는 가자 인구의 약 50% 규모입니다. 이러한 상황은 인도주의적 재앙으로 간주되며 긴급한 국제적 대응이 필요한 실정입니다.

전쟁이다 보니 인명 피해만이 아니라 사회경제적 인프라와 생태 파괴까지 일어나고 있습니다. 역시 위 유엔 보고서에 따르면 주택, 교육 및 종교 시설, 의료 시설 등이 많이 파괴되었습니다. 건물 163,778채가 완전히 또는 부분적으로 파괴되었습니다. 이로 인해 187만 명에게 긴급 주거 지원이 필요합니다. 학교 305곳, 대학교 건물 10개 동, 모스크 230곳, 교회 3곳, 문화유산 센터 200개 곳, 정부 시설 171곳이 파괴되었습니다. 가장 널리 알려진 의료 시설 파괴 역시 심각합니다. 의료 센터 248곳(이 중 32곳은 병원)이 완전히 또는 부분적으로 파괴되었습니다. 많은 시설이 서비스가 불가능한 상태에 처했으며, 구급차 130대도 파괴되었습니다. 대중의 생존에 필수적인 물과 전기를 이스라엘 측이 공급을 차단하고, 식량·의약품·연료

가자 지구 지도 (2025년 2월 5일 현재)
출처: 구글 지도

의 반입을 금지했습니다. 이로 인해 주민들은 굶주림과 질병, 기아에 직면해 있습니다. 그러나 팔레스타인 사람들의 피폐한 삶은 이번 전쟁의 여파에 의해서만 만들어진 것이 아닙니다. 지난 16년간 지속된 봉쇄로 가자 지구는 사실상 사람이 살 수 없는 환경이 되었으며, 주민들은 떠날 수도 없는 상황입니다. 그 결과 가자는 굶주림, 고통, 죽음이 매 순간 일어나는 생존 불가능 지역으로 전락하였습니다.

이상과 같은 상황은 국제인도법 위반으로 간주되며, 즉각적인 국제사회의 개입이 필요한 중대한 인도주의적 위기입니다. 가자와 서안 지구에서의 참상을 종합해 볼 때, 유엔 인권특별보고관 프란체스카 알바네세(Francesca Albanese)의 결론이 과장이 아닙니다. 알바네세는 이스라엘이 팔레스타인 국민을 집단학살하고 있다고 결론지었습니다. 자세한 내용은 알바네세 보고관이 유엔에 제출한 보고서, 「집단학살의 해부(Anatomy of a Genocide)」(2024)에서 확인할 수 있습니다.

## 2. 서안 지구의 참상

다음으로 서안 지구의 상황을 살펴보겠습니다. 현재 가자 전쟁으로 서안 지구의 상황은 주목을 덜 받고 있지만 이 지역 역시 인도주의적 참상이 심각합니다. 서안 지구의 상황 또한 매우 긴박합니다. 이스라엘군은 하루 평균 15개 지역(도시, 마을, 난민 캠프)에 침입하고 있으며, 이로 인해 많은 피해와 희생이 발생하고 있습니다. (이스라엘과 하마스 간에 가자 전쟁 휴전 합의 이틀 후, 이스라엘은 서안 지구에 공격을 감행해 팔레스타인인들에게 피해

이스라엘 정착민들에 의해 파괴된 서안 지구 팔레스타인인들의 주택
출처: 위키미디어 커먼즈

가 발생하였습니다. 이는 이스라엘의 팔레스타인 정책의 최종 목표가 무엇인지 의심하게 하고 가자에서의 휴전이 불확실할 수도 있음을 말해 줍니다 - 편집자 주).

먼저 인명 피해를 보면, 2024년 12월 1일까지 이스라엘군과 정착민에 의해 팔레스타인인 800명이 사망했습니다. 이 중 168명은 어린이, 여성, 노인 및 수감자입니다. 체포 및 행정 구금도 속출하였습니다. 서안 지구에서 11,930명이 체포되었으며, 대부분은 어떠한 혐의도 없이 행정 구금 상태에 놓여 있습니다. 강제 이주와 이스라엘 정착민에 의한 범죄도 발생하였습니다. 팔레스타인인 4,773명이 이스라엘군과 정착민의 공격으로 인해 자신들의 공동체에서 강제 이주를 당했습니다. 무장한 이스라엘 정착민들은 팔레스타인 마을에 다양한 공격을 감행했습니다. 그로 인해 8명이 사망했으며, 많은 사람들이 부상을 입었습니다. 주택·차량·나무 등이 파괴되었고, 많은 농부들이 정착민들의 지속적인 공격 때문에 농지에 접근조차 할 수 없는 상황에 놓여 있습니다. 이스라엘군은 정착민들이 이러한 범죄를 저지르는 동안 그들을 보호하고 있습니다. 정착민들의 폭력과 군사작전으로 인해 지역 간 이동이 심각하게 제한되고 있으며, 지역 간 이동은 생명이 위협받을 정도로 위험한 상황으로 전락했습니다.

인프라 파괴도 일어났습니다. 툴카렘, 제닌, 나블루스 등의 주요 지역에서 도로, 수도, 전력망 등 많은 기반 시설이 파괴되었습니다. 이러한 서안 지구의 상황은 팔레스타인 주민의 생명과 생계를 심각하게 위협하며 국제사회의 시급한 개입이 필요함을 보여줍니다.

### 3. 집단학살에 가까운 전쟁이 팔레스타인인들에 미친 영향

하마스의 10·7 테러에 대한 보복 공격으로 시작된 이스라엘의 군사행동은 광범위하고 심각한 인도주의적 참상을 초래하고 있습니다. 위에서 가자 및 서안 지구에서의 참상을 살펴보았습니다만, 이스라엘의 군사행동은 거의 집단학살에 가깝고 국제사회는 그에 대해 심각한 우려를 표명하고 있습니다. 여기에는 국제법 기구도 나서고 있습니다. 아래에서는 이스라엘의 군사행동이 팔레스타인인들의 삶에 미친 영향에 초점을 두고 있습니다.

먼저, 수많은 가족이 전쟁으로 인해 완전히 사라졌으며, 가족 구성원 모두가 사망했습니다. 가족의 절멸이라 할 수 있습니다. 가자가 사람이 살 수 없는 상태로 변해 버린 비참함도 빼놓을 수 없습니다. 가자는 더 이상 사람이 살 수 없는 지역으로 전락했으며, 복구에는 30년이 소요될 것으로 예상됩니다. 기근과 기본 생활필수품 부족 때문에 팔레스타인 주민들은 굶주림에 허덕이고 있고 그중에서는 건강은 물론 생명이 위험한 사람들도 있습니다. 세계식량계획(WFP)에 따르면, 식량 가격이 1,000% 상승했다는데, 이 역시 팔레스타인인들의 생존을 위협하고 있습니다. 그 결과 215만 명이 심각한 기아 상태 또는 그 이상의 상황에 직면해 있습니다. 이 규모는 가자 지구 인구의 93%를 차지합니다. 생명과 생존의 위험이 높아지자 자발적, 비자발적 이주가 늘어 가고 있습니다. 생존이 가능한 사람들은 가자를 떠나 안전한 피난처를 찾기 위해 이주하고 있습니다.

유엔개발계획(UNDP)은 2024년 가자와 서안 지구의 빈곤율이 74%(410만 명)에 이를 것으로 예측한 바 있습니다. 《알자지라》 뉴스는 2024년 10월 22일, 유엔 보고서를 인용해 이 전쟁으로 인해 팔레스타인의 발전 수준은 69년 뒤로 퇴보했다고 보도했습니다. 아래는 유엔, 국제노동기구(ILO), 세계은행, 유니세프(UNICEF) 등 국제기구들의 보고서에서 나온 관련 내용을 정리한 것입니다. 실업률, 교육, 식량 등 물질적 측면은 물론 심리적 측면까지 다루고 있습니다. 2024년 1년간 가자의 실업률은 80%, 서안 지구는 35%에 도달했습니다. 2024년 5월까지 팔레스타인인 344,000명이 일자리와 소득원을 잃었습니다. 가자 지구 주민들의 91%가 심각한 식량 불안정 상태에 처해 있습니다. 어린이 100만 명이 심리사회적 지원을 필요로 하고 있습니다. 이주는 국외 이주도 있지만 국내 이주도 있습니다. 200만 명의 가자 주민이 집을 잃고 강제 이주를 당했으며, 대부분 비참한 상황에서 텐트에 거주하고 있습니다. 겨울철에 특히 심각한 영향을 받고 있습니다. 또 수천 명의 가자 주민은 개인 혹은 가족 단위로 가자 밖으로 이주하고 있습니다. 학생 625,000명이 정규교육을 받지 못하고 있습니다. 교육에서의 위기 역시 전쟁의 부산물에 해당합니다.

팔레스타인인들의 정신적, 심리적 불안도 주목할 만한 현상입니다. 주민들은 유엔에 대한 신뢰를 상실하고 있습니다. 국제법을 집행하지 못하고 이스라엘의 집단학살적 공격을 멈추지 못한 유엔에 대한 신뢰가 상실되고 있는 것입니다. 정치적 절망감도 나타나고 있습니다. 대부분의 주민들이 세계 여러 나라의 공모로 인해 정치적 해결에 대한 희망을 잃고 상실감을 느끼고 있습니다. 가공할 만한 이스라엘의 군사행동에 성인들은 물론 어린이, 노약자들의 놀라움과 두려움은 말할 수 없이 큽니다. 정신적 외상이 발생하지 않을 수 없습니다. 가자와 서안 지구 주민 대부분이 전쟁과 학살을 목도하면서 외상 후 스트레스 장애(PTSD)를 겪고 있으며, 이러한 고통은 오랫동안 지속될 것으로 예상됩니다. 나아가 팔레스타인 주민들은 이스라엘이 서안 지구 병합과 두 국가 해법의 종식을 공개적으로 주장하고 있다며 불안해하고 있습니다. 이스라엘의 그런 움직임은 팔레스타인인들의 존립을 근본적으로 위협하기 때문입니다.

이런 심각하고 절박한 상황에 직면해 있는 팔레스타인인들 가운데는 국제사회가 이중 잣대를 적용하고 학살에 가까운 이스라엘의 전쟁에 공모했다고 느끼며 배신감을 표현하는 경우도 있습니다. 이 모든 상황은 팔레스타인 주민들에게 심각한 인도주의적 위기를 초래하며, 국제사회의 긴급한 개입이 절실히 필요함을 보여줍니다.

## II. 팔레스타인 문제의 역사적 배경과 근본 원인

그렇다면 위에서 살펴본 팔레스타인인들이 겪고 있는 작금의 심각한 재앙은 현 이스라엘 정부의 과도한 보복 공격 때문만인가 생각해 볼 수 있습니다. 결코 그렇지 않습니다. 이스라엘의 팔레스타인인들에 대한 억압과 팔레스타인 국가 건설 방해에는 오래된 역사적 배경이 있고, 그 근본 원인은 특정 시기, 특정 이스라엘 정부의 정책으로 축소할 수 없습니다.

### 1. 이스라엘의 건국과 팔레스타인인들의 고난

이스라엘의 건국은 팔레스타인 원주민에 대한 민족 청소를 통해 인도적 재앙, 곧 나크바(Nakba)를 초래했습니다. 1948년, 시온주의 무장 단체들은 수많은 학살을 저질렀으며, 그 결과 수천 명의 팔레스타인인들이 사망하고, 약 80만 명(당시 인구의 75%)이 고향과 마을에서 추방되었습니다. 이때 추방된 팔레스타인 주민들은 난민이 되었으며, 현재 약 750만 명에 달합니다. 이들의 권리는 침해되었고 토지는 강탈당했으며, 약 530개의 마을이 완전히 파괴되었습니다. 팔레스타인 난민들은 시온주의자와 전 세계에서 팔레스타인으로 이주한 유대인들로 대체되었습니다.

이들 난민은 팔레스타인 내부, 주변 아랍 국가, 전 세계에 흩어져 있으며 대부분 난민 캠프에 거주하면서 국제법이 시행되기를 그리고 고향으로 돌아가기를 고대하고 있습니다. 나크바의 결과로 이스라엘은 팔레스타인 영토의 78% 면적에서 수립되었고 이는 팔레스타인 사람들의 고통을 기반으로 이루어진 것입니다.

1967년 중동전쟁 이후, 이스라엘은 팔레스타인의 남은 영토의 22%(서안지구, 동예루살렘, 가자 지구)를 점령했습니다. 그에 따라 팔레스타인 사람들은 이스라엘의 군사점령 하에 놓이게 되었습니다. 이로 인해 인권 침해와 폭력은 더욱 심화되었습니다.

## 2. 오슬로 협정의 좌초와 폭력의 지속

1987년, 점령된 영토에 살던 팔레스타인 사람들은 이스라엘의 폭정에 반발해 조직적인 민중 봉기, 일명 인티파다(Intifada)를 시작하며 자유와 독립을 요구했습니다. 이 봉기 동안 2,000명이 사망하고, 150,000명이 부상당하고, 80,000명이 구금되었습니다.

인티파다 이후, 1993년 9월 이스라엘과 팔레스타인해방기구(PLO)가 국제사회의 중재로 오슬로 협정에 서명하면서 팔레스타인의 무장투쟁은 일시 종료되었습니다. 이 협정은 5년간의 잠정 합의로서, '평화를 위한 땅(Land for Peace)' 개념에 기초한 정치적 해결을 목표로 했습니다. 그러나 이 협정은 이후 추가로 체결된 오슬로 협정 II, 카이로 협정 등과 함께 이스라엘 측에만 유리한 결과를 가져왔습니다. 오슬로 협정과 이행 시도는 이스라엘 내에서도 반팔레스타인 극우 세력에 의해 비난받았고 협정 체결을 주도한 정권이 흔들리기 시작했습니다. 오슬로 협정을 체결하고 이행을

중동 평화 프로세스의 주역 중 한 사람인 이스라엘 라빈 총리
ⓒIsrael Press and Photo Agency (I.P.P.A.), CC BY 4.0, https://commons.wikimedia.org/wiki/File:Assassination_of_Prime_Minister_Yitzhak_Rabin,_1995_Dan_Hadani_Archive.jpg)

추진한 이츠하크 라빈(Yitzhak Rabin) 이스라엘 총리가 극우 분자의 총격으로 사망했습니다.

오슬로 평화 프로세스가 좌초되자 팔레스타인 측에서는 또다시 무장봉기를 준비했습니다. 두 번째 인티파다가 그것입니다. 2000년 캠프 데이비드 회담에서 팔레스타인 대통령 야세르 아라파트(Yasser Arafat)는 국제법과 팔레스타인의 권리를 무시한 제안을 거부했습니다. 이후 이스라엘 총리 아리엘 샤론(Ariel Sharon) 정부의 알-아크사 모스크 침입으로 두 번째 인티파다가 시작되었습니다.

제2차 인티파다는 매우 폭력적이었고, 팔레스타인인 3,000명 이상이 사망했으며, 수천 명이 부상을 입었습니다. 이 봉기를 진압한 후 2002년 이스라엘은 분리 장벽을 건설하였고 팔레스타인 토지를 더 많이 강탈하고, 새로운 국경을 설정했습니다. 이 장벽은 서안 지구 면적의 12%를 사실상 병합하였는데, 이런 지역은 '심 존(Seam Zone)'으로 불립니다.

오슬로 협정과 그 후속 합의들은 국제법과 인권 존중이라는 평화의 핵심 기반을 결여한 채 체결되었으며, 이는 협정 이행이 실패하는 주요 원인이 되었습니다. 이후 지난 20여 년 동안 가자 지구에서는 여러 차례 충돌이 발생했으며, 팔레스타인인 6,200명 이상이 사망했습니다. 대부분 민간인이었습니다. 폭력 사이, 혹은 그 이전부터 진행된 지난 30년간의 협상은 아무런 성과를 도출하지 못했으며, 오히려 더 많은 억압과 폭력, 수천 명의 희생을 초래했으며, 평화에 대한 희망마저 꺾어 버렸습니다.

이스라엘은 점령한 팔레스타인 영토 전역에서 정착촌 건설을 가속화하고 있습니다. 팔레스타인 지역에서 이스라엘이 일방적으로 정착촌을 건설하는 것은 최근의 문제가 아니라, 오슬로 평화 프로세스를 중단시킬 정도로 주요 분쟁 요인으로 작용해 왔습니다. 현재 서안 지구에는 623,000명 이상의 이스라엘 정착민들이 정착촌 200개 이상과 전초기지 150개에 거주하고 있습니다. 이 정착촌은 국제법상 모두 불법 시설로 간주됩니다. 최근 10개월 동안 정착민들은 팔레스타인 마을과 주민과 재산을 900회 이상 공격했으며, 그로 인해 주택과 차량이 불탔고, 나무가 파괴되었으며, 사람들에게 총격이 가해졌습니다. 그 과정에서 팔레스타인인 7명이 사망했으며, 이 중 6명은 쿠스라 마을에서 사망했습니다.

### 3. 이스라엘의 아파르트헤이트 체제

이스라엘은 팔레스타인인들에 대해 국가 및 개인적 차원의 권리를 모두 부정하는 정착민 식민주의, 곧 아파르트헤이트(Apartheid) 체제를 운영하고 있습니다. 이에 관해서는 휴먼 라이츠 워치(Human Rights Watch), 앰네스티 인터내셔널(Amnesty International) 등 저명한 국제 인권 기구들은 물론 이스라엘 인권 단체들도 지적해 왔습니다.[2] 이스라엘의 계속되는 국제법 위반과 팔레스타인 민족에 대한 억압은 중단되지 않고 있으며, 이는 팔레스타인인들의 고통과 불의를 심화시키고 있습니다.

---

2   Human Rights Watch, 「A Threshold Crossed Israeli Authorities and the Crimes of Apartheid and Persecution」 (2021); Amnesty International, 「Israel's Apartheid against Palestinians: Cruel System of Domination and Crime against Humanity」 (2022); Yesh Din, 「The Occupation of the West Bank and the Crime of Apartheid: Legal Opinion」 (2020); B'Tselem, "Apartheid," https://www.btselem.org/topic/apartheid (검색일: 2024년 12월 10일).

## Ⅲ. 가자 지구의 진행형 역사

이번 이스라엘-하마스 전쟁의 참상은 널리 알려진 데 비해, 그 현장인 가자 지구의 역사와 문화에 대해서는 많이 알려져 있지 않은 듯합니다. 가자 지구에 거주하는 팔레스타인인의 약 3분의 2는 난민인데 그들은 1948년 나크바 이후 이스라엘에 편입된 인근 마을과 도시에서 강제로 이주된 사람들입니다. 이들은 지난 16년간 봉쇄와 함께 비참한 생활 조건 속에서 살아왔으며, 그 기간 동안 이스라엘 군사작전에 의한 공격을 여섯 차례 받았습니다.

가자 지구는 이스라엘의 엄격한 통제 아래 있으며, "세계에서 가장 큰 야외 감옥", 혹은 "지붕 없는 감옥"으로 불립니다. 주민들은 기본적인 생활 필수품에 대한 접근이 제한된 상태에서 살아가고 있습니다. 식수 오염, 전력 부족 등 생활 여건이 열악하기 짝이 없습니다. 가자 지구에서 이용 가능한 식수의 95%가 오염되어 있습니다. 전력 공급은 하루 평균 14시간 동안 차단됩니다. 또 대부분의 가자 주민은 이스라엘이 부과한 이동 제한으로 인해 가자 외부로 여행해 본 적이 없습니다. 그런 상태에서 식량, 의약품, 연료, 건축자재 등 기본적인 생활필수품의 반입은 이스라엘의 승인을 받아야만 가능합니다. 이번 전쟁에서 이스라엘군은 팔레스타인인들이 접근할 수 있는 손에 꼽히는 인도적 접근을 제한, 통제해 왔습니다. 이런 처사와 이스라엘의 무차별적인 군사행동이 반테러주의를 명분으로, 실제로는 팔레스타인인들의 절멸, 이스라엘의 팔레스타인 거주 지역 병합을 추구한 것이 아닌가 하는 의구심을 낳고 있습니다.

가자 주민들은 자신의 기본적 인권이 존중받지도 보호받지도 못하고 있다고 느끼고 있습니다. 한편, 전 세계 다른 지역에서 온 이스라엘 정착민들은 이들이 1948년에 강제로 떠나야 했던 지역에서 안락한 삶을 살고 있습니다.

결국 하마스의 10·7 테러 공격 이후 이스라엘의 보복 공격은 전쟁범죄와 인도주의적 위기를 초래하고 있습니다. 가자 지구 주민들에 대한 집단처벌, 대규모 이주 강요, 의약품·식량·연료 반입 제한은 국제인도법에 따라 전쟁범죄 및 반인도적 범죄로 간주됩니다. 이는 즉각 중단되어야 하며, 국제사회는 가자 주민들의 기본적인 생존권을 보장하기 위해 적극 개입해야 합니다. 가자 주민들은 고통과 억압 속에서 인간으로서의 존엄과 권리를 요구하고 있으며, 국제사회는 이들의 요구에 응답할 책임이 있습니다.

## IV. 이스라엘의 아파르트헤이트 정책과 정착민 식민주의

### 1. 아파르트헤이트 정책

1948년 건국 이후 이스라엘은 팔레스타인인들에 대해 억압과 차별을 지속해 왔습니다. 그동안 이스라엘은 팔레스타인인 약 14만 명을 살해했으며, 1967년 이후 약 100만 명을 구금했습니다. 현재도 약 12,500명이 구금 시설과 교도소에 수감되어 있습니다. 또 이스라엘은 나크바 때 이스라엘 및 점령된 팔레스타인 영토(OPT)에서 주택 52,000채를 철거한 이래 지금까지 주택 175,000채를 철거했습니다. 이 통계는 이스라엘주택철거반대위원회(The Israeli Committee against House Demolition: ICAHD)라는 국제기구의 발표

자료에 따른 것인데,[3] 이 평가는 10·7 테러 공격 이후 이스라엘의 보복 공격으로 인한 팔레스타인 주택 철거 및 파괴는 포함되지 않은 수치입니다.

이스라엘의 팔레스타인인들에 대한 조직적인 차별은 아파르트헤이트라는 법제도에 기반하여 전개하는 폭력적인 극우 성향의 정책으로 뒷받침되고 있습니다. 이스라엘은 2018년 「민족국가법(Nation State Law)」을 제정하여 이스라엘을 '유대인의 국가'로 규정하고, 팔레스타인인의 비중이 22%인 비유대계 시민의 자결권을 부정해 왔습니다. 이는 시민 차별을 제도화한 법률입니다. 「민족국가법」에 근거하여 2022년 12월 이스라엘에서는 극우 종교-파시스트 연립정부가 수립되어 팔레스타인 지역에서 새로운 억압 정책을 시행했습니다. 베잘렐 스모트리치와 이타마르 벤그비르 등 주요 인물들은 서안 지구 중 C구역[4]의 이스라엘 영토에의 병합, 동예루살렘 및 팔레스타인 수감자들에 대한 억압 조치를 계획했습니다. 이러한 정책은 제네바 협약 등 관련 국제법을 위반한 것입니다.

## 2. 정착민 식민주의

일련의 전쟁과 억압으로 팔레스타인 사람들 중에는 고향을 잃고 떠나

---

3 The Israeli Committee against House Demolition: ICAHD, "Statistics on House, Structure Demolitions, November 1947- December 2024," https://icahd.org/2021/04/26/statistics-on-house-structure-demolitions-november-1947/ (검색일: 2024년 12월 12일).
4 이스라엘 정부는 서안 지구를 관리하는 방편으로 이 지구를 팔레스타인인들이 사는 A구역, 팔레스타인과 유대인 정착촌이 섞여 있는 B구역, 이스라엘이 통제하는 C구역으로 나누고 있다.

난민이 된 사람들이 많습니다. 국제법에 따르면 난민은 귀환 및 보상을 받을 권리가 있습니다. 그러나 이스라엘은 이를 일관되게 거부해 왔습니다. 또 이스라엘의 원리주의 종교단체들은 매일 예루살렘에 있는 알-아크사 모스크를 침입하고 있는데, 이는 무슬림의 권리와 감정을 자극하고 현상을 위반하는 행위입니다. 일부 단체는 모스크를 철거하고 제3성전을 건설하겠다는 계획을 공개적으로 밝히고 있습니다. (유대인들은 알-아크사 사원 일대를 성전산(Temple Mount)으로 부르는데, 이곳은 무슬림에게는 세 번째, 유대인들에게는 첫 번째 성지입니다. 이스라엘은 1967년 중동전쟁으로 알-아크사 사원이 있는 예루살렘 지역을 강제로 점령했습니다. 이스라엘은 예루살렘 시 전체를 "양보할 수 없는 유대인의 수도"라고 주장하고 있는데, 2000년대 이후 이스라엘 정착촌이 늘어나면서 이스라엘인들이 알-아크사 사원을 계속해서 침입하고 있습니다. - 편집자 주)[5]

앞서 밝힌 여러 국제 및 이스라엘 인권 단체들에 따르면, 이스라엘은 서안 지구와 동예루살렘에서 유대인 전용 정착촌을 약 200개 건설했으며, 거기에 정착민 약 623,000명이 거주하고 있습니다. 그런 가운데 이스라엘 정착민들의 폭력이 빈번하게 발생하고 있습니다. 정착민들은 팔레스타인인들에게 폭력을 가하고 이들의 재산에 대한 공격을 공공연하게 일삼고 있는데, 이는 국제인도법을 명백하게 위반한 처사입니다.

이스라엘은 팔레스타인 경제를 완전히 통제하고 있으며, 구체적으로 아래와 같은 방식으로 나타납니다. 서안 지구 C구역은 점령된 팔레스타인 지역의 60%를 차지합니다. 이스라엘 군대는 이 구역 내 경작지와 자원

---

5 「뉴시스」, 2022년 8월 29일 참조.

을 통제하여 팔레스타인인들의 물과 자원에 접근하는 것을 심각하게 제한하고 있습니다. 이스라엘은 이 구역의 팔레스타인인들의 세수(稅收)를 통제하고 이를 정치적 협박 수단으로 사용할 정도입니다. 농업 및 기타 경제 활동을 제한하는 것은 물론입니다. 그 결과 팔레스타인의 실업률은 약 25%에 달하며, 가자 지구에서는 약 46%로 더 심각합니다. 그리고 대학 졸업생 중 약 60%는 이주를 생각하고 있습니다.

이스라엘의 서안 지구 관리 정책과 그에 편승한 정착민들의 폭력과 차별은 인구 통제를 통한 예루살렘의 유대화를 겨냥하고 있습니다. 이스라엘은 미국 정부의 전폭적인 지원 아래 예루살렘의 유대화 과정을 진행하고 있습니다. 이는 국제법 위반이며, 분리 장벽을 건설하고 팔레스타인 거주 지역을 예루살렘 경계에서 제외하는 방식으로 이루어지고 있습니다. 이러한 조치는 예루살렘의 민족적, 종교적 구성을 변화시키려는 시도로 볼 수 있습니다.

## V. 국제사회의 이중 잣대와 책임

이스라엘은 여전히 국제사회로부터 책임 추궁을 받지 않는 면책(impunity)과 특권을 누리고 있습니다. 이로 인해 이스라엘은 전쟁범죄와 반인도적 범죄를 계속 저지르고도 어떠한 제재도 받지 않고 행동할 수 있는 상태에 있습니다. 이는 국제법을 무력화시키고 팔레스타인 문제 해결을 더욱 어렵게 만들고 있습니다.

국제사회의 무책임한 태도는 팔레스타인인들로 하여금 정치적 해결에 대한 희망을 잃게 만들었습니다. 그래서 많은 팔레스타인인들은 모든 형태의 저항이 억압에 대응하는 유일한 방법이라고 믿게 되었습니다. 이는 지속적인 억압과 불공정한 상황이 초래한 자연스러운 결과로, 저항은 점령과 차별에 대한 정당한 대응으로 볼 수 있습니다.

물론 지금까지 국제사회가 팔레스타인 문제에 침묵한 것은 아닙니다. 유엔 안전보장이사회에서 130건 이상의 결의가, 유엔 총회에서는 수백 건의 결의가 채택되었습니다. 그러나 이스라엘은 이를 존중하거나 이행하지 않았고, 국제사회는 유엔의 결의를 실행할 힘을 지니지 못했습니다. 국제사회는 인권, 국제법, '두 국가 해법(Two states solution)'의 필요성을 이야기하는 데 그쳤으며, 이를 보호하기 위해 실질적인 행동을 취하지 않았습니다. 심지어 일부 국가들은 이스라엘의 자위권을 옹호하면서 팔레스타인인의 동일한 권리를 무시하고 있습니다. 유럽 일부 국가들과 미국, 캐나다를 포함한 많은 서방 국가들은 이스라엘의 자위권을 지지하고 있습니다. 이는 이스라엘이 국제법을 준수하지 않고, 팔레스타인해방기구(PLO)와 체결한 협정을 이행하지 않음에도 불구하고 이루어진 것입니다. 나아가 이들 국가는 점령당한 팔레스타인인의 저항권을 외면하고 있습니다. 현대 국제사회에서의 위선과 이중 잣대는 그 어느 때보다 분명하게 드러나고 있습니다. 이스라엘에 대한 국제사회의 공모와 방관은 팔레스타인인의 권리 침해를 더욱 심화시키고 있습니다. 대부분의 국가들은 이스라엘의 전쟁범죄와 반인도적 범죄를 명확히 알면서도 이를 막기 위한 구체적인 조치를 취하지 않았습니다.

이스라엘은 미국과 여러 국가들로부터 강력한 지지를 받고 있으며, 국제적 의무를 이행하지 않더라도 처벌받지 않는 면책을 누리고 있습니다.

이는 이스라엘과 팔레스타인의 갈등을 악화시키고, 팔레스타인인의 인권을 더욱 위협하는 결과를 낳고 있습니다.

이러한 사실들은 팔레스타인 문제가 단순한 갈등이 아니라, 식민주의적 억압과 체계적인 인권 침해의 문제임을 보여줍니다. 국제사회는 이를 해결하기 위해 더욱 강력한 조치를 취할 필요가 있습니다. 국제사회는 단순한 말뿐인 비판에서 벗어나 이스라엘이 저지르는 불법행위와 전쟁범죄에 책임을 묻는 구체적이고 강력한 조치를 취해야 합니다. 그렇지 않으면 팔레스타인인의 고통은 계속될 것이며, 이는 지역적·국제적 불안정을 심화시키는 결과를 초래할 것입니다. 팔레스타인인들의 기본권을 보장하고, 공정한 해결책을 모색하기 위해 국제사회의 역할과 책임이 그 어느 때보다 중요합니다.

\* 번역: 김민지 목사(한국기독교교회협의회)

# 2장

## 시온주의, 신화적 정체성, 그리고 가자의 게토화
― 이스라엘-가자 전쟁의 역사적 이해를 위하여

이찬수

## I. 전쟁의 원인, 그 오랜 이야기

이 글에서는 이스라엘-하마스 전쟁의 복합적 원인을 역사적 흐름에 따라 정리하고, 전쟁의 종식을 위한 대안에 대해 상상해 보고자 한다. 이를 위해 유대인의 역사, 특히 디아스포라(diaspora) 이후의 긴 역사와, 19세기 유대 시온주의자들의 향토 회복 운동, 즉 시온주의(Zionism)에 기반한 팔레스타인으로의 이주의 역사에 대해 알아보고자 한다. 크게 두 부분에 초점을 두고 정리할 것이다.

첫째는 전쟁의 먼 원인[遠因]으로서, 유럽의 기독교 문화권에 의한 유대인의 게토화, 프랑스혁명 이후 진행된 게토로부터의 해방, 그 뒤 등장한 시온주의 운동에 대해 알아보겠다. 둘째는 비교적 가까운 원인[近因]으로서, 시온주의자들이 주도한 팔레스타인으로의 이주, 이스라엘의 건국, 그리고 가자의 게토화에 대해 알아보겠다. 무엇보다 이 두 원인을 관통하는 '시온주의'의 개념과 그 현실화 과정에 집중할 것이다.

유대인의 향토 회복 운동, 즉 시온주의는 이스라엘과 팔레스타인의 갈등 과정에서 두루 발견되는 사태의 주요 원인이자 갈등을 지속시키는 동력 가운데 하나이다. 시온주의는 유대인의 민족적 정체성을 구성하고 신화화하는 데 기여하면서도, 신화화 및 역사화를 통해 그 자체가 구성되어 온 과정적 형성물이기도 하다. 이스라엘 특유의 이데올로기인 시온주의에 대한 이해는 팔레스타인 문제를 이해하는 중심축과 같다. 시온주의가 발생하게 된 오랜 역사적 배경부터 알아보자.

## II. 유대인의 '디아스포라'에서 '유대인 해방'까지

### 1. 유대인은 왜 흩어졌나, 디아스포라의 역사

이스라엘은 3,000여 년 전, 오늘의 팔레스타인 지역(당시는 가나안)에 400여 년간 독자 국가를 이루며 살았다. 그 뒤 아시리아·바빌로니아·페르시아·그리스·로마의 지배를 받으며 일부 흩어졌다가, 기원후 70년경 로마에 의해 예루살렘이 상당 부분 파괴된 이후 유대인 다수가 삶의 터전에서 떠나거나 쫓겨나 유럽·아프리카·아라비아 등으로 이주했다. 이런 역사적 배경 때문에 유대인들은 자신들의 이주, 즉 '디아스포라(저쪽으로 흩어짐/흩어진 사람들)'라는 말에 좀 더 실존적 의미를 담아 사용했다.

로마에 의해 삶의 터전이 무너졌다고 해서 모든 유대인이 팔레스타인을 떠난 것은 아니다. 반로마전쟁(66-73)에서 패한 뒤 일부 유대인들이 예루살렘을 떠나거나 추방당했지만, 남아 있는 이들도 많았다. 로마로서는 반항적인 일부 유대인을 제외하면 유대인 전체를 추방할 이유가 없었다. 2세기경 있었던 '바르 코크바 반란(Bar Kokhba revolt)' 때도 대규모로 추방되었다는 기록은 없다. 대다수 유대인이 팔레스타인을 떠났다는 일반적인 의미의 '디아스포라'는 20세기를 전후해 '유대 국가'의 건립을 주도하던 유럽 유대인들에 의해 과장 전승된 측면이 있다. 모든 유대인이 땅을 잃은 것이 아니라, 최소한 팔레스타인에 내내 살던 유대인에게는 그대로 땅이 있었다. 물론 정치적 주권은 잃었다. 유럽에 흩어져 살던 유대인들을 중심으로 자신의 주권과 영토에 관심을 갖게 된 것은 그로부터 1,900년 가까이 지나고 나서였다.

### 2. 유대인은 왜 격리되었나, 유대의 '게토화'

유대교 안에서 생겨났지만 그리스 문화와 로마제국하에서 유대교의 분위기를 탈색시킨 기독교는 392년 로마제국의 종교가 된 뒤 유대교에 반감을 드러내기 시작했다. 기독교의 상당수 교부(사상가)들이 유대교에 비판적이었다. 유대인이 예수를 죽였다는 선입견이 민중 사이에 스며들면서 유대인 차별도 본격화되었다. 십자군 전쟁 당시 동로마제국과 서유럽 교회에서는 이슬람과 전쟁하면서 덩달아 유대인에 대한 적대성까지 고조되었다. 1179년 제3차 라테란 공의회에서는 교회법으로 '유대인을 기독교인의 종'으로 규정했고, 1215년 제4차 라테란 공의회에서는 반유대주의를 천명했다. 유럽에서 유대인은 둥근 모자를 쓰거나 옷에 노란 배지를 달도록 하는 등 복장도 제한했다. 유대인이 기독교회에 출입하는 것은 물론 기독교 명절에는 거리를 다니는 것도 금지했다.

이런 상황에서 유대인은 자의 반 타의 반 일정 지역에 모여 살게 되었다. 그러다가 십자군 전쟁 후반기에 십자군이 '신성로마제국'에서 유대인 학살을 자행하는 일이 벌어지자 쉬파이어(Speyer)의 주교가 유대인을 보호하기 위해 유대인 주거지에 벽을 세우고 자치권을 주어 살게 했다. 이것이 점차 강제 격리 지역으로 변해 갔다. 자치권은 있었지만 시민권은 없었던 이 집단 유대인촌을 '게토(Ghetto)'라고 한다. 상당수 유대인은 기독교 문화권에서 저급하다고 여기는 노점상, 대금업 등을 하며 살았다. 유대인은 비천하다는 이미지의 악순환이 계속되었다. 그 여파로 1280년에는 이슬람권인 모로코에서도 유대인 격리 지역(밀라, millah)이 생겼다.

## 3. 반유대주의는 어떻게 흘렀나, '유대인 해방'

1789년 프랑스혁명을 전후해 유럽 지성인들 사이에서는 계몽주의가 발흥했고, 인간 해방적 분위기가 커졌다. 그러자 유대인들도 게토에서 해방되어 유럽인들 사이에 섞여 살기 시작했다. 이른바 '유대인 해방'이다. 1791년 프랑스에서 시민권을 부여받은 이래 독일·로마·영국·러시아 등에서도 유대인에 대한 시민권 제한 정책이 풀렸다. 종교와 직업의 자유를 부여받았고, 유럽 시민으로서의 정체성을 중시하는 이들이 늘어났다. 그러나 유럽 민중의 반유대적 정서는 뿌리 깊었다. 드레퓌스 사건이 그 전형적인 예를 보여준다.

프랑스의 참모부대에 대위로 근무하던 유대인 알프레드 드레퓌스(Alfred Dreyfus, 1859-1935)가 1894년 독일 대사관에 군사기밀을 제공한 혐의로 체포된 뒤 종신형을 선고받는 사건이 벌어졌다. 특별한 증거 없이, 프랑스 민중에 내재해 있던 반유대주의에 기반한 모함이었다. 드레퓌스를 희생양 삼아 독일과의 전쟁에서 패한 책임을 모면하려는 분위기도 컸다.[1] 3년

---

1  에밀 졸라, 유기환 역, 『나는 고발한다』, 서울: 책세상, 2020, pp. 119-120.

후 진범이 잡히고 드레퓌스는 무죄로 풀려났지만, 프랑스 군부는 쉬쉬하며 사건을 은폐했다. 에밀 졸라가 『나는 고발한다(J'accuse)』(1898)에서 폭로했듯이, 의식 있는 사상가들은 사태의 진실대로 드레퓌스를 옹호했지만, 프랑스 및 유럽 여러 나라에서 다시 반유대주의가 들끓었다. 일부 유대인들은 민족의 부흥과 안전한 거주처에 대한 기대를 더 키워 갔다. 이런 배경에서 유대인의 향토(national home) 회복 운동인 '시온주의(Zionism)'가 생겨났다.

## III. 시온주의의 출현과 전개

### 1. 이스라엘의 국부가 된 사람, 헤르츨의 시온주의

스위스의 신문기자인 테오도르 헤르츨(Theodor Herzl)은 유대인이 유럽 사회에 동화되는 것은 불가능하다는 생각으로 『유대 국가(Der Judenstaat)』(1896)라는 책을 썼다. 그는 프랑스혁명 이후 유럽 사회에 일던 '유대인 해방'의 흐름이 법률적 평등권 차원에서는 그대로 흘러가겠지만, 정치·사회적으로는 기만적인 데가 있다고 생각했다. 독립적 국가를 세울 유대인의 힘, 국가 건설의 당위성, 현실적 과제 등을 구체적으로 제시했다. 이를 위해 부동산을 사들일 '유대인 회사'의 건립, 행정 업무를 대행할 '유대인 협회'의 설립 등을 제안했고, 언어·법률·군대 등 세부적인 내용들을 소개했

1901년 바젤에서 열린 '제5회 시온주의 회의 민주주의 분과' 구성원들과 테오도르 헤르츨(중앙)이 함께 찍은 단체 사진. 여기에는 헤르츨 외에도 이스라엘 초대 대통령이 된 차임 바이츠만(Chaim Weizmann), 대표적인 유대교 철학자인 마틴 부버(Martin Buber), 시온주의 예술가인 에프라임 모세 릴리언(Ephraim Moshe Lilien) 등도 함께했다.
출처: 위키미디어

다.[2]

그는 책을 쓴 뒤 향후 50년 안에 '이스라엘'을 창건하자는 취지의 '시온주의' 대회를 열자고 제안했다. 그의 제안대로 이듬해 스위스에서 시온주의 대회가 열렸고, 헤르츨은 이 대회의 초대 회장이 되었다. '정치적 시온주의 운동'의 실질적 창시자가 된 것이다.

---

2   테오도르 헤르츨, 이신철 역, 『유대 국가: 유대인 문제의 현대적 해결 시도』, 서울: 도서출판b, 2012, pp. 43, 53-128.

헤르츨은 영국의 식민지 장관인 조지프 체임벌린(Joseph Chamberlain)을 만나 시나이반도의 엘 아리쉬(El Arish)를 자신들의 향토로 만드는 데 협조해 달라고 제안했다. 이 제안을 이집트가 반대하자, 체임벌린은 영국령이던 동아프리카 마우고원(오늘의 케냐에서 우간다 경계에 이르는 13,000km² 부지)에 유대인 국가를 세워 러시아 등 동유럽에서 몰려오는 유대인 난민을 수용하자고 제안했다. 이른바 우간다 계획(Uganda Scheme)이었다. 헤르츨도 처음엔 여기에 동의했고, 1903년 시온주의 회의에 안건으로 부쳐 일단 통과되었다. 그러나 1905년에 열린 제7차 시온주의 회의에서 우간다안은 부결되고, 팔레스타인이 유대인의 향토가 되어야 한다고 결정했다. 2,000년 전에 조상들이 살던 곳이라는 정서가 작용했다. 팔레스타인은 헤르츨 자신도 가장 유력한 땅으로 생각하던 곳이었다. 헤르츨은 '유대 국가' 후보지로 팔레스타인 외에도 아르헨티나를 염두에 둔 적이 있다. 열강들이 협조한다면 유대인들은 그곳이 어디든 발전시킬 능력이 준비되어 있다고 믿었다.

헤르츨은 영국의 아서 제임스 밸푸어(Arthur James Balfour) 외무 장관·데이비드 로이드 조지(David Lloyd George) 총리·마크 사이크스(Mark Sykes) 의원 등과 친분이 깊었고, 이 영국 정치인들은 시온주의 지지자가 되었다. 유대인들 중 시온주의자들은 많지 않았지만, 팔레스타인에 유대인의 향토를 건설한다는 시온주의자들의 계획에 영국의 정치인들은 긍정적으로 화답했다. 이러한 외교력에서 추측할 수 있듯이, 시온주의는 종교운동이라기보다는 세속적 정치운동에 더 가까웠다. 시온주의의 주창자인 헤르츨도 사실상 무신론자였다. 일란 파페(Ilan Pappe)는 팔레스타인에 집단적으로 정착하려는 시온주의를 '세속화되고 민족화된 유대교'의 일환이자, '민족주의 이데올로기와 식민주의 실천의 혼합물'이라고 정리한다. '19세기 기독교의 천년왕국설과 유럽 식민주의가 긴밀하게 뒤섞인 결과'라는 것이다.[3]

## 2. 기독교인이 시온주의를 지원하다, 기독교의 식민지화 프로젝트

'19세기 기독교의 천년왕국설'과 관련해 좀 더 보아야 할 것은 일부 기독교인들이 시온주의에 끼친 영향이다. 유럽에서는 반유대주의적 정서가 컸지만, 전체가 그랬던 것은 아니다. 시온주의를 긍정적으로 보는 이들도 많았다. 여기에는 크게 두 가지 이유가 있었다. 심리적으로는 기독교 문화권에서 유대인에게 가한 상처에 대한 부채감을 덜기 위해서였고, 신앙적으로는 유대인들이 예수를 배척했다가 나중에 국가를 회복하고 예수를 믿게 될 때 '천년왕국'이 시작되리라는 성경적 종말론을 구체화시키기 위해서였다. 이들은 유대인의 국가가 건립된 뒤에 '하느님 나라'가 온다는 '신앙적' 전승을 중요하게 생각했다. 가령 기독교인이었던 섀프츠베리 경(Lord Shaftesbury)은 초기 시온주의 운동을 적극 지지한 영국의 정치인이다. 그는 이렇게 말했다: "이 얼마나 놀라운 일인가! 하나님 백성의 고대 도시가 열방 가운데에 다시 자리를 잡으려 한다. 그리고 영국은 그 땅을 '짓밟지 않는' 최초의 이방인 왕국이다."[4] 이런 정서를 가지고 섀프츠베

---

3 일란 파페, 유강은 역, 『팔레스타인 종족 청소: 이스라엘의 탄생과 팔레스타인의 눈물』, 파주: 교유서가, 2024, pp. 46-47.
4 Gertrude Himmelfarb, *The People of the Book: Philosemitism in England, From Crownwell to Churchill*(New York: Encounter Books, 2011), p. 119.

리는 영국이 팔레스타인에서 존재감을 키우면서 유대 국가의 건설을 지원해야 한다고 주장했다. 그의 '신앙적' 계획에 그의 장인이자 나중에 영국 총리가 된 파머스턴 경(Lord Palmerston)이 동의했고, 이런 정치적 움직임은 외무 장관 밸푸어(Arthur James Balfour) 등에게도 영향을 미쳤다. 밸푸어도 기독교의 종말론적 세계관 안에 있는 사람이었다.

이렇게 겉으로는 정치 행위로 드러나는 것 같지만, 그 심층에서 개인의 내적 신앙이 작동하고 있는 경우도 있었다. 팔레스타인을 유대인들에게 돌려줌으로써 '그리스도의 재림과 경건주의 국가 창설을 앞당길' 수 있다는 이런 '시온주의는 유대인의 (팔레스타인) 식민지화 프로젝트 이전에, 기독교의 식민지화 프로젝트'이자, 팔레스타인과 유대인을 모두 기독교화하려는 신학적 제국주의 운동의 일환이었다. 미국의 2대 대통령 존 애덤스(John Adams)도 진작에 이렇게 말한 바 있다: "나는 유대 민족이 독립국가가 되어 다시 유대 땅에 돌아가기를 진심으로 바랍니다."[5]

## IV. 종교적 제국주의 운동과 아랍민족주의

### 1. 이쪽저쪽 다 지배하려 하다, 영국의 이중 전략

물론 '종교적' 이유가 전부였던 것은 아니다. 천년왕국 지지자들의 숨은

---

5   일란 파페, 『팔레스타인 종족 청소』, p. 49; 일란 파페, 백선 역, 『이스라엘에 대한 열 가지 신화』, 고양: 틈새책방, 2024, pp. 55-56.

목적보다 현실적으로 더 중요했던 것은 팔레스타인을 지배하던 오스만제국을 해체하고 자국의 영향력을 확대하려던 영국의 지배 전략이었다. 영국은 이미 16세기부터 지중해 전반에 영향력이 크던 오스만제국의 해상 교역로를 봉쇄하려 시도하는 등 오스만제국과 경쟁하는 관계였다. 19세기는 나폴레옹의 이집트 원정을 계기로 유럽 각국이 오스만제국의 영토를 잠식해 가는 중이기도 했다. 이런 상황에서 영국은 오스만의 지배하에 있던 아랍인으로 하여금 민족주의를 고취시켜 오스만에 대항하도록 설득했다. 19세기 유럽에서 생겨나고 강화되던 민족주의의 흐름에 자극을 받아 아랍인들도 '아랍 민족주의'의 꿈을 키워 가던 즈음이었다.

시온주의가 세속주의 운동이었듯이, 아랍 민족주의 역시 아랍 기독교인과 아랍 무슬림도 같이할 수 있을 만큼 세속주의적이었다. 같은 이슬람권이지만 언어와 민족과 역사가 다른 '튀르키예 민족'에게는 이질감을 느꼈다. 영국이 아랍 사회의 통합을 도모하는 아랍 민족의식을 이용해 오스만제국을 와해시키고 자국의 영향력을 확대하기 위한 전략을 감행한 것이다. 아랍인들은 영국의 계획에 동의했고 유럽 제국주의 국가에 협력했다. 그 협력의 실질적 계기는 '맥마흔-후사인 협상(Mcmahon-Husain Correspondence)'(1915-1916)이었다.

이집트 주재 영국 고등판무관인 아서 헨리 맥마흔(Arthur Henry McMahon)은 아랍계 이슬람의 샤리프인 후사인 빈 알리(al-Husayn bin ʿAlī)에게 여러 차례에 걸쳐 편지를 보냈다. 레반트와 메소포타미아 지역에 아랍 통일국가를 건설할 수 있도록 지원할 테니 영국(연합국)을 지원해 오스만과 싸워 달라는 내용을 포함한 비밀 서한 10편이 오갔다. 이 상호 약속에 따라 후사인은 아들과 함께 제1차 세계대전에서 독일과 오스트리아,

헝가리 편을 들어 참전한 오스만에 대한 저항 부대를 조직했다.

후사인을 위시한 아랍 민족주의자들은 오스만에서 벗어나, 팔레스타인을 포함하는 아라비아반도 전역(레바논·시리아·요르단·이라크 포함)을 독립적 아랍 민족국가로 만들고 싶어 했다. 영국은 무기와 자금을 제공했고, 아랍 민족으로 구성된 부대는 전쟁에 참가해 오스만과 싸웠다. 후사인은 그 공로로 자신이 통일 아랍 국가의 칼리프가 되리라 내심 기대했다. 영국의 정책과 아랍 민족의식의 이해관계가 맞아떨어진 것이다. 이슬람권 오스만제국의 힘이 기울어 가면서 같은 이슬람권 아랍 민족주의를 발흥시키는 계기가 된 셈이라고도 할 수 있다.

## 2. 승전을 위해 시온주의를 끌어들이다, 밸푸어 선언

영국은 오스만제국을 와해시키기 위한 이 협정과 동시에 프랑스와 사이크스-피코 협정(Sykes-Picot Agreement)(1916)도 맺었다. 러시아의 동의도 받아 낸 일종의 밀약이었다. 여기에는 전쟁에서 승리한 뒤 오스만제국의 서아시아 영토를 시리아·이라크·레바논·팔레스타인으로 분할하고, 팔레스타인을 영국과 프랑스가 공동 통치한다는 계획이 들어 있었다. 러시아에게는 아르메니아(오스만의 동부 지역)를 떼어 준다는 내용도 담겨 있었다.

이 밀약을 구체화시키고 전쟁에서 승리하기 위해 밸푸어는 당시 세계적 유대인 금융 재벌인 로스차일드 가문(Rothschild family)에 경제적 지원을 요청했다. 그 뒤 밸푸어는 영국의 내각을 대표하여 팔레스타인 내 유대인의 향토 재건 운동을 지지한다는 이른바 '밸푸어 선언(Balfour Declaration)' (1917)에 서명했다. 시온주의자들을 영국의 동맹으로 삼아 팔레스타인에

아서 제임스 밸푸어(오른쪽)와 조지프 체임벌린(왼쪽)의 초상화. 시드니 프라러 홀(Sydney Prior Hall, 1842-1922)의 유화 작품(1895).
출처: 위키미디어

유대인의 거주처를 만들고 영국 군대를 주둔시킴으로써 주요 해상 통로인 수에즈운하를 장악하기 위한 포석이었다.

선언의 핵심은 유대인의 향토를 재건한다는 데 있었다: "영국 정부는 팔레스타인에 '유대 민족 향토를 재건한다는 원칙을 승인한다. 영국 정부는 이 목적을 달성하기 위해서 최선의 노력을 경주하고 필요한 수단이나 방법에 관해서는 시온주의 기구와 협의한다." 이와 함께 "팔레스타인에 이미 존재하고 있는 비유대인 공동체의 시민권과 종교적 권리를 침해할 수 있는 어떠한 행동도 해서는 안 된다."라는 문장도 담았다. 영국이 팔레스타인을 영국의 세력권에 있는 국가로 여기고서, 영국의 후견 아래 유대인들에게 한 약속과 팔레스타인의 열망을 둘 다 충족시키는 전략의 일환이었다.

최강국 영국이 유대 국가를 지지한다는 선언만으로도 시온주의 운동은 거센 불이 붙었다. 저마다 국가의 성립을 꿈꾸며 많은 이들이 팔레스타인으로 몰려갔고 땅을 샀고 정착촌을 확대해 갔다. 1920년대 팔레스타인에는 기존 주민이 전체 인구의 80~90%나 되었기에, 팔레스타인에 유대 국가를 만든다는 구상은 기존 주민들에게는 비현실적으로 여겨졌지만, 영국의 정책은 하나씩 실현되어 갔다. 시온주의는 '팔레스타인을 식민지화하여 그 자리에 유대 국가를 건설함으로써 유럽의 유대인 문제를 해결할 수 있다고 주장하는 운동'[6]이었던 것이다.

### 3. 아랍에는 무슨 일이 벌어졌나, 분할과 분열

영국은 제1차 세계대전의 승전국이 되었다. 18세기 이후 쇠퇴하던 오스만제국은 독일과 오스트리아 편에 섰다가 패전하면서 결국 제국이 와해되는 지경에 이르렀다. 오스만의 그늘에 있었던 아랍 민족들에게는 새로운 자주 의식과 독립 정신을 북돋울 기회였지만, 유럽 열강의 힘에 눌리며 서아시아는 도리어 영국과 프랑스의 분할통치를 받게 되었다. 영국은 자국이 통치하던 요르단강 동쪽의 팔레스타인 지역에 아랍 국가(트란스요르단)를 창설하고, 요르단강 서쪽에 자신이 지배하는 오늘의 팔레스타인을 만들어 갔다. 유대인들이 팔레스타인에 독립적인 거주지를 만들도록 방조함으로써 밸푸어 선언을 이행해 간 것이다. 역으로 '아랍어·이슬람교·아랍인'이라는 공통분모로 단일 문화권을 형성하고 있던 아랍은 도리어 개별

---

6 일란 파페, 『이스라엘에 대한 열 가지 신화』, p. 66.

국가들로 분할'되었고, '이해관계의 변화에 따라 협력과 분쟁을 거듭'[7]하는 상황으로 내몰렸다.

영국은 1920~1945년 사이에 유대인 393,887명을 팔레스타인에 받아들였고, 시온주의 운동가들은 팔레스타인을 점령해 갔으며, 이를 위한 군사 조직까지 만들 수 있었다. 1929년 팔레스타인은 이에 저항했고, 1939년에는 대규모 봉기를 일으켰다. 그러나 영국군에 짓눌리면서 지도부 상당수는 망명길에 올랐고, 게릴라전을 벌이던 조직들은 와해되었으며, 많은 팔레스타인인들이 체포되거나 부상당했다. 팔레스타인인 750,000여 명이 난민이 되었다. 팔레스타인의 감시 능력이 무력해지던 1947년경에는 유대인 군대가 팔레스타인 농촌 지역에 진출했다. 영국은 명목상으로는 팔레스타인에 두 국가를 만들려고 했지만, 그 중심에는 유대 국가의 창설이 있었고 팔레스타인 원주민은 이를 위한 수단에 가까웠다.

시온주의자들은 팔레스타인에 대한 영국의 '두 국가 정책'에 적극 호응하면서, 작은 땅부터 접수하고 정착하면서 영토에 대한 최대주의적 전략을 구사했다. 이 전략은 팔레스타인 내 이스라엘 정착촌을 늘리고 팔레스타인을 궁지로 몰아넣는 방식으로 이루어졌다. '디아스포라'의 원형적 경험자인 유대인이 팔레스타인 사람들의 '디아스포라' 분위기를 사실상 강제해 간 것이다. 그 과정에 유대인이 수행해야 할 불가결의 과제는 점령을 정당화하면서 유대인의 정체성에 대한 인식을 강화하는 문화적 정책이었다.

---

[7]  이희수, 『인류본사: 오리엔트-중동의 눈으로 본 1만2,000년 인류사』, 서울: 휴머니스트, 2022, pp. 524, 598-599.

## V. 유대 민족의식의 재구성과 이스라엘의 건국

### 1. 신화적 정체성을 확립하다, 시온주의의 주류화

일부 유대인들은 『타나크』―「토라」(모세오경)·「느비임」(예언서)·「케투빔」(성문서)의 약자, 기독교의 『구약성경』에 해당―에 기반해, 팔레스타인(옛 가나안)에 대한 토지소유권을 주장하기도 했다. 자신들의 옛 문헌을 '땅문서'처럼 간주하면서, 팔레스타인을 유대인을 위해 준비된 '빈 땅'으로, 타나크를 일종의 '땅문서'로 간주하기도 했다. 일부 유대인은 '팔레스타인 땅이 비어 있다고 듣고 왔기 때문에 사람이 살고 있다는 데에 놀라'기도 했다고 한다.[8]

물론 팔레스타인은 오랫동안 팔레스타인 사람들의 땅이었다. 거기가 빈 땅이었던 적은 없을뿐더러 『타나크』가 실제로 땅문서가 될 수도 없었다. 만에 하나 그럴 가치가 있다고 해도, 그 땅이 어디서부터 어디를 의미하는지 경계를 측량한다는 것은 불가능한 일이었다. 게다가 그 근거처럼 여기는 『타나크』는 일반 유대인들에게는 익숙한 책이 아니었다. 『탈무드』의 해설에 비추어야 읽히고 이해될 수 있는, 독립적이지 못한 문헌이었다.

그러다가 20세기를 전후해 『타나크』의 영향력이 커졌다. 자신들의 땅을 회복하려는 이들을 중심으로 『타나크』는 유대인의 단일한 기원을 강조하고 유대 민족주의를 강화하는 데 적절히 활용되었다. 이스라엘이 마치 수천 년 동안 민족적 동질성을 유지해 오기라도 한 듯이, 시간이 흐를수록

---

8 일란 파페, 『이스라엘에 대한 열 가지 신화』, p. 96.

자신들의 기억을 재구성했다. 『타나크』를 통해 오늘의 유대인들이 동일한 조상들과 시공간적으로 연결되어 있다는 장대한 서사가 구성되었고, 팔레스타인은 자신들을 위해 오랫동안 준비되어 있던 '빈 땅'이라는 이미지가 형성되었다. 이러한 서사와 이미지가 이스라엘의 '자기 정체성'을 구성하는 중심 요소가 되었다. 가공되다시피 재구성된 정체성이 힘을 발휘하면서 '유대인'은 '2,000년 전에 추방된 민족의 후손'이라는 대중적 정서를 비판하면 반유대주의자로 취급받았다.

그 배경에 있는 힘은 시온주의 운동이다. 시온주의자들의 세력이 처음부터 컸던 것은 아니고, 그에 대한 관점이 통일적이었던 것도 아니다. 시온주의가 발흥하기 이전 유럽에서는 모든 유대인들이 동일한 기원을 가진 하나의 민족에 속한다고 주장하면 반유대주의자로 치부되던 시절도 있었다. 그것은 오랫동안 유럽 및 세계 각지에 섞여 살며 얼굴 생김새와 피부색도 가지가지였던 유대인의 다양성을 무시하는 일이 되었기 때문이다.

유럽과 오스만제국 등에 살던 유대인들이 시온주의를 찬성했던 것도 아니다. 시온주의가 도리어 반유대주의를 야기해 유대인의 생존을 위협한다며 반대하는 이들도 많았다. 설령 찬성한다고 해도 굳이 팔레스타인으로 이주하는 것이 시온주의라고 생각하지는 않았다. 오스만제국에 살던 유대인들은 유럽에서 박해받던 유대인이 오스만 국민이 되기 위해 이주해 오는 것이라고 생각하기도 했다. 그러면서도 팔레스타인 밖 외지의 유대인들이 자신들이 이미 살고 있는 팔레스타인으로 집단 귀환하는 것에 거부감을 느꼈다. 이런 식으로 아랍의 유대인들은 유대 국가를 원치 않았고,

오스만의 국민으로 남기를 바라기도 했다.[9]

그러나 팔레스타인에 대한 영국의 '두 국가 정책'에 기댄 유럽 시온주의자들의 정치력과 실행력이 더 컸다. 팔레스타인에 유대인의 향토를 건설하려는 계획은 아랍 유대인이 아닌 유럽 유대인들의 희망대로 움직였다.

### 2. 국경 없이 국가를 선포하다, 이스라엘의 건국과 팔레스타인의 '나크바'

1945년을 기준으로 팔레스타인 영토의 87.5%는 팔레스타인인들이 소유했고, 6.6%는 유대인들이 소유했으며, 5.9%는 공유지였다. 1946년 당시 팔레스타인 인구는 1,845,560명이었다. 당시까지만 해도 유대인의 국가가 탄생하는 것은 쉽지 않아 보였다. 더욱이 영국은 제2차 세계대전 이후 쇠퇴하는 중이었다. 영국은 팔레스타인 문제를 유엔에서 해결할 것을 요청했고, 유엔에서는 1947년에 영국령이었던 팔레스타인 지역의 56.47%를 유대 국가에, 42.88%를 아랍 국가에, 0.65%를 예루살렘 국제지구에 할당하는 팔레스타인 분할안을 채택했다(1947.11.29.). 그리고 제2차 세계대전 이후 중동 지역의 패권을 영국으로부터 넘겨받은 미국은 자국 내 유대인의 목소리를 반영하며 이 분할안을 주도했다.

이 지역에 대한 영국의 위임통치가 끝나기 8시간 전인 1948년 5월 14일, 당시 이스라엘 국민평의회 의장인 다비드 벤 구리온(David Ben-Gurion)은 유엔의 결의에 따라 국경을 명시하지 않은 채 이스라엘국의 창설을 선언하고 임시정부를 수립했다. 그 뒤 미국·소련이 순차적으로 이스라엘 국가

---

[9] 정환빈, 『팔레스타인, 100년 분쟁의 원인』, 서울: 인세50, 2023, pp. 357-358.

를 공식 승인했고, 1949년 5월 11일, 유엔의 59번째 회원국이 되었다.

팔레스타인은 유엔의 분할안을 거부했고, 이집트·요르단·시리아·레바논·이라크 등은 아랍 연합군을 결성해 이스라엘과 전쟁을 벌였다(1948). 영국이 물러난 팔레스타인 지역의 통치권을 두고 벌인 이른바 제1차 중동전쟁이었다. 유엔이 중재하면서 관련 국가들이 정전협정을 맺었지만, 전쟁의 사실상 승자는 이스라엘이었다. 이스라엘은 예루살렘 서부를 포함해 팔레스타인 면적의 78%를 장악했다. 전쟁으로 팔레스타인 주민 726,000여 명이 레바논이나 요르단 등 주변 국가로 피란했다. 팔레스타인에서는 이 일련의 사건을 '나크바(대재앙)'라고 부른다.

이 과정에 아랍고등위원회(The Arab Higher Committee)에서 범팔레스타인 정부(All-Palestine Government)를 수립하고 가자에서 팔레스타인 민족회의를 소집해 팔레스타인의 독립을 선언하기도 했다(1948.10.1.). 아랍연맹 7개 회원국 중 이집트·시리아·레바논·이라크·사우디아라비아·예멘은 팔레스타인 국가를 승인했지만, 미국·소련·트란스요르단은 승인을 거부했다. 트란스요르단의 국경 확장 정책이 겹치면서 팔레스타인 국가의 수립은 결국 무산되었고, 팔레스타인의 활동 영역은 도리어 가자 지구로 국한되었다.

이스라엘은 1950년 3월에 「부재자 재산법」(팔레스타인 분할안이 의결된 1947년 11월 2일 기준으로 아랍 국가의 시민이었거나 아랍 국가에 거주하던 이들, 팔레스타인 거주자였더라도 본인의 거주지를 떠나 있던 사람들을 부재자로 간주하고 이들의 재산을 점유자에게 귀속시킨 뒤 이스라엘 정부에게 다시 팔도록 한 법안)을 공포해 100만 아랍인의 재산을 이스라엘 재산으로 귀속시켰다. 그리고 "모든 유대인은 새로운 이주자로서 이스라엘로 돌아올 권리를 가지며 완전한 이스라엘 시민권을 받는다."는 내용의 「귀환법」을 공포했다. 그렇게 아랍인을 추방하고 이스라엘인들을 정착시키기 위한 제도를 마련했다.[10]

### 3. 신화가 역사가 되다, '만들어진 유대인'

전술했듯이 이스라엘의 건국 전에는 전 세계 유대인의 민족적 정체성이 통일되어 있지 않았다. 그러나 전쟁 이후 유대인들은 세계의 유대인들을 한 민족처럼 여겼고, 이스라엘은 유대 민족의 국가라는 사실을 고집했다. '민족주의'는 근대에 구성된 개념이지만, 유대인들은 『타나크』의 이야기들을 근거로 강력한 민족주의적 신화를 재구성해 냈다. 이스라엘 외교부 홈페이지에는 이런 민족주의 정서가 담긴 '이스라엘 국가수립선언문'(1948)이 소개되어 있다: "자기 땅에서 강제로 추방된 이후에도 유대 민중은 디아스포라 시절 내내 신앙을 지켰고 그곳으로 돌아가려는 기도와 희망을 멈추지 않았다. 그곳으로 돌아가 정치적 자유를 회복하겠다는 희망을 버리지 않았다."[11] 노벨 문학상을 받은 슈무엘 아그논(Shmuel Agnon)은 수상 수락 연설(1966)에서 이렇게 말했다: "로마의 티투스가 예루살렘을 파괴하고 이스라엘이 그 땅에서 추방당한 역사적 재난의 결과, 저는 유배된 도시들 중 한 곳에서 태어났습니다. 하지만 저는 언제나 저 자신을 예루살렘에

---

10  홍미정, 『중동현대사: 무엇이 문제인가』, 서울: 서경문화사, 2024, pp. 344-346.
11  https://www.gov.il/en/pages/signatories-of-the-declaration-of-the-establishment-of-the-state(검색일: 2025년 2월 8일)

서 태어난 사람으로 여겼습니다."[12] 이런 식으로 '만들어진 고향', '만들어진 유대인'의 정서는 강력했으며, '신화'는 '역사'로 변해 갔다. '역사가 된 신화'는 이스라엘이 벌이는 폭력적 전쟁을 자기중심적으로 정당화시키는 동력이 되어 왔다. 이렇게 해석하면서, 2,000년 동안의 유배와 고통은 지금 팔레스타인의 고통에 비할 바 없이 크고, 나크바는 홀로코스트에 비할 바 아니라는 식의 생각이 커졌다.

이스라엘은 이집트가 군을 자국 쪽으로 전진 배치하자, 1967년 6월 5일 이집트·시리아·요르단을 대상으로 선제공격을 감행해 6일 만에 가자 지구와 서안 지구·이집트의 시나이반도·동예루살렘과 시리아 쪽의 골란고원까지 점령했다. 나중에 시나이반도에서는 철수했지만, 이스라엘은 영토를 더 확보했다. 1967년 11월 유엔에서는 안보리 결의안(242호)을 채택해 '최근의 분쟁에서 점령한 영토로부터 이스라엘 무장 병력의 철수'를 결의했지만, 이 결의안의 영어 표현이 애매해 최근 점령한 영토가 정확히 어디를 말하는지 이스라엘로 하여금 자의적으로 해석할 여지를 남겨 놓았다.

그 뒤 유엔에서는 이 협정을 근거로 이스라엘 '점령지에서의 두 국가 해결안'과 같은 결의안을 논의하였지만, 이스라엘과 미국의 소극적 태도와 애매모호한 자세로 잘 해결되지 않았다. 특히 이스라엘이 1967년 전쟁을 단박에 승리로 이끌자 미국 내에서는 이스라엘에 동조하는 분위기가 커졌다. 미국의 복음주의 기독교인들은 유대인이 예루살렘을 회복하는 장면에서 성경적 종말론이 성취되고 있다며 친이스라엘적 정서를 더 갖게 되

---

12  Horst Frenz, ed., *Nobel Lectures, Literature* 1901-1967.

게 되었다. 국제사회에서는 '두 국가의 건설'을 요구했지만, 미국 등의 소극적 자세로 이스라엘의 점령지에 팔레스타인 '자치 정부'를 세우는 정도로 진행되었다. 자치의 주체가 누구를 말하는지 해석하기 애매한 상황에서 시간은 지연되었다.

사태가 이렇게 된 배경에는 이스라엘의 일관되고 강경한 입장과 영국·프랑스·미국 등의 친이스라엘적 자세가 놓여 있다. 그와 동시에 팔레스타인 지역과 역사·영토·이해관계가 얽힌 이집트·요르단·시리아 등 주변 국가들이 기본적으로는 반이스라엘적이면서도 현실에서는 국익 중심으로 판단하는 현실 외교도 이스라엘 중심적 분위기를 형성하는 데 기여했다.

## VI. 가장 거대한 감옥이 되다, 가자의 게토화

팔레스타인의 저항도 두고두고 계속되었다. 1964년에 결성된 팔레스타인해방기구(PLO)는 1988년 11월 15일에 '아랍예루살렘(동예루살렘)을 수도로, 1967년 이스라엘이 점령한 팔레스타인 땅(서안지구와 가자지구)에서 팔레스타인 국가 창설'을 선언했다. 한 달 후 유엔은 PLO의 독립을 인정했지만, 미국의 반대에 부딪혀 결국 무산되었다. 팔레스타인의 저항은 1994년 팔레스타인 자치 정부(Palestine National Authority)의 수립으로 이어졌고, 2005년에는 강력한 제2차 인티파다를 일으켰다. 그러자 이스라엘은 거의 40년 만에 가자 지구의 정착촌에서 철수했다.

그러나 가자 지구에서의 철수는 평화나 화해의 제스처라기보다는, "서안에서 지배력을 강화하고 가자 지구를 외부에서 통제하고 감시할 수 있는 거대한 감옥으로 만들려는 전략의 일환이었다."¹³ 이스라엘은 외형적으로는 한발 후퇴하는 모양새를 취하면서 실제로는 가자 지구의 건널목·영공·해안을 통제하고 봉쇄했으며, 그 결과 가자 지구는 하늘만 뚫린, 지구상에서 가장 거대한 감옥이 되었다. 가자 지구의 일방적, 강제적 '게토화'이다.

그렇게 몰아가는 이유와 원인은 분명하다. 저마다의 정신적 독립의 문제이자, 그 구체적 증거로서의 구체적 '땅'의 문제이다. 팔레스타인의 입장에서는 1967년 이스라엘의 기습적 전쟁으로 잃은 영토를 회복하지 않고서는 '정신적 독립'이 불가능한 상황이다. 그러나 국제사회, 특히 미국도 1967년 이스라엘의 점령지를 이스라엘의 땅으로 인정하는 경향이 있다. 제2차 인티파다 중인 2002년 미국의 조지 부시 대통령은 '이스라엘과 나란히 평화롭고, 안전하게 나란히 살아가는 독립적이고, 민주적이고, 생존 가능한 팔레스타인 국가(viable Palestine State)'라는, 이전 유엔의 표현을 다시 가져왔다. 러시아, EU, 유엔도 환영했다.

그러나 '생존 가능한 팔레스타인 국가'라는 표현은 1949년의 휴전선이 아니라 1967년에 점령당한 영토(동예루살렘·서안·가자)를 이스라엘과 팔레스타인으로 나눈다는 의미나 다름없었다. 이에 대해서는 팔레스타인도 인정할 수 없었고, 이스라엘도 원하지 않았다. 설령 인정한다 해도 이스라엘은 사실상 팔레스타인의 모든 것을 이스라엘에 종속시킨다는 전제하에 일부 영토의 분할과 제한적 독립에 동의할 수 있다는 의사를 분명히 했다. 팔레스타인과 이스라엘이 동등한 주권국가로 분리된다는 것은 상상조차

---

13  일란 파페, 『이스라엘에 대한 열 가지 신화』 p. 239.

힘든 상황인 것이다.

## VII. 느슨한 국가연합은 가능할까, 하마스의 출현과 팔레스타인의 미래

 한편에서 팔레스타인 문제를 해결하기 위한 국제사회의 노력도 계속되어 왔다. 1976년 1월 유엔에서 안보리 결의안 242호를 기반으로 '점령지에서의 두 국가 해결안'에 대해 논의한 이래, 두 국가론에 대한 국제사회의 토론은 여러 차례 있었다. 가령 1978년 9월 17일, 미국·이집트·이스라엘의 정상회담에서 1967년 이스라엘이 점령한 시나이반도를 3년 안에 이집트에 반환하는 대신 이집트는 이스라엘 선박의 수에즈운하의 통행을 보장하며, 이스라엘이 점령하고 있는 서안 지구와 가자 지구의 팔레스타인 사람들에게 자치권을 부여하며 난민 문제를 풀어 가자는 내용이 오갔다. 물론 회담으로 끝나고 말았다.

 1987년에 벌어진 이스라엘에 대한 대규모 저항운동(제1차 인티파다) 이후 팔레스타인 문제를 평화적으로 해결해야 한다는 국제사회의 목소리가 높아지자, 앞에서 보았듯이 이듬해에는 PLO도 이스라엘을 인정하면서 팔레스타인국을 창설하려는 시도를 했다. 팔레스타인도 불가피하게 '두 국가 공존 방식'을 추구한 것이다. 그 일말의 성과로 팔레스타인 정부의 자치를 5년간 인정하는 '오슬로 협정'으로 이어졌다(1993.9.). 5년여 지난 1999년 5월에는 팔레스타인 자치의 범주를 결정하기 위해 미국·이스라엘·PLO 정상들 간 협상을 진행했다. 하지만 '두 국가'라고 할 때 국가의 범주가 어디까지인지 확정하는 것은 거의 불가능에 가까웠다. 협상은 결국 결렬되었고, 팔레스타인은 다시 격랑 속으로 들어갔다. 그 뒤 이스라엘의 강경 정책에 반발하며 2000년 제2차 인티파다가 일어난 뒤 PLO는 급속히 약해지고, 하마스와 같은 저항 조직의 규모가 커지면서 문제 해결은 더 어려워졌다.

하마스(Hamas)는 팔레스타인 문제를 더 어렵게 만드는 변수가 되었다. 팔레스타인에 세속주의 국가를 만들려던 세속 정당 '파타(Fatah)'와는 달리, 하마스는 이슬람 정신을 앞세운 '종교' 정당이다(하마스는 '이슬람 저항운동'을 의미하는 아랍어 Harakat-al-Muqaqama al-Islamiya의 약자이다). 이스라엘이 팔레스타인의 세속 정당인 파타를 견제하기 위해 지원한 셰이크 야신(Sheikh Yassin)의 종교적 자선 및 교육 활동이 1987년 제1차 인티파다 동안에 무장 정당인 하마스로 성장한 것이다. 이스라엘과 구미 국가 간 협업의 틈새에서 팔레스타인의 해방을 지향하며 형성된 하마스는 이스라엘과 구미 세계가 낳은 팔레스타인 특유의 정당이다. 가자 지구에 하마스가 자리 잡고 있는 한, 이스라엘과의 타협 가능성은 더 줄어들었다고 할 수 있다.

이 와중에 그나마 가능한 해법 중 하나는 국제사회가 가자 지구에 대한 이스라엘의 '학살'을 멈추도록 요구하면서, 정책적으로는 '두 주권국가끼리의 연합(confederation)'을 지원하는 일이다. 분리된 독립국가가 아닌, '느슨한 유럽연합'처럼, 서로의 권리를 인정하며 자유롭게 왕래하는 시스템을 만들어 가는 것이다. PLO에서 두 국가 공존 방식을 추구한 경험이 있듯이, '연합'은 인프라를 공유하면서 '일부 분야(환경 관리 및 물과 같은 천연자원 공유 등)에서 공공 거버넌스를 구축하고, 안보나 경제를 비롯한 상호 관심사에 대해서는 협력을 추구'하는 것이다. 그 뒤 '양쪽 국경을 개방'해 직장·학교·사업·사교 모임·쇼핑·성지 방문 등 다양한 목적으로 '자유 왕래' 하고, '예루살렘을 통합 국가의 공동 수도로 삼아 이스라엘-팔레스타인 연합 정부가 공동으로 국정을 운영하고, 종교 당국과 국제기구가 성지를 관리하여 모든 사람이 자유롭게 드나드는 방안'을 근간으로 한다.[14]

물론 만에 하나 이런 연합 운동이 진행된다고 해도 이미 '기울어진 운동장'의 위쪽에 자리잡고 있는 이스라엘 중심으로 흘러갈 가능성이 높다. 그럼에도 불구하고 그동안 각계에서 제시되어 온 '한 국가로의 통일'이나 '두 국가로의 분할'이라는 불가능성에 대한 현실적 대안 가운데 하나라고 할 수 있다. 이 역시 지난하겠지만, 그나마 양쪽 모두에 일말의 동의 가능성이라도 남겨 놓는 방안이라고 할 수 있다. 이런 일말의 가능성조차도 상상할 수 없다는 것은 지구 전체에 미래가 없다는 것과 진배없는 일일 것이다.

---

14 도브 왁스만, 장정문 역, 『우리가 알아야 할 이스라엘-팔레스타인 분쟁의 모든 것』, 용인: 소우주. 2024, p. 371.

# 3장

젠더폭력의 관점에서
이스라엘-하마스 전쟁 이해하기

허지영

## I. 여성폭력, 오래됐지만 여전한 폭력

젠더폭력은 여성, 남성, 성소수자와 같은 젠더적인 특징으로 인해 가해지는 모든 종류의 폭력을 의미한다. 과거에 비해 남성과 여성 간 불평등은 상당히 해소되었지만, 우리의 일상에서 여성을 향한 차별이나 폭력 문제는 여전히 사라지지 않았으며 과거보다 덜 극적이지만 더 교묘하고 만연하게 나타난다. 한편 전쟁과 같은 특수한 상황에서 '여성폭력(여성을 대상으로 하는 폭력)'은 더욱 직접적이고 극단적인 방식으로 전개된다.

이번 전쟁을 심층 조사한 유엔 독립조사위원회(Independent International Commission of Inquiry on the Occupied Palestinian Territory, 이하 조사위)는 2024년 6월 첫 보고서를 발표했는데, 전쟁 관련 반인도 범죄에 대해 이스라엘군과 무장 정파 하마스 모두에게 책임이 있다고 밝혔다. 조사위는 하마스의 이스라엘 주민 살해와 인질 납치 등을 불법행위로 규정하고 하마스 대원의 고의적 살해와 상해, 고문, 인질 납치, 민간인 및 군인에 대한 성폭력 등이 인정되며 이스라엘 여성을 대상으로 여러 지역에서 유사한 방식으로 성폭력이 자행되었다고 보고했다. 또한, 이스라엘군에 대해서도 가자 지구에서 기아와 고의적인 살해, 민간인에 대한 의도적 공격 지시, 강제 이송, 자의적 구금 등 전쟁범죄를 확인했으며, 공격에 앞서 주민 대피령이 내리긴 했으나 명령이 불명확한 경우가 많았고 충분한 대피 시간이 제공되지 않았다고 판단했다. 이런 배경에서 유엔여성기구(UN Women)는 2023년 가자 지구에서 시작된 이스라엘-하마스 전쟁을 '여성에 대한 전쟁(war against women)'이라고 명명하기도 했다.

그러나 무력 분쟁 중 심각한 수준으로 자행되는 여성폭력의 문제는 이스라엘-하마스 전쟁에서만 나타나는 현상은 아니다. 아시아 최대 난민 사태의 직접적 원인이 된 2016~2017년 미얀마의 로힝야족 대량 학살 작전에서도 로힝야 인권변호사인 라지아 술타나(Razia Sultana)의 보고 등에 의하면 집단강간이나 강간 후 신체 훼손과 같은 극도로 잔인한 방식의 여성폭력이 전략적 차원에서 실행된 사실이 확인된다. 마찬가지로 2023년 3월 국제엠네스티는 세계 여성의 날 발표에서 러시아-우크라이나 전쟁으로 우크라이나 여성들이 직접적인 여성폭력에 노출되었을 뿐만 아니라 가중된 가족 돌봄 책임의 부담 등으로 심각한 위기에 직면했지만, 정작 중요한 의사결정 과정에서는 배제되고 있다고 비판했다.

최근 젠더적 관점에서 분쟁을 논의하는 연구자들은 '분쟁 관련 여성폭력(Conflict-Related Violence Against Women, CRVAW)'에 관해 분쟁기에만 등장하는 새로운 폭력으로서의 특징보다는 이미 존재하는 젠더 불평등 규범과 일상적으로 되풀이되는 여성폭력과의 연속성에 주목한다. 이번 장에서는 전쟁이나 무력 분쟁 중 발생하는 여성폭력이 무력 충돌 발생 이전 해당 사회의 구조적·문화적 여성폭력과 연속성이 깊다는 관점을 토대로 이스라엘-하마스 전쟁 관련 여성폭력과 전쟁 발발 이전 이스라엘·팔레스타인 사회의 구조적·문화적 여성폭력을 나누어 살펴보고, 분쟁 관련 여성폭력의 궁극적인 해소에 대한 시사점을 논의한다.

## II. '살아 움직이는' 여성폭력

### 1. 이스라엘-하마스 전쟁 관련 여성폭력

이번 전쟁이 하마스의 기습 공격으로 시작되면서 전쟁 초기에는 주로 하마스의 이스라엘 여성에 대한 폭력이 조명되었지만, 이스라엘군의 보복 작전이 본격화되자 팔레스타인 여성을 향한 이스라엘의 직간접적 폭력의 발생도 많아졌다. 이는 일단 전쟁이나 무력을 동원한 분쟁이 발발하면 가해 집단이 달라지더라도 반인도주의 범죄의 주요 대상은 여성이 되기 쉽다는 사실을 잘 보여준다.

2023년 10월 7일 하마스의 기습 공격이 발생한 음악 축제 장소와 주변 지역에서 인질로 잡힌 여성과 여아를 대상으로 성적 고문을 포함한 성폭력이 다수 자행됐으며, 하마스에 의해 55일간 인질로 납치되었다 석방된 이스라엘인 변호사 아미트 수산나(Amit Soussana)는 《뉴욕타임스》와의 인터뷰에서 구타, 고문, 성추행 및 성폭력 등의 행위를 공개적으로 증언했다. 한편 이스라엘군에 의한 여성폭력 사례도 다수 알려졌다. 일례로 《로이터 통신》은 2024년 3월 28일 기사를 통해 가자 지역에서 여성 주민의 소유로 추정되는 속옷을 이용해 성적 모욕감을 유발하는 영상을 소셜 미디어에 게시한 이스라엘 군인들의 일탈적 행동을 보도한 바 있다. 이뿐만 아니라 전쟁으로 희생된 민간인 희생자 중 여성의 피해는 눈에 띄게 증가했다. 유엔 인도주의업무조정국(UN Office for the Coordination of Humanitarian Affairs: OCHA)의 2003년 보고에서는 전쟁 발발 이전 15년의 기간 즉, 2008년부터 2023년까지 이스라엘과의 분쟁으로 인한 팔레스타인 희생자 중

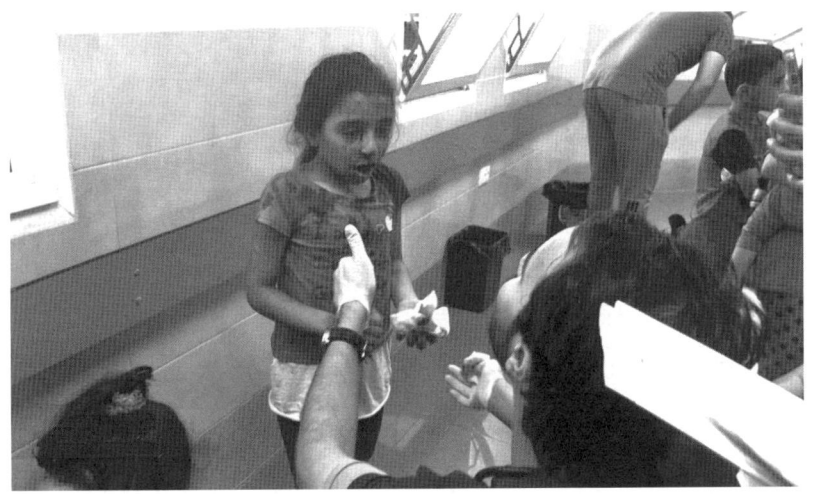

가자 지역에서 부상을 입은 팔레스타인 어린이가 치료받고 있다.
ⓒSaleh Najm and Anas Sharif, CC BY 4.0, https://commons.wikimedia.org/wiki/File:Fars_Photo_of_Refugees_in_Gaza_Strip_during_2023_War_03.jpg?uselang=ko

여성 비율이 14%에 불과했다. 하지만, OCHA의 2024년 10월 7일 보고에 따르면 이스라엘의 군사작전으로 인한 팔레스타인 사망자 중 여성은 약 50%를 차지해 이번 전쟁으로 인한 여성 피해의 심각성을 잘 드러낸다.

이스라엘군의 가자 지역 집중 공격으로 인한 강제 이주의 상황도 팔레스타인 여성들이 경험하는 폭력의 주요 원인 중 하나다. 2024년 유엔여성기구의 통계에 따르면 가자 지역 인구의 약 85%에 달하는 190만 명이 강제로 집을 떠나 피란길에 올랐으며, 그중 여아를 포함한 여성은 약 백만 명 정도로 추산된다. 피란 과정에서 여성이 노출되는 폭력은 다양하다. 이스라엘군에 의한 강제 구금이나 성희롱의 대상이 되기 쉬울 뿐만 아니라 노인이나 장애인처럼 이동이 어려운 가족 구성원의 돌봄을 위해 강제로 또는 자발적으로 도피에서 배제되는 사람도 대부분 여성이다. 도피에 성공한다 해도 난민촌의 과밀화로 인한 여러 문제에 노출된다. 물 부족으로 생리 중 청결의 문제나 비위생 환경으로 인한 어려움으로부터 의료서비스나 돌봄이 부족한 상황으로 인해 가임기·출산기 여성은 직접적인 생명의 위협에 직면하고 있다.

봉쇄 정책은 인도적 위기를 심화시켜 가자 지구의 심각한 식량 부족과 기아 상태로 이어졌다. 페미니즘의 관점에서 국제법을 연구하는 카이로 독일대학(German University in Cairo)의 노라 살렘(Nora Salem) 교수는 팔레스타인의 가부장적인 공동체 문화를 고려할 때, 식량 부족과 기아로 인해 가장 고통을 받는 것은 결국 여성이라고 설명한다. 가부장 문화에서 가족들을 돌보는 책임을 도맡는 여성들은 식량 부족 상황에서 본인의 음식 섭취를 우선순위에 두기 어렵기 때문이다.

또한, 임신, 출산, 산후조리, 수유기를 겪는 여성들에게 영양부족, 의료 돌봄 부재, 의약품 부족 등의 문제는 직접적인 생명의 위기로 이어지는데, 최근에는 이렇게 봉쇄로 인해 가임기·출산기 여성들이 직면하는 위협이 집단살해에 해당하는 범죄로 규정될 수 있다는 주장이 제기되고 있다. 「집단살해협약(Genocide Convention)」 제2조에 규정된 '특정 국가, 민족, 인종 또는 종교 집단 전체 또는 일부를 말살하려는 행동'이라는 집단살해 정의에 해당하는 범죄로 판단될 여지가 있기 때문이다. 또한, 국제인권법상의 재생산권(reproductive autonomy) 보호 의무를 위반한 재생산권 폭력에 해당할 가능성도 있다. 국제형사재판소(International Criminal Court) 검찰부가 2023년 12월 발행한 정책 보고서에서는 재생산권 폭력을 '재생산권을 위반하거나 (또는) 사람들의 실제적, 잠재적 재생산 능력을 대상으로 삼는 폭력'으로 정의한다.

이러한 재생산권 폭력이 반인도적 범죄나 전쟁범죄에 해당하는 처벌 대상으로 국제적으로 인식되기 시작했지만 실제로 처벌된 사례는 지금까지 없다. 그러나 국제형사법원 르완다(ICTR, International Criminal Tribunal for Rwanda) 판결의 방론(obiter dictum)은 재생산권 폭력이 특정 집단의 출생을 막고자 하는 신체적, 정신적 행위를 포함한다고 보았다. 이런 맥락에서 봉쇄로 인해 인도주의적 지원이 중단되면서 의료 서비스를 받지 못한 임신부들이 사망한 사례들이 팔레스타인의 출산을 막기 위한 이스라엘 정부의 의도가 담긴 재생산권 폭력이라는 주장이 설득력을 얻고 있다.

2023년 세계보건기구 보고서에 따르면 가자 지구에서 여성 약 5,500명이 의료적 돌봄이 부재한 상태에서 출산해 상당한 감염과 합병증 위험에 노출되었다. 2023년 유엔 보고서에서도 의료 물품의 부족으로 인해 마취 없이 제왕절개를 시행하거나 가임기 여성들의 생명을 보존하기 위해 어쩔 수 없이 출산 가능성을 사전에 막는 자궁절제술을 시행하는 사례가 다수라고 보고되었다. 국제비정부기구 옥스팜(Oxfam)은 2023년 봉쇄 이후 조산은 25~30% 증가했다고 보고했으며, 마찬가지로 유엔 인도주의업무조정국(OHCA)도 2023년 보고서를 통해 인큐베이터나 병원 발전기 연료 부족과 같은 의료 장비 부족 때문에 설사나 저체온증처럼 치료가 가능한 질병으로 인한 조산아 사망률도 급격히 증가했다고 밝혔다. 이 외에도 봉쇄에 따른 가자의 인도주의 위기와 그로 인한 부정적 영향과 결과를 여러 자료를 통해 확인할 수 있다. 따라서 가자 지역 의료시설에 대한 공격, 의료 서비스의 약화, 인도주의적 지원 접근 제한이 팔레스타인의 출산을 막기 위한 이스라엘 정부의 의도가 담긴 것으로 판단된다면 재생산권 폭력에 의한 집단살해에 해당한다는 주장이 계속 제기되고 있다.

## 2. 이스라엘·팔레스타인의 구조적·문화적 여성폭력

그렇다면, 전쟁기에 가해지는 여성폭력은 전쟁 이전에는 존재하지 않던 완전히 새로운 폭력일까? 여성도 군대에 징집되는 이스라엘은 상대적으로 양성평등 국가라는 인식이 강하지만, 분명한 한계도 있다. 보수 정통 유대교와 일부 남성 군인의 반대로 인해 여군은 사실상 핵심 전력에서 제외되며 이러한 여군 차별은 오랫동안 이스라엘 사회의 주요 이슈였다. 하마스와의 전쟁을 계기로 여군이 처음으로 최전선에 투입되면서 이스라엘 군에서 오랜 성차별 문제에 변화가 일어나는 듯 보이지만, 젠더 불평등 개선의 의미보다는 하마스와의 전쟁에서 승리하는 것이 시급한 상황에서의 변화일 가능성이 크다. 이스라엘에서 가장 긴 역사를 지닌 진보 성향 일간지인 《하아레츠(Haaretz)》는 2022년 이스라엘 여성 군인의 1/3이 성희롱을 경험했다고 보도한 적이 있다. 특히, 피해 여군의 44%는 신고 이후에도 사건이 제대로 처리되지 않았다고 답했으며, 26%는 사건이 아예 다루어지지 않았다고 대답해 이스라엘 군대의 여성폭력 문제의 심각성을 확인할 수 있다.

정통 유대교의 보수적 전통에 따라 남녀에 대한 엄격한 구분이 여전히 적용되는 경우도 많은데, 대표적 사례가 예루살렘의 '통곡의 벽'이다. 오히려 남녀 분리가 존재하지 않았던 19세기와는 다르게 현재 통곡의 벽은 남녀 기도 공간이 엄격히 분리되어 운영된다. 여성 인권 단체인 '벽의 여인들(Women of the Wall)'이 남녀가 평등하게 기도할 권리를 주장하며 통곡의 벽 앞에서 수십 년간 꾸준히 시위를 벌인 결과 2016년 혼성 기도 공간 조성 계획이 발표되었으나 2017년 초정통파(Ultra-Orthodox) 유대교도들의

예루살렘 '통곡의 벽' 남녀 공간 분리를 위한 담장 너머로 여성 가족들이 유대교 성인식인 미츠바(mitzvah) 의식을 지켜보고 있다.
ⓒDan Lundberg, CC BY-SA 2.0, https://commons.wikimedia.org/wiki/File:20110224_0318_Jerusalem_(5539881465).jpg?uselang=ko

거센 반대로 시행되지 못했다.

2023년 세계경제포럼(WEF)에서 발표한 성격차지수(Gender Gap Report)를 살펴보면, 이스라엘의 젠더 평등은 교육, 보건과 같은 분야에서 대체로 우수한 데 반해 정치 영역과 일반 직장에서의 젠더 격차는 상당히 큰 것으로 나타났다. 2023년 기준 이스라엘의 국회인 크네세트(Knesset)의 여성 비율은 25% 이하이며, 특히 보수 종교 정당의 연정에 참여한 여성 의원은 아예 없다. 통곡의 벽의 남녀 분리 기도 공간이 상징적으로 보여주듯이 여전히 이스라엘의 다양한 분야에서 보수적인 종교 정체성으로 인해 문화적·구조적 여성 차별과 배제가 존재한다.

팔레스타인 지역은 전쟁 발발 이전부터 젠더 불평등이 심각한 상태였다. 유엔인구기금 팔레스타인(UNFPA Palestine)에 따르면 2011년 실시된 팔레스타인 중앙통계청(Palestinian Central Bureau of Statistics, PCBS)의 폭력 실태 조사에서 팔레스타인 여성 37%가 젠더폭력을 경험했으며, 가자 지역은 정도가 더 심각해 여성의 51%가 다양한 폭력과 차별을 경험했다고 답했다. 팔레스타인의 젠더 불평등에 관해 2005년 유엔 특별조사관의 보고서는 팔레스타인의 전통적인 가부장적 규범과 가치, 그리고 이스라엘군의 장기 점령이라는 두 가지 요인이 결합한 결과라고 분석했다. 2017년 유엔 여성 인권 특별조사관의 보고에서도 유사한 분석을 발견할 수 있다. 주로 투옥, 강간, 근친상간, 가정폭력 등의 형태로 나타나는 팔레스타인의 여성폭력과 이스라엘의 장기 점령으로 인한 '점령 폭력(Occupation-related Violence)'과 깊은 연관성이 있음에 주목했다.

이란에서 시작된 히잡 거부 운동에서 관찰할 수 있듯이 전통적인 이슬람 문화권에서 여성은 오랜 기간 억압과 희생을 강요당했으며 낮은 사회적 지위와 교육 환경으로 인한 구조적 차별로 고통받았다. 이슬람 문화권인 팔레스타인에서도 여성의 사회적 역할은 주로 가정으로 제한되며 다양한 구조적·문화적 차별이 존재한다. 한국의 비정부기구인 아디(ADI, Asian Dignity Initiative)의 2021년 인권 보고서는 팔레스타인 여성 15명과의 인터뷰를 토대로 팔레스타인 여성들이 경험한 차별과 폭력의 구체적 사례를 담고 있다. 가정폭력을 견디지 못해 이혼을 선택한 후 생계를 위해 이스라엘 정착촌에서 일하며 겪는 어려움, 아프리카계 팔레스타인 여성으로서 팔레스타인 사회에서 유색인에 대한 인종차별로 인해 겪는 고통과 상처를 확인할 수 있다.

이뿐만 아니라 아디 보고서는 분리 장벽으로 인한 일상의 어려움과 제약을 팔레스타인 여성의 관점에서 들려준다. 이스라엘 정부가 인정하는 정식 노동 허가증이 발급되지 않아 검문소를 우회해 유대인 마을로 일하러 가는 팔레스타인 여성이 겪게 되는 어려움과 폭력에 관한 이야기, 이스라엘군에 체포되어 고문과 수년간의 구금을 경험한 14세 여성의 이야기, 소셜 미디어에 이스라엘을 비난하는 글을 게시한 죄로 10개월간 구금된 여성이 겪은 폭력 이야기들을 통해 장기 점령이 팔레스타인 여성에게 미친 부정적 영향을 확인할 수 있다.

> "가자 지구에서 여성 일자리는 적고, 대학 졸업생도 전공과 관련된 직업을 찾지 못하고 있어요. 저는 가자 지구 내 한 기관에서 6년 동안 자원봉사를 했어요. 저는 열심히 일하면 기관에서 저를 고용해서 같이 일하자고 하지 않을까 기대했어요. 하지만, 그런 일은 일어나지 않았죠. 기관에서는 매번 남성 지원자를 찾고 여성 지원자는 무시해요." - S. M. 38세 팔레스타인 여성[1]

이스라엘의 점령 이후 팔레스타인에는 다양한 형태의 풀뿌리 운동이 생겨나고 시민사회의 규모가 상당히 성장했다. 그러나 시민사회의 변화에 비해 젠더 불평등 규범의 변화는 크지 않은데, 이 또한 장기 점령과 상당한 관련이 있다. 장기 점령에 따른 경기 침체와 인도주의 위기 등은 팔레스타인의 남성 중심 문화에서 가정을 부양하고 보호하는 남성의 역할에 상당한 제약이 된다. 가장으로서의 역할 수행이 어려워진 남성들의 상실감이 커지면서 남성들의 폭력성은 더욱 강화되고 가정폭력은 증가한다.

---

[1] 아디, "선을 넘는 팔레스타인 여성들", 서울: 아디인권보고서, 2021, pp. 258~259.

이는 팔레스타인 여성들의 불안, 우울 증상 및 트라우마와 같은 심각한 정신 건강에 상당히 부정적인 영향을 미친다.

1993년 오슬로 협정 체결 이후 팔레스타인 자치정부(PA, Palestinian Authority)는 서안 지구에서 정신 건강 분야의 관리를 시작했지만 2004년 팔레스타인 전역에서 일어난 저항운동인 제2차 인티파다(intifada)를 겪으며 상당수의 의료기관은 파괴되고 방치되었다. 2005년 발표된 「팔레스타인 점령 지역에 정신 건강 시스템 구축(Establishing a mental health system in the Occupied Palestinian Territories)」이라는 논문에 따르면 팔레스타인인의 정신 건강 상태를 고려하면 상당히 시급한 관리가 필요한 사안임에도 이스라엘 정부의 관리하에 있는 팔레스타인의 정신 건강 관리 공공서비스에서 팔레스타인 여성들을 위한 적절한 정신 건강 서비스는 충분히 제공되지 않는다.

세계보건기구의 2006년 보고서에 따르면 팔레스타인의 정신 건강은 보건부 예산 정책 우선순위에서 제외되었으며 자치 정부 보건부의 전체 예산 중 2%만이 사용되는 현실이다. 이처럼 팔레스타인의 취약한 보건 재정 및 관리 구조와 인적 자원의 부족은 정신 건강 공공서비스의 질을 저해하는 요인이며, 이는 또 다른 점령 폭력으로 볼 수 있다. 이처럼 오랜 분쟁과 점령으로 인한 폭력, 그리고 이슬람의 보수적인 남성 중심 문화 요인이 결합해 팔레스타인의 젠더 정책은 발전될 기회를 상실하고 젠더 불평등 규범과 문화적·구조적 여성폭력은 유지되었다.

"경계선이나 국경은 감옥과 같습니다. 무고한 사람들을 가두는 감옥 말입니다. 저는 꿈도 많고 스스로 잠재력도 충분하다고 생각하지만, 가지 지구에 살고 있기 때문에 저는 상상 속에서만 꿈을 꿉니다. 언젠가는 제가 살고 있는 이 경계를 벗어나 자유와 책임감이 무엇인지 느낄 수만 있으면 좋겠습니다." - A. J. 24세 팔레스타인 여성[2]

젠더 불평등 규범 질서로 인한 억압, 차별이나 폭력을 경험하더라도 여성들은 규범적 질서 속에서 삶의 의미를 구성할 수밖에 없으며 여성이 참고 용인하는 폭력은 곧 사회에서 허용되는 폭력으로 규범화된다. 분쟁 연구자 에이슬링 스웨인(Aisiling Swaine)은 여성폭력을 '살아 움직이는 폭력'으로 묘사했다. 사회의 젠더 불평등 규범과 문화에 기반한 일상적 여성폭력은 분쟁이 발생한 후 사라지지 않고 오히려 분쟁의 상황, 행위자나 집단의 특성, 폭력의 유용성에 따라 변화하고 진화한다.

## III. 여성폭력의 해소

### 1. 폭력의 연속

폭력과 평화는 우리 현실에 늘 존재한다. 전쟁이 없는 평화기에도 갈등과 대립이나 소규모 무력 충돌이 발생할 수 있으며, 구조적·문화적 차원에서 간접적인 형태로 폭력이 가해지기도 한다. 서보혁은 이러한 폭력의 연속성을 강조하는 개념으로 '폭력 연속체'를 소개하고 각기 다른 형태의

---

2  위의 글, p. 13.

폭력들이 상호 작용하며 새로운 폭력을 생산하거나 강화할 뿐만 아니라 폭력을 내면화해 폭력이 폭력으로 인식되지 않거나 심지어 정상적인 행위로 수용되는 상태까지 도달할 수도 있다고 경고한다.

여성을 향한 사회적 억압, 폭력과 차별이 처벌되지 않고 쉽게 용인되는 사회에서 여성폭력은 수용된 젠더 불평등 규범과 문화, 그리고 반복적으로 발생해 정상으로 여겨지는 일상적 폭력의 형태로 존재한다. 그런 사회에서 무력 분쟁이 시작된다면, 여성을 대상으로 집단강간이나 강간 후 신체 훼손과 같은 직접적·극단적 폭력이나 일탈적 성희롱과 같은 형태로 폭력이 가해질 가능성이 크다.

이런 관점에서 실행적 차원에서 평화기와 분쟁기에 발생하는 여성폭력 행위는 연결성이 있을 뿐만 아니라 개념적으로 분쟁기 폭력은 해당 사회의 기존 젠더 규범의 토대 위에서 실행되어 평화기와 분쟁기 폭력에는 연속성이 존재한다. 이스라엘-하마스 전쟁 이전부터 이스라엘과 팔레스타인 사회에는 다양한 방식의 여성폭력이 존재했으며, 분쟁기 여성폭력은 그 토대 위에서 실행되는 것이다. 물론 분쟁으로 인한 군사화나 용이한 무기 접근성, 강화된 폭력성 등은 사회가 새로운 수준의 야만성과 폭력에 대한 무처벌을 더 쉽게 용인하도록 만들 수 있다.

이스라엘-하마스 전쟁 초기에는 하마스의 이스라엘 여성 인질에 대한 폭력이 부각된 반면 전쟁이 진행될수록 이스라엘군에 의한 여성폭력이 다수 보고되었다. 이처럼 분쟁의 단계마다 여성폭력의 가해 주체나 구체적인 방식은 달라지더라도 어떤 형태로든 여성폭력은 존재한다. 가해와 피해 대상이 달라질 뿐 폭력의 본질은 연속되며 새로운 폭력을 생산하고 강화되는 것이다. 2002년 유엔여성기구 보고서에 포함된 이스라엘군에 의한 구금을 경험한 팔레스타인 남성들이 자신들이 심문받던 방식 그대로 가족이나 아내에게 폭력을 행사한 사례는 연속되는 폭력의 특성을 잘 드러낸다.

## 2. 젠더 포용적 평화 구축

이처럼 여성폭력이 분쟁의 단계마다 연속성이 있는 것이라면, 분쟁이 종식되고 평화 상태로 전환하는 과정에서 여성폭력의 문제를 어떻게 다루어야 하는 것일까? 먼저, 여러 연구자들은 평화 구축 과정에 젠더적인 시각이 반영되는 것이 중요하다고 지적한다. 평화 구축 과정에서 젠더 요인이 반영되지 않는다면 여성폭력의 악순환을 근본적으로 끊어 내기 어렵다. 또한, 분쟁 중에 벌어진 집단강간과 같은 극단적 폭력이 단순히 분쟁이라는 특수한 상황에서 벌어진 매우 이례적인 사건으로 인식되고 관련 법이나 정책이 범죄자 처벌에만 집중된다면, 젠더 불평등 규범이나 사회적 구조의 근본적인 변화는 기대하기 어렵다. 이런 관점에서 전쟁범죄에 대한 사법적 정의의 이행은 단순한 가해자 처벌을 넘어 해당 사회에서 여성폭력을 재정의하는 과정이어야 할 것이다.

이 과정에서 여성폭력에 적절한 명칭을 부여하는 것은 중요한 의미가 있다. 젠더적 관점이 반영된 적절한 명칭 부여는 관련 정책, 법 그리고 공공서비스에서 여성폭력을 어떻게 인식하고 다룰 것인지, 그리고 여성폭력을 공동체적·사회적으로 어떻게 이해해야 하는지에 상당한 영향을 미치기 때문이다. 또한, 국제적인 기준을 반영한 명칭을 부여할 필요가 있다. 이와 관련해 에든버러 대학 '정치적 합의 연구 프로그램(Political Settlement

Research Program)'의 2018년 보고서에 소개된 동티모르 사례를 살펴보면, 분쟁이 종식되고 글로벌 비정부기구들에 의해 인권 개념이 처음 알려지면서 가정폭력이 인권에 위반되는 범죄로 재정의되었다. 그 결과 분쟁 이전에는 일상적이고 지극히 평범한 사건으로 인식되던 가정폭력에 대해 새로운 이해가 형성되고 국가적 차원에서 관심이 커져 가정폭력법 제정으로 이어졌다. 적절한 명칭 부여는 무엇보다 피해 여성들 스스로 폭력의 경험을 이해하고 대응하는 방식에도 긍정적 영향을 미치기에 중요하다. 또한, 사건의 신고와 대응에도 중요하다. 특정 유형의 폭력에 대한 대중 인식을 제고해 관련 신고가 증가하거나 사회적·법적 대응 필요성에 대한 긍정적 여론 형성에 기여할 수 있다.

마지막으로 신고 증가에 대응할 수 있는 정부의 공적 서비스, 곧 치안과 사법적 정의 이행부터 성폭력 관련 의료 서비스 등이 준비되는 것도 필수적이다. 또한, 피해 여성의 경험 청취를 포함해 분쟁 관련 폭력에 대한 사법적 절차 진행 과정에 여성들의 직접적 참여가 보장되어야 한다. 여성폭력과 관련해 근본적인 변화를 만들어 내기 위해서는 여성들이 직접 경험과 의견을 공유하고 그것들을 정책에 반영하는 것이 중요하기 때문이다.

## 3. 여성폭력의 다층적 전환

분쟁기에 발생한 여성폭력의 실상을 조사하여 가해자를 처벌하고 피해자에게 적절한 배상과 보상을 함으로써 분쟁 관련 여성폭력에 대해 정의를 실현하는 '이행기 정의' 과정은 여성폭력을 해소하기 위해 필수적이다. 그러나 일반적으로 과거 청산 조사에서 다루어지는 '과거'는 주로 분쟁 중에 가해진 폭력으로 한정된다는 한계가 있다. 하지만, 앞서 살펴본 것처럼 분쟁기 폭력은 분쟁 이전부터 해당 사회에 존재해 온 불평등 젠더 규범이나 폭력과 연결된 문제이기 때문에 만일 분쟁기 여성폭력 문제의 처리가 단순히 분쟁 중에 발생한 폭력 사건에만 집중되게 되면, 여성폭력의 악순환을 끊어 내기 어렵다.

따라서 분쟁 이전의 사회적 맥락까지 고려하는 접근이 필요하다. 젠더 불평등으로 인한 억압의 역사에 대한 인정을 토대로 폭력의 연속성을 이해하고 여성폭력과 상처를 줄이는 방향으로 장기적인 파급효과를 만들어 내는 '다층적 전환'을 지향해야 한다. 또한, 폭력의 진상을 밝히는 과정에서 오히려 피해자를 낙인찍거나 성인지 감수성이 부족한 조사로 인한 2차 폭력이 가해지기도 한다. 이러한 다양한 측면을 고려한 종합적인 접근은 사법적 정의를 포함하면서도 사람 중심의 이해와 포용성의 확대를 통한 궁극적인 사회 변화를 요구한다.

아래의 그림은 전쟁 종식 이후 이스라엘과 팔레스타인에서 여성폭력의

〈이스라엘과 팔레스타인에서 여성폭력의 다층적 전환〉

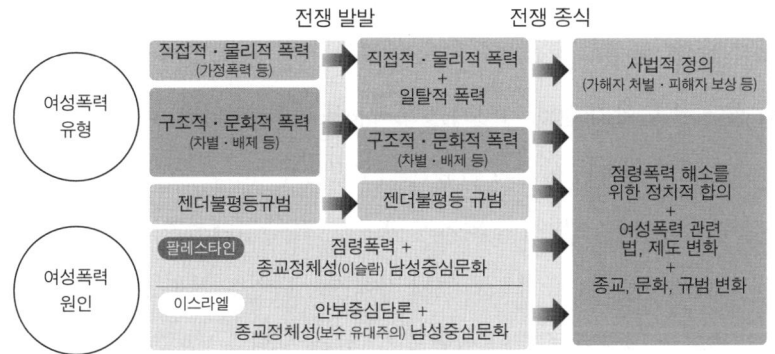

출처: 저자 작성

문제를 궁극적으로 줄여 나가기 위한 다층적 접근을 도식화해 본 것이다. 전쟁 발생 이전에는 주로 구조적·문화적 폭력의 형태로 여성폭력이 나타난다면, 전쟁기에는 직접적·물리적 폭력 발생이 증가한다. 전쟁 종식 후 전쟁기에 발생한 여성폭력 범죄에 대해서 국제적·국내적 사법 절차에 따라 가해자를 처벌하고 피해자에 대한 적절한 배상과 보상을 진행해야 한다. 이를 멈춘다면 여성폭력의 근본적인 해결은 불가능하다. 전쟁 이전부터 이스라엘과 팔레스타인 지역의 젠더 불평등 규범에 영향을 미친 강한 종교 정체성, 유대교와 이슬람의 보수적 전통으로 인한 여성 차별과 배제의 문화를 인정하고 해체할 필요가 있다.

이를 위해서는 가장 해결이 까다로운 정치적 차원에서 점령 문제에 대한 합의가 이루어져야 할 것이지만, 이와 함께 젠더 시각을 반영하고 이와 관련해 시민들의 요구를 수용하는 사회적 합의 과정을 통해 관련 법과 제도가 정비되어야 한다. 다른 사회보다 영향력이 강한 보수적 종교 정체성에 기반한 젠더 불평등 문화와 규범에 균열을 불러올 수 있는 사회 담론과 인식의 전환이 동반되어야 할 것이다.

여성폭력의 해결이 단순히 여성에게 발생한 폭력에 대한 처벌과 그로 인한 상처를 해결하는 차원을 넘어설 때, 여성을 위한 정책이 남성과 여성 즉, 젠더 간 힘의 대결로 이어지는 부작용을 막을 수 있다. 다시 말해 여성을 위한 정책 변화는 사회의 다양한 소수집단과 약자를 위한 의미 있는 변화를 만들어 내는 출발점이 되어야 한다. 이런 관점에서 여성폭력뿐만 아니라 여타의 젠더적 특성으로 인해 가해지는 다양한 불평등과 폭력적 관행의 변화는 다양한 집단이 공존할 수 있는 사회로 나아가는 변화 과정의 한 부분이자 포용적이고 적극적인 차원의 평화 구축이다. 이 책의 6장에서 논의된 것처럼 이스라엘-하마스 전쟁에서의 인권침해나 반인도주의 범죄의 책임이 국제·국내 차원에서 사법적으로 명백히 처리되는 차원을 넘어 이스라엘과 팔레스타인 사이의 오랜 분쟁의 결과물인 점령 폭력과 안보 중심 담론으로 인한 여성폭력, 그리고 이스라엘과 팔레스타인의 강한 보수적 종교적 정체성에 기반하고 있는 문화적·구조적 여성폭력의 궁극적인 해결을 지향하는 방향으로 나아가는 것이 중요하다.

## IV. 처벌을 넘어 폭력의 단절을 향해

가자에서의 전쟁 참상이 심각할수록 이스라엘과 팔레스타인 양측의 증오와 혐오는 오히려 증폭되었다. 국제사회의 휴전 요구에도 이스라엘은 전쟁을 확대해 왔으며 이 글을 마무리하는 시기인 2025년 1월 16일 미국 트럼프 대통령의 재집권을 며칠 앞둔 상황에서 양측이 42일간 교전을 멈추고 인질과 수감자를 교환한 후 영구적 휴전을 논의하는 '3단계 휴전안' 협상에 합의했다는 소식이 들려왔다. 그러나 이스라엘에서는 휴전에 반대하는 시위도 벌어지고 있어 가자 지역에서 이스라엘군의 완전 철수와 같은 쟁점 의제가 논의되는 2단계나 가자 지역 재건이 시작되는 3단계 협상으로의 진입과 이스라엘의 팔레스타인 장기 점령 문제와 같은 근본적인 해결은 아직 아득해 보인다.

2023년《연합뉴스》의 보도에 따르면 전쟁 발발 직후인 2023년 10월 텔아비브 대학에서 실시한 조사에서 응답자의 60%는 모든 수단을 동원해 하마스를 파괴하는 것이 전쟁의 가장 중요한 목표라고 답했으며, 하마스에 붙잡힌 이스라엘인 인질 구출이 중요하다는 응답은 30%에 불과했다. 같은 시기 팔레스타인 정책조사연구소의 여론조사에서 응답자의 70%가 무장투쟁이 이스라엘의 점령을 끝내는 최선의 수단이라고 답했다. 또한, 이스라엘-하마스 전쟁 발발 직후 미국과 유럽 등지에서 유대교나 이슬람 혐오범죄는 폭발적으로 증가했다. 이는 폭력은 궁극적으로 갈등의 해결책이 되지 못하며 또 다른 폭력이나 혐오의 악순환으로 이어진다는 것을 여실히 보여준다.

이번 전쟁으로 희생된 사람들의 다수는 여성과 아동을 포함한 평범한 시민이다. 이제 명분 없는 전쟁을 끝내고 이스라엘 정부와 하마스 양 진영은 무고한 시민들의 희생을 막고 오랜 기간 계속된 분쟁을 해결하기 위해 정치적 결단을 내려야 할 것이다. 그러나 분쟁기에 발생한 직접적인 여성폭력의 진상을 규명하고 책임자 처벌을 통해 사법적 정의를 실현하는 것은 여성폭력의 악순환을 끊는 시작점일 뿐이지 근본적인 해결은 아니다. 분쟁기 여성폭력의 문제를 해결하는 과정에서 가장 오래됐지만 구조적·문화적 폭력의 형태로 굳어진 여성폭력의 문제를 드러냄으로써 사회의 근본적인 젠더 불평등 규범과 문화를 해체하고 폭력의 연속을 단절할 필요가 있다. 또한, 여성폭력의 해소와 여성 인권 향상을 위한 노력이 남성과 여성 즉, 젠더 간 투쟁으로 이해되거나 여성만을 위한 정책 차원을 넘어 젠더적 특징으로 인해 가해지는 모든 유형의 사회적 차별과 폭력을 줄여가는 방향으로 전개되어야 할 것이다.

# 4장

가자에서의 생태폭력

이나미

## I. 전쟁과 생태폭력

　이스라엘-하마스 전쟁은 인명의 대량 학살뿐 아니라 치명적이고 광범위한 생태학살도 초래했다. 백린을 비롯한 독성화학물질과 폭발물 등을 사용한 화학전은 가자와 주변 지역의 환경을 크게 파괴했다. 수많은 보고서들은 가자의 대기, 토양, 수질이 오염되었으며 생물 다양성이 파괴되었음을 알리고 있다. 게다가 기후 위기는 이러한 상황을 더욱 악화시키고 있다. 2024년 3월 29일《가디언》지는 "가자 지구의 생태학살: 환경 파괴의 규모가 전쟁범죄에 해당할까?"라는 제목의 기사를 통해 가자의 생태폭력 상황을 폭로했다. 당시에 촬영된 위성사진 분석에 따르면 가자 지구의 대다수 농장이 황폐화되고 나무의 거의 절반이 파괴된 것으로 나타났다. 전문가들은 대기 및 수질 오염과 더불어 이러한 생태계 파괴로 인해 가자 지구는 더 이상 생존이 불가능한 곳이 되었다고 말한다. 올리브나무 숲과 농장은 흙더미로 변했고, 토양과 지하수는 군수물자와 독성물질로 오염되었으며, 공기는 연기와 미세먼지로 오염되었다. 수돗물과 연료도 없이 하수와 쓰레기로 둘러싸인 곳에서 겨우 목숨만 부지하고 있는 가자인들은 오염된 공기와 물이 질병을 옮길까 봐 두려워한다. 연구자들과 환경 단체들은 피해의 규모와 잠재적인 장기적 영향으로 볼 때 이를 '생태학살'로 간주하고 전쟁범죄로 조사해야 한다고 강조한다.

생태학살 즉 에코사이드(ecocide)라는 용어는 베트남전 당시 미국이 사용한 고엽제 관련 논쟁에서 비롯되었다. 현지 조사 결과 고엽제가 단순히 잡초 제거가 아닌 생태계에 대한 무차별적 공격이란 사실이 확인되었고 이때 아서 갤스턴(Arther Galston)이 이 행위를 에코사이드라고 규정하면서 이를 반인도적 범죄로 간주해야 한다고 선언했다. 이후 에코사이드 범죄화 운동이 세계적으로 일어나기 시작했고 국제형사재판소, 국제 환경 인권 단체 등을 포함하여 활동가, 전문가의 노력 끝에 생태학살의 법적 정의에 관한 초안이 작성되었다. 그 초안에 따르면 에코사이드는 '어떤 행위가 환경에 극심하고 광범위하거나 장기적인 손해를 끼칠 것이라는 실질적 가능성을 인식한 상태에서 이루어진 불법적 행위 또는 무분별한 행위'를 뜻한다.

그런데 가자 지구에서 벌어진 생태학살은 '생태폭력(ecoviolence)'이라고 하는 더 넓은 개념으로 바라볼 필요가 있다. 생태학살 개념이 폭력을 가하는 행위자가 뚜렷이 드러나는 직접적인 폭력에 초점을 맞춘다면, 생태폭력의 관점은 가해자가 보이지 않는 구조적 폭력에도 관심을 가진다. 스토트(Peter Stoett)와 옴로우(Delon Alain Omrow)는 생태폭력을, '자연과 사람 모두에게 영향을 미치고, 분쟁 중에 발생할 수도 있고 발생하지 않을 수도 있는, 행위자적이고 구조적인 폭력'이라고 정의한다. 따라서 생태학살은 생태폭력의 한 유형인 '행위자적 폭력'에 포함된다. 생태폭력의 행위자적 유형에는 생태학살 외에 생태 사보타주와 동물 학대가 있다. 또한 생태폭력은 '환경정의와 인간안보를 위협하는 것'이며 더 나아가 '자연의 고유한 권리를 침해하는 것'으로 규정되므로 생태학살보다 더 근본적이고 심층적인 개념이라고 할 수 있다.

가자의 생태 문제는 행위자적 폭력뿐 아니라 구조적·문화적 폭력의 양상도 보이고 있어 생태학살보다는 생태폭력으로 접근하는 것이 더 타당하다. 사실상 생태폭력의 많은 경우가 행위자적·구조적 특성을 모두 포함한다. 한 가지 폭력으로 설명하는 경우는 두 가지 중 어느 한 가지 특성이 더 두드러지기 때문일 것이다. 행위자적이고 동시에 구조적인 생태폭력의 대표적 사례로는 석유화학산업, 초국가적 생태폭력, 전쟁을 들 수 있다. 전쟁으로 인한 생태폭력의 사례로는, 분쟁 후 발생한 소말리아의 유해 폐기물, 아프가니스탄의 불법 삼림 벌채 등이 있다. 가자 지구의 생태폭력 역시 전쟁으로 인한 것이므로 행위자적이며 동시에 구조적인 생태폭력이라고 할 것이다.

전쟁 중 나타나는 생태폭력의 전형적 유형은 아래와 같다.

〈표 1〉 전쟁 중의 생태폭력 유형

| 생태폭력 유형 | 원인 |
| --- | --- |
| 삼림 벌채 | 전투 작전, 자원 착취 |
| 토양 파괴 | 지뢰 및 폭발물, 화학전 |
| 수질오염 | 기반 시설 파괴, 화학물질 유출 |
| 대기오염 | 화재 및 폭발, 군용차량, 항공기, 기타 기계의 사용 |
| 해양 파괴 | 해전, 해안 폭격 |
| 방사능오염 | 핵무기, 핵 시설 표적 공격 |
| 기후변화 | 전쟁 중 온실가스 배출 |
| 동물 희생 | 폭발물 등의 무기 사용, 불법 야생동물 거래 |
| 난민 거주지의 환경 훼손 | 하수처리 등의 인프라 부족. 난민과 군대의 자원 추출 |
| 인프라 파괴 | 기반 시설 파괴로 인한 유해 물질의 방출 |

출처: OpenAI를 활용하여 작성

## II. 가자 생태계 역사와 전쟁의 피해

가자 지구는, 서쪽과 북쪽의 온화한 지중해성기후와, 동쪽과 남쪽 시나이반도의 건조한 사막성기후 사이에 위치해 있다. 이 지역의 자연환경은 인간의 활동, 집단 간 갈등, 환경적 요인 등으로 인해 수 세기에 걸쳐 변화를 겪었다. 고대와 중세에 농업 개발, 해안 무역, 도시 확장이 이루어졌다. 고대부터 올리브 숲, 포도원, 과수원의 중심지였으며 로마와 비잔틴 시대에는 와인과 올리브오일 생산으로 유명했다. 한편, 경작지를 확대하기 위해 삼림 벌채가 발생했으며, 무역로에 위치해 있어 번화한 상업 중심지가 되어 마을과 도시가 번성했다. 그 결과 토지의 용도가 변화했다. 오스만 제국 시대와 이후 영국 위임통치 기간 동안 가자의 인구가 증가하여 도시화가 더욱 심화되었다. 도시 확장과 농업 개발의 지속으로 자연 생태계가 변화했고 일부 지역에서는 토양 침식이 발생했다. 그러나 팔레스타인인들은 이후 수 세대에 걸쳐 대체로 자연환경과 조화를 이루고, 자연 자원을 공유하며, 수박·밀·감귤·포도·올리브 등 다양한 농작물을 재배하고 지속가능한 삶을 살아왔다.

그러나 1948년 이스라엘이 팔레스타인 영토의 78%를 차지하고 전체 팔레스타인인의 75% 이상이 고향에서 쫓겨나 떠난 후 본격적인 환경 파괴가 시작되었다. 이스라엘의 군사 활동으로 자연이 훼손되었고, 이스라엘 점령군은 국제인권법에 따라 안전한 환경에 대한 권리와 유해물질에 대한 노출 방지를 포함하여 모든 팔레스타인인의 건강권을 보장해야 할 의무가 있었음에도 그렇게 하지 않았다. 또한 이스라엘군은 시안 지구, 동예루살렘, 가자 지구의 천연자원을 자국의 목적을 위해 추출했는데 이 역시 국제법을 위반한 불법행위이며 환경에도 부정적인 영향을 미쳤다. 이스라엘의 점령으로 발생한 팔레스타인 난민은 가자 지구로 대량 유입되어 주택·식량·물에 대한 수요가 증가했는데, 토지가 제한되어 있는 상황에서 인구가 증가하자 농업이 더욱 집약적으로 이루어졌으며 화학비료와 살충제 사용으로 토양과 물이 오염되었다. 이스라엘은 또한 수자원을 과도하게 추출하여 물 부족 상황을 초래했다. 이스라엘이 해안 대수층의 물을 과도하게 빼내는 바람에 해수가 유입되어 물이 염분화되었다.[1]

이스라엘은 1987년 12월 팔레스타인인들이 봉기하자 식량을 제한했고, 2000년 9월 2차 봉기가 일어나자 농경지를 파괴하고 수십만 그루의 나무를 뽑아냈다. 또한 항구를 파괴하고 어업을 제한하여 식량 공급에 타격을 입혔다. 2005년에는 가자 지구의 무허가 정착촌을 해체하고 군대를 국경으로 재배치했다. 가자 지구 외곽에 군사기지를 건설하고 망루에 원격조종 기관총을 설치했으며 드론 사용을 늘렸다. 농경지를 더욱 줄이면서 군인들의 시야를 가리지 않도록 시금치, 무, 상추 같은 키 작은 작물만 재배할 것을 명령했다. 또한 건설용으로 쓰기 위해 가자 지구에서 상당량의 모래를 반출하여 해안이 침식되고 생태계가 파괴되었다.[2]

---

1 Mohamed Buheji and Khawla Al-Muhannadi, "Mitigating Risks of Environmental Impacts on Gaza," *International Journal of Advanced Research in Engineering and Technology*, vol. 14, issue 07 (2023) pp. 16-18; Leslie London et al. "A call from 40 public health scientists for an end to the continuing humanitarian and environmental catastrophe in Gaza" *Environmental Health* 23:59 (2024), p. 3; Michael Mason et al. "Conflict and social vulnerability to climate change" *Climate and Development*, 3(4) (2011), pp. 8, 11.

2 Neve Gordon, Muna Haddad, "The Road to Famine in Gaza" *The New York Review of Books,* March 30, 2024, pp. 6-7.; Mason et al, "Conflict and social vulnerability to

이스라엘은 2005년 가자에서 철수한 후에도 수시로 가자 지구에서 군사작전을 수행했다. 가자 지구의 인구는 계속해서 빠르게 증가하여 토지가 더 부족해지고 비공식 정착지가 증가되어 환경이 악화되었다. 봉쇄, 반복되는 분쟁, 손상된 인프라로 인해 심각한 물 부족 및 하수 위기가 발생했다. 즉 하수처리 시설이 미비하여 지하수 오염이 악화되었으며 처리되지 않은 하수가 종종 지중해로 직접 흘러들어 물을 오염시키고 해양 생물에 악영향을 미쳤다. 또한 공습과 군사작전으로 농경지·녹지·해안 지역이 파괴되었고, 연료 부족으로 삼림 벌채가 행해져 숲이 파괴되었다. 이스라엘의 공격 및 봉쇄와 더불어 기후 위기는 가자의 생태 문제를 더욱 악화시켰다. 기온 상승으로 수분이 증발하여 물이 더욱 부족해졌으며 불규칙해진 강수 패턴으로 농사도 어려워졌다. 폭풍은 더 빈번해지고 강력해졌으며 홍수와 극한의 기상 현상이 나타났다. 그리하여 2019년에는 이러한 비참한 가자의 상황이 생태학살이란 용어로 표현되었다. 즉 '가자는 비참한 생태학살로 특징지어지는 일상적인 비생명의 공간적, 물리적 구현'이라는 것이다.[3]

2002년부터 2023년까지 가자의 생태폭력 상황을 표로 정리하면 다음과 같다.

---

climate change," p. 3.
3   M. Pace and H. Yacobi, "Settler Colonialism (Without Settlers) and Slow Violence in the Gaza Strip," *Partecipazione e Conflitto*, 14(3) (2021), p. 1234.

〈표 2〉 가자의 생태폭력 상황(2002년~2023년)

| 시기 | 공격 형태 | 사상자 수 | 생태폭력 |
|---|---|---|---|
| 2002 | 공습, 치명적 가스 살포 | 41(여성 4, 아동 15) | 민가 파괴, 공기 오염 |
| 2008~2009 | 공습, 우라늄 폭발물 하수처리장 투하 | 1,430 (여성 240, 아동 400) | 화학적·생물학적 오염. 핵 오염. 나무뿌리 뽑기, 수도 및 하수 시설 파괴, 식량안보 위기 초래 |
| 2012 | 융단폭격 | 180 (여성 11, 아동 42) | 인프라 파괴, 도로 및 주거지역 파괴 |
| 2014 | 6만여 건의 공격, 표적 공습, 대량 학살 | 2,322 (여성 299, 아동 551) | 유일한 동력 손상, 송전 및 하수 체계 등 인프라 파괴, 도로 및 주거지역 파괴, 공장 폭격 |
| 2019 | 주거지역에 수십 발의 공습 미사일을 드론으로 폭격 | 34 | 주거지역 파괴 |
| 2021 | 1500건의 공습, 융단폭격 | 243 (여성 39, 아동 66) | 도로·하수처리 시설·냉난방 기반 시설·주거지역 파괴, 식량·의료·연료 유입되는 교차로 폐쇄, 대량 학살 |
| 2022 | 주거지역 파괴 | 49(여성 4, 아동 17) | 주거지역 파괴 |
| 2023 | 공중폭격, 지상 공격, 융단폭격, 치명적 가스 살포 | 20,360 (여성 4,126, 아동 8,241) | 발전소 파괴, 인프라의 완전 파괴, 서식지 파괴, 해양오염, 지하 오염, 건설 폐기물 오염, 물 공급 시설 및 하수처리 시설 폭격으로 물 오염, 시멘트로 기존 물웅덩이 묻기, 농경지 파괴, 땅 손상(40피트 폭의 분화구 생성), 오염 물질 살포, 의도적으로 폐기물을 태워 공기 오염 |

출처: Buheji, Al-Muhannadi, "Mitigating Risks of Environmental Impacts on Gaza," *International Journal of Advanced Research in Engineering and Technology*, Vol. 14, Issue 07 (2023), pp. 22-27의 표를 참고하여 작성.

2023년 10월 7일 이전 팔레스타인 지역에서 일어난, 주목할 만한 생태폭력 사례는 다음과 같다.

첫째, 기반 시설의 파괴이다. 이스라엘군의 공격으로 수도 시설, 하수 시스템, 발전소 등 주요 기반 시설이 파괴되었다. 2021년 5월 이스라엘군은 가자 지구의 상하수도 인프라 290개를 파괴하여 100만 명 이상의 사람들을 고통에 빠뜨렸다. 그중 109개는 하수관 및 폐수처리장 등 폐수와 관련된 것으로 이 시설의 파괴로 인해 정화되지 않은 하수가 거리로 흘러나왔고 호수와 지중해로 유입되었다. 또한 빗물 배수구와 저장고에도 오폐수가 들어갔다. 이러한 오폐수는 항생제로 치료할 수 없는 감염병 위험 등의 추가적 피해를 일으킨다. 이스라엘군은 태양광 패널도 파괴했다. 그동안 팔레스타인인들은 태양광을 이용해 이스라엘 에너지 수입에 대한 의존도를 줄일 수 있었다. 팔레스타인 사람들에게 '태양에너지는 보조적인 전력 공급원이 아니라 인간의 기본적인 필요를 충족시키기 위한 최후의 수단'이었다. 팔레스타인인들이 태양에너지를 활용하지 못하도록 막은 것은 이스라엘의 팔레스타인 주민 제거 프로젝트의 일환이라고 할 수 있다.[4]

둘째, 농경지 파괴 및 식물에 대한 폭력을 들 수 있다. 이스라엘은 식량을 무기화하고 군사용 도로를 건설하기 위해 농경지를 파괴했다. 특히 올리브나무를 포함한 오래된 토착 나무의 뿌리를 뽑고 불로 태웠는데 이는 가히 식물학살이라 불릴 만하다. 참나무, 캐럽나무, 산사나무, 올리브나무, 무화과나무, 아몬드나무 등의 식물을 조직적으로 뿌리 뽑고 그 자리를 유럽소나무로 대체했다. 이를 통해 이스라엘은 가자에서 팔레스타인인의 존재 및 그들과 땅과의 연결을 없애고자 한 것이다. 2021년 4월 14일 이스라엘군의 베이타 침공 중 총에 맞아 사망한 주민 파와즈 하마옐(Fawaz Hamayel)에 의하면, 팔레스타인인들은 나무를 위해 기꺼이 죽을 수 있을 정도로 주민과 나무 간에 친밀한 애착 관계가 형성되어 있다. 이러한 팔레스타인 환경의 파괴는 팔레스타인 주민들이 자신들의 땅을 떠나게 하려는

---

4  Buheji and Al-Muhannadi, "Mitigating Risks of Environmental Impacts on Gaza," pp. 21-22; Sara Salazar Hughes et al. "Greenwashing in Palestine/Israel: Settler colonialism and environmental injustice in the age of climate catastrophe" *EPE: Nature and Space*, Vol. 6(1) (2023), pp. 497, 505.

목적을 가졌다고 할 수 있다.[5]

　세 번째는, 대기오염을 들 수 있다. 가자의 대기오염은 무엇보다 이스라엘군에 의한 최루가스와 폭격 때문이다. 또한 가자에서의 타이어 소각 시위도 대기오염을 악화시켰다. 팔레스타인인들은 2018년 4월 6일을 '타이어의 금요일'로 명명하고 이스라엘 국경 옆에서 최대한 많은 타이어를 태웠는데 이는 팔레스타인 시위대를 사살한 이스라엘 저격수의 시야를 차단하기 위한 것이었다. 그리고 일부 주민들은 농담조로 타이어를 태워 오존층을 파괴하자고 하며, '다같이 존엄하게 살거나 아니면 함께 죽을 것'이라고 말했다. 이는 그만큼 이들의 상황이 절망적임을 말해 준다. 또한 서안 지구와 가자 지구에서는 폐기물 관리의 일환으로 타이어를 태운다. 타이어를 태우고 남은 금속으로 수익을 내는데 이는 주민들이 포위된 상황에서 다른 경제활동을 할 수 없어 행하는 생존 행위라고 할 수 있다. 또한 폐기물 처리 인프라가 부족하여 소각 외에 다른 방법이 없기도 하다. 퓨크스(Ido Fuchs)는 이러한 팔레스타인인의 타이어 소각 행위를 '종말의 경제(Doomsday Economy)'로 명명한다. 이는 이스라엘이 행한 '절멸의 정치'에 따른 '종말의 경제'라고 할 수 있다. 이스라엘 당국은 국제기구에 이러한 생태적 재앙을 막아 달라고 요청했는데, 이는 이스라엘의 일종의 그린워싱(Green Washing)으로, 식민주의를 정당화하기 위한 것이라고 할 수 있다.[6]

---

[5] Buheji and Al-Muhannadi, "Mitigating Risks of Environmental Impacts on Gaza," pp. 20-21; Ido Fuchs, "The Doomsday Economy: Colonial Violence, Environmental Catastrophe, and Burning Tires in Palestine." *Praktyka Teoretyczna* 1(51) (2024), p. 24.
[6] Fuchs, "The Doomsday Economy," pp. 24-29.

네 번째는, 팔레스타인 땅으로의 폐기물 이전이다. 이스라엘인들의 님비, 엄격한 환경 규제, 폐기물 운송에 대한 국제적 제한으로 인한 높은 비용 때문에 이스라엘은 정치적 힘이 약한 팔레스타인 지역을 희생양으로 삼아 폐기물 처리장을 설치했다. 이스라엘은 점령국이라는 자국의 지위와 팔레스타인 주민들이 의사결정 과정에서 발언권이 없다는 점을 악용하여 정착촌 내 산업 구역에 덜 엄격한 규제를 적용하고 세금 감면과 정부 보조금 같은 재정적 인센티브의 수단을 활용했다. 이는 자본주의가 환경인종주의 및 환경정의의 문제와 어떻게 연결되는지 보여준다. 더 나아가 이스라엘은 팔레스타인 땅을 이용해 국제법을 위반하며 독성 폐기물을 불법 투기했다. 하수슬러지, 전염성 의료 폐기물, 폐유, 용제, 금속, 전자 폐기물, 배터리 등 다양한 종류의 폐기물이 서안 지구로 옮겨졌다. 독성, 발암성, 전염성, 인화성, 가연성 등의 위험으로 특별한 공정과 규제 감독이 필요한 유해 폐기물을 처리하는 시설이 서안 지구 15곳 이상에 설치되어 운영되었다.[7]

그 밖에 수원과 지중해를 오염시키는 수질오염 및 물 부족 문제를 들 수 있다. 가자 지구의 인구밀도는 세계 1위로 알려져 있다. 그런데 이스라엘의 점령으로 팔레스타인인들은 요르단강을 사용할 권리를 박탈당한데다 지표수도 부족해져 지하수가 거의 유일한 담수 공급원이 되었다. 또한 이스라엘 점령 기간 동안 지하수 추출의 증가로 지중해에서 염수가 침투하여 담수의 질이 저하되었다. 그 외에 동물의 피해도 들 수 있다. 이스라엘군의 폭격으로 동물원의 동물들이 희생되었고 또한 장벽 설치로 인해 동

---

7 Hughes et al., "Greenwashing in Palestine/Israel," p. 502.

물들의 이동이 차단되었다.[8]

## III. 이스라엘-하마스 전쟁의 생태폭력

2023년 10월 7일 하마스가 이스라엘을 공격한 후 며칠 뒤인 10월 13일 이스라엘 당국은 가자 지구 북부 주민 110만 명에게 24시간 이내에 거주 지역을 떠나라고 명령했다. 이날 이스라엘 대통령 아이작 헤르조그(Isaac Herzog)는 가자 지구에는 "무고한 민간인은 없다."고 공개적으로 말하여 무차별 공격을 예고했다. 이후 이스라엘군은 지역 전체를 융단폭격하여 팔레스타인 주민 32,000명 이상이 사망했는데 그중 13,000명 이상이 어린이였다. 이 수치에는 잔해에 깔려 실종된 사람은 포함되지 않았다. 유엔 조사에 의하면 전쟁 시작 후 6개월간 이스라엘의 공격으로 숨진 주민의 70%가 여성과 어린이였다. 또한 부상자는 74,000명을 넘었는데 이스라엘군이 수십 개의 의료시설을 포함하여 민간 기반 시설 대부분을 파괴하였기 때문에 부상자들이 제대로 치료받기 어려웠다. 그토록 짧은 시간에 그 정도의 살인과 파괴를 저지른 것은 21세기 들어 전례가 없는 일이었다.[9]

이스라엘은 가자 주민들을 몰아내기 위해 식량도 무기화했다. 즉 중요한 식량 공급원인 농경지, 온실, 관개 인프라를 파괴했다. 이러한 가자 지구의 농경지와 기반 시설 파괴는 고의적인 생태학살 행위라고 주장되었

---

8    Buheji and Al-Muhannadi, "Mitigating Risks of Environmental Impacts on Gaza," p. 17; Fuchs, "The Doomsday Economy," p. 29.
9    Gordon and Haddad, "The Road to Famine in Gaza," p. 2.

다. 2023년 10월 7일 이전에는 농장과 과수원이 가자 지구 전체 면적의 47%를 차지했는데 2024년 2월 말 이스라엘의 군사 활동으로 토지의 38% 이상이 파괴된 것으로 추산된다. 경작지뿐만 아니라 가자 지구 농업 인프라의 중요한 부분이던 7,500개가 넘는 온실이 가자 지구 북부의 경우 최대 90%가 완전히 파괴되었다. 공중폭격으로 먼저 파괴한 후 지상군이 도착하여 온실을 완전히 해체하고 트랙터, 탱크 및 차량을 이용하여 과수원과 농작물 밭의 식물을 뿌리째 뽑아 버렸다.[10]

  그뿐만 아니라 빵집, 밀가루 가게 및 제분소, 식량 저장 시설, 식품 시장 인프라 등 주민의 생존에 필요한 모든 식량 시설을 공격하여 파괴했고, 가자 지구로 들어오는 식량 원조를 통제하여 가자 주민의 굶주림을 전쟁의 수단으로 삼았다. 네타냐후 총리는 이스라엘 영토를 통해 전달되는 식량과 의약품의 인도주의적 지원을 허용하지 않을 것이라고 발표했다. 당시 가자 지구로 들어오는 물품의 80% 이상이 이스라엘을 통해 들어왔는데, 이스라엘은 17년 동안 가자 지구를 엄격히 통제하고 있었다. 요아브 갈란트(Yoav Gallant) 국방부 장관은 가자 지역을 '완전히 포위'할 것을 지시하며, '식량과 연료는 앞으로 없을 것'이라고 했다. 그는 "우리는 인간 동물과 싸우고 있다."는 말로 악명이 높은 인물이다. 식량 공급을 끊기 위해 이스라엘은 어선도 공격했다. 이스라엘 해군은 가자 지구 어선의 약 70%를 파괴했다. 굶주림에 시달린 어부들은 이스라엘 해군의 공격을 받을 위험을 무릅쓰고 배를 타고 바다로 나가다가 공격을 받아 목숨을 잃었다. 식량 공급이 끊겨 굶주린 주민들은 동물 사료용 곡물을 갈아 먹었고 이것마저 떨

---

10  Gordon and Haddad, "The Road to Famine in Gaza" p. 3; *The Gardian*, March 29, 2024.

어지면 풀을 먹었다.[11]

 이렇게 '민간인의 기아를 전쟁의 수단으로 사용'하는 것은 국제법상 범죄에 해당한다. 이스라엘은 심지어, 굶주림에 시달려 인도주의적 지원을 받으려는 주민들을 폭격이나 미사일 공격의 조직적인 표적으로 삼았다. 2024년 2월 가자 지구 북부에서 구호 트럭을 통해 식량을 받으려던 무고한 민간인 약 1,000명이 사망하고 부상당한 사건이 바로 그 대표적 사례이다. 이 사건은 일명 '밀가루 학살'로 불렸는데 주민들의 피가 섞인 흰 밀가루 사진이 전 세계에 충격을 주면서 이스라엘은 유엔과 많은 국가로부터 비난을 받았다. 2024년 3월에도 가자 지구에서 인도적 지원을 기다리던 민간인을 공격하는 유사한 사건이 반복적으로 보고되었다. 2024년 4월 1일에는 이스라엘 드론이 월드 센트럴 키친 소속 호송대를 향해 발포하여 인도주의 구호 활동가 7명이 사망하는 사건이 발생했다.[12]

 기아 위기와 더불어 폐기물로 인한 환경오염도 극심해졌다. 폭격으로 파괴된 주택에서 하수가 새고 곳곳에 폐기물이 쌓여 갔다. 쓰레기의 양이 늘어나면서 곳곳에 임시 매립지가 생겨났고 주민들이 나무나 플라스틱으로 불을 때는 바람에 폭격의 연기와 더불어 대기오염도 심해졌다. 즉, 공격과 포위로 하수처리, 연료 공급, 물 관리 등에서 이미 취약한 가자 지구의 민간 인프라가 완전히 붕괴되었다. 전문가들은 오염된 지하수로 인한 추가적인 위험을 경고한다. 또한, 이스라엘이 가자 지구에 연료를 공급하

---

11  Gordon and Haddad, "The Road to Famine in Gaza" pp. 1-3.; Hassoun et al. 2024, 10.
12  Hassoun et al., "From acute food insecurity to famine: how the 2023/2024 war on Gaza has dramatically set back sustainable development goal 2 to end hunger" *Front. Sustain. Food Syst.* 8:1402150 (2024), p. 10.

지 않아 폐수를 처리장으로 보낼 수 없어 하루 10만 세제곱미터의 하수가 바다로 흘러들어가고 있다고 유엔환경계획(UNEP)은 밝혔다.

이스라엘의 공격으로 기존에 있던 친환경적 시스템도 파괴되었다. 전쟁 전 가자 지구에서는 수경재배, 온실, 스마트 관개, 태양전지 기술 등을 활용한 지속 가능한 농업 방식이 도입되어 2020년부터 성과를 보이기 시작했다. 그러나 전쟁으로 이러한 식량 생산 프로젝트가 크게 손상되었고 가자 지구의 모든 천연자원과 생태계가 피해를 입었다.[13]

## IV. 생태폭력의 양상들

### 1. 행위자적 생태폭력

행위자적 폭력은 '자신, 타인 또는 집단이나 공동체에 위협적이거나 실제적인 물리적 힘 또는 권력을 의도적으로 사용하여 부상, 사망, 정신적 피해, 발달장애 또는 박탈을 초래하거나 초래할 가능성이 높은 행위'로 정의할 수 있다. 가자에서 벌어진 행위자적 생태폭력은 무엇보다 이스라엘군의 공격이라고 할 수 있다. 그중에서도 우선, 국제적으로 금지된 무기의 사용을 들 수 있다. 2023년 10월부터 11월까지 가자 지구에서 벌어진 전쟁에서 폭발물 25,000톤이 사용되어 무고한 민간인 20,000명 이상이 사망했고 수많은 위험 물질이 사용되었다. 전문가들은 이 폭발물의 양이 제2차

---

13  Hassoun et al. "From acute food insecurity to famine," p. 11.

세계대전 당시 일본 히로시마에 투하된 폭탄의 2배가 넘는다고 한다. 가자 지구에서 사용된 폭탄은 사람과 환경에 해로운 영향을 미치는 치명적인 불법 폭발 무기로서 병원, 상수도와 급수시설, 위생 배수시설 등 생명줄과 같은 가장 중요한 시설에 치명적인 영향을 미쳤다. 특히 백린탄의 사용이 문제시되었다. 백린탄은 2008년 이스라엘의 가자 지구 공격과 2006년 레바논 공격, 2003년 미국의 이라크 공격 등 중동에서 도심 지역과 민간인을 대상으로 여러 차례 사용되었다. 백린탄은 사람, 건물, 들판 등 모든 물체에 불을 붙이는 발화적 효과가 있어 인명과 환경에 심각한 피해를 준다. 그 피해도 지속적이다. 인체의 경우 전신 영향은 하루가 지난 후에 느낄 수 있으며, 장기 손상, 의식 저하 및 혼수상태에 이르게 되고, 간부전, 신부전, 중추신경계 또는 심근 손상으로 사망하게 된다. 백린에는 유전 독성 특성도 있다. 0.01%의 매우 낮은 농도에서도 백린은 염색체에 악영향을 끼친다. 또한 백린은 깊은 토양 속에서 수년간 그 성질과 효과를 유지하여 환경과 식물에 부정적인 영향을 미친다.[14]

이토록 위험한 무기를 이스라엘은 인구 밀집 지역에서 사용했는데 그 결과 피해자의 90%가 민간인이었다. 국제인도법에서 금하는 '인구 밀집 지역에서의 폭발성 무기(Explosive Weapon in Populated Area, EWIPA)' 사용이 4주간 계속되어 2만 명 이상이 사망하고 수십만 명이 부상당했으며 200만 명의 이재민이 발생했다. 또한 유엔환경계획에 따르면 인구 밀집 지역에 대한 폭격으로 인해 붕괴된 건물과 군수물자들이 석면, 산업 화학

---

14 Stoett and Omrow, *Spheres of Transnational Ecoviolence*, p. 12; Buheji and Al-Muhannadi, "Mitigating Risks of Environmental Impacts on Gaza," pp. 28-30.

물질, 연료와 같은 유해물질을 주변 공기, 토양, 지하수로 방출하면서 장기적으로 토양과 지하수를 오염시킨다. 2024년 1월 유엔환경계획에 의하면 폭격으로 2,290만 톤의 잔해와 위험 물질이 남았으며, 잔해의 상당 부분에는 사람의 유해가 포함되었다. 그것은 지역이 좁은 것에 비해 매우 많은 양의 잔해로서, 그 구성 요소에는 석면·중금속·불발탄·유해화학물질과 같은 위험한 물질이 포함될 수 있다.[15]

국제적으로 금지되지 않은 무기 역시 환경 파괴에 일조한다. 군대는 평화 시와 전쟁 시 모두 온실가스를 매우 많이 배출하는 조직이다. 군대가 배출하는 온실가스는 전 세계 배출량의 5.5%를 차지한다고 알려져 있다. 또한 전쟁의 장기적인 생태적 비용이 매우 크다. 팔레스타인 과학자들과 당국, 국제 NGO들은 이스라엘 점령군이 환경권, 인권, 아동권, 여성권, 전쟁에 관한 국제 규범을 위반하는 치명적인 화학물질을 민간인을 상대로 사용하고 있다고 거듭 경고했다. 중금속 및 기타 유해물질과 관련된 화학 오염이 전쟁에 사용된 무기로 인해 발생한다. 2024년 1월까지 가자 지구에 투하된 폭탄의 양은 65,000톤 이상으로 추정되는데, 폭발물 폭발로 인한 대기오염, 화재로 인한 독성 연소 생성물, 파괴된 콘크리트에서 방출되는 미립자 물질은 장기적으로 호흡기 등 인체 건강에 악영향을 미친다. 2024년 3월, 유엔은 전쟁으로 인해 가자 지구에 2,300만 톤의 잔해와 불발탄이 남았으며 이는 미래에도 주민들에게 위험 요소로 남을 것이라고 추정했다. 보고서에 따르면 전쟁 초기 두 달 동안의 탄소 배출량은 세계에서

---

15  Buheji and Al-Muhannadi, "Mitigating Risks of Environmental Impacts on Gaza," pp. 28-29; *The Gardian*, March 29, 2024.

기후에 가장 취약한 20개 이상 국가의 연간 탄소 발자국을 초과했으며, 이는 석탄 15만 톤 이상을 태우는 것과 같은 효과라고 했다. 예비 조사 결과에 따르면 전후 파괴된 인프라를 재건하는 데 드는 탄소 비용도 총 4,680만~6,000만 톤의 이산화탄소 배출량으로, 이는 135개 이상 국가의 연간 배출량을 합친 것보다 높다. 또한 전쟁 전 가자 지구는 이스라엘의 봉쇄로 전력이 불안정했기 때문에 태양열을 광범위하게 사용했지만 현재는 이 장비도 파괴되었다.[16]

## 2. 구조적 생태폭력

갈퉁에 의하면, 구조적 폭력 개념에서 '구조적'이란 용어에는 '구체적인 행위자가 드러나지 않는다'는 것과, '구조에서 역할을 수행하는 구체적인 행위자에게 특별한 동기가 필요하지 않다'는 의미가 있다. 즉 특정 행위자가 구체적으로 관여하지도 않고 환경 피해를 일으키려는 특별한 욕구도 없을 뿐만 아니라, 그 행위가 미치는 영향이 가시적이지 않은 경우를 들 수 있다. 예를 들면 '오늘 출근한 우리 모두의 영향은 대기의 탄소 예산에서 개별적으로 감지되거나 지구 생물 다양성 감소와 직접적으로 연관될 수 없'는 것을 들 수 있다. 이렇게 생태 문제와 관련하여 특정 행위자의 원인 제공 정도를 구체적으로 감지할 수 없는 상황에서도 생태 위기가 증가한다면 이는 구조적 원인에 의한 것이라고 할 수 있고 이를 구조적 생태

---

16  Buheji and Al-Muhannadi, "Mitigating Risks of Environmental Impacts on Gaza," p. 29; London et al., "A call from 40 public health scientists," p. 3.

폭력으로 볼 수 있을 것이다. 호머-딕슨(Thomas F. Homer-Dixon)에 의하면, 구조적 폭력은 사회적 부정의와 관련된 것으로 자원 포획과 같은 사례를 설명하는 데에도 사용될 수 있다. 예컨대, 국가 법률과 제도를 통해 한정된 자원을 다른 집단에 불리하게 할당하는 것을 들 수 있다.[17]

가자에서 벌어진 구조적 생태폭력의 한 사례로 이스라엘의 '정착민 식민주의'를 들 수 있다. 역사적으로 이스라엘의 정착민 식민주의는 이스라엘인들로 하여금 매입, 협상, 추방을 통해 팔레스타인의 토지를 차지하게 했고 수십만 명의 팔레스타인인들을 이주시켰다. 또한 현재 이스라엘 당국은 팔레스타인 사람들이 고향으로 돌아가거나 주권을 주장할 권리를 거부하며, 팔레스타인의 주택과 건물을 불도저로 부수고, 서안 지구에 이스라엘 정착촌 건설을 장려하며, 가자 지구에서 팔레스타인인을 계속 감금하고 살해하는 것을 지원한다. 그리고 이스라엘 지도자들은 이러한 근본적이고 지속적인 폭력을 은폐하기 위해 노력한다. 심슨(Leanne Betasamosake Simpson)에 의하면 이스라엘은 선주민을 공격하고 선주민 가족을 파괴함으로써 강탈을 이어 갔는데 신자유주의 국가들은 마치 정착민 식민주의의 구조가 변화하는 것처럼 그 과정을 조작했다. 그러나 심슨은 '구조로서의 식민주의는 변하지 않'았고 '그 힘을 더욱 공고히 하고, 우리의 저항을 무력화하며, 궁극적으로 수탈주의를 촉진하기 위해 변화'하고

---

17 Richard Kool, "Violence, Environmental Violence, and Pro-environmental Action" Clearing (Sep. 2019); Thomas F. Homer-Dixon, *Environment, Scarcity, and Violence*, (Princeton: Princeton University Press, 1999); Olumba, et al., "Conceptualising Eco-Violence," p. 2081.

있다고 강조한다.[18]

식민주의는 사람뿐 아니라 자연도 착취한다. 칸 유니스 지아드(Khan Yunis Ziad)에 의하면 '점령은 가자 지구의 아름다움을 파괴'했다. '점령은 우리 삶의 모든 세부 사항에 개입하여 사람·나무·동물들을 괴롭혔고, 가자 지구 시민들을 질식시키는 것을 목표로 공기가 오염될 정도로 가자 지구의 아름다움을 파괴'했다고 그는 말한다. 또한 이스라엘은 "가자 지구의 물을 훔쳐 갔고 남은 물은 식수로 부적합하게 되었다." 이는 '느린 폭력'이며 '인프라 폭력'으로, 이스라엘은 가자인들을 주요 공공시설 네트워크에서 차단함으로써 '구조적 폭력'을 가할 뿐만 아니라 공공 위생과 위생을 보장하는 기반 시설의 일상적 부재 또는 오작동을 통한 '느린 폭력'도 자행하고 있다.[19]

### 3. 문화적 생태폭력

문화적 폭력은 직접적인 폭력과 구조적 폭력이 정당화되어 사회에서 용인되는 방식을 강조한 개념이다. 또 다른 방법은 현실을 불투명하게 만들어 그 행위나 사실을 보지 못하게 하거나 적어도 폭력적이지 않게 보이게 하는 것이다. 구조적 폭력이 폭력을 특정 사회의 구조상 피할 수 없는 것으로 정상화하는 반면, 문화적 폭력은 폭력에 대한 책임을 면제해 주는 정당화의 명분을 제공한다. 문화적 규범을 통해 폭력을 정당화함으로써 우

---

18  Hughes et al., "Greenwashing in Palestine/Israel," p. 498.
19  Pace and Yacobi, "Settler Colonialism," pp. 1231-1232.

리는 폭력에 가담하거나 연루된 행위로 인해 발생할 수 있는 죄책감을 피할 수 있다.[20]

가자에서의 문화적 생태폭력의 한 사례를 들자면 이스라엘의 그린워싱을 통한 식민주의 정당화가 있다. 이스라엘은 환경 담론에 기대어 정착민 식민주의를 은폐하고 정당화한다. 즉 이스라엘이 환경적인 면에서 팔레스타인보다 도덕적, 기술적, 전략적으로 우월하다고 주장함으로써 이스라엘이 팔레스타인 땅의 책임 있는 청지기(steward)라고 자처하는 것이다. 예를 들어 가자 주민들이 토지를 효율적으로 사용하지 않아 황무지로 만들고 있다고 주장하여 자신들의 행위를 정당화한다. 또한 시오니스트 사상가들은 팔레스타인을 '땅이 없는 민족을 위한 민족 없는 땅'이라는 표현을 써서 유대인 정착민들을 옹호했다. 현대 이스라엘의 녹색 혁신 및 개발 담론은 토착 토지의 '적절한 사용'이라는 오래된 정착민 식민지 담론 및 기후에 대한 언급을 통해 토지 수용을 정당화한다.[21]

이를 비판하는 이들은 그린워싱을 이스라엘의 심각한 인권침해로부터 관심을 돌리기 위해 이스라엘 정부 및 기업 행위자들이 사용하는 수사적 전략으로 이해한다. 즉 기후변화 완화, 지속 가능성, 친환경 농업에 관한 진보적 혁신을 강조하지만 이는 이스라엘 정착민을 위한 광범위한 전략의 일부로서 정착민 식민주의, 소유권 박탈 등을 모호하게 한다는 것이다. 이들은, 이스라엘의 소위 친환경 기술이 온실가스 및 오염 물질 배출량을 줄이든 아니든 이것은 팔레스타인 주민과 영토에 대한 이스라엘의 통제권을

---

20 Kool "Violence, Environmental Violence, and Pro-environmental Action".
21 Fuchs, "The Doomsday Economy," p. 30.; Hughes et al., "Greenwashing in Palestine/Israel," p. 497.

재확인하는 데 작용하고 있다고 강조한다. 또한 이스라엘 당국, 언론인, 민간 행위자들이 친환경 개발을 설명할 때, 팔레스타인 사람들의 토지 이주, 이스라엘의 지하수 오염, 태양광 패널 파괴, 물 접근 제한이 근본적으로 생태적 문제임에도 불구하고 이러한 것들을 배제하는 방식으로 이야기를 구성한다고 비판한다.[22]

## V. 민주평화를 넘어 생명평화로

백린탄을 비롯한 독성화학물질과 폭발물 등을 사용하여 수많은 인명을 살상하고, 가자의 인프라를 파괴하여 수질과 토양을 오염시키며, 식량을 무기화하여 가자 주민들을 아사 상태에 빠뜨리는 이스라엘의 공격은 현재 생태학살로 규정되고 있다. 그러나 생태학살은 폭력의 직접적·행위자적 측면만을 강조하므로 구조적·문화적 폭력까지 포함하는 생태폭력 개념으로 재조명할 필요가 있다. 특히 전쟁은 행위자적·구조적 특성을 동시에 지닌 생태폭력의 대표적 사례이다.

이스라엘의 점령 전까지 팔레스타인인들은 비교적 자연환경과 조화를 이루며 공동 자원을 공유하고 다양한 농작물을 재배하며 지속 가능한 삶을 살아왔다. 이스라엘의 점령, 공격, 봉쇄, 게다가 기후 위기는 가자에 심각한 생태적 문제를 일으켰다. 마침내 2019년에 가자는 비참한 생태학살로 특징지어지는 비생명의 공간으로까지 묘사되었다. 2023년 10월 7일 하

---

22  Hughes et al., "Greenwashing in Palestine/Israel," pp. 498-499.

마스의 공격 이후 이스라엘 당국은 지역 전체를 융단폭격하여 여성, 어린이를 포함한 수만 명의 팔레스타인 주민을 살상했다. 또한 주민을 몰아내기 위해 식량을 무기화했으며 주요 식량 공급원인 농경지, 온실, 관개 인프라를 파괴했다. 이러한 가자 지구의 농경지와 기반 시설 파괴는 고의적인 생태학살 행위라고 주장되고 있다.

이스라엘이 자행한 생태폭력의 행위자적 폭력은 치명적인 백린탄 등 인명과 생태계를 파괴하는 무기의 사용과 인구 밀집 지역에 폭발성 무기를 사용하는 것을 들 수 있다. 군수물자 및 붕괴된 건물은 석면·화학물질 등의 유해물질을 공기·토양·지하수로 방출하면서 장기적으로 토양과 지하수를 오염시킨다. 가자에서 벌어진 구조적 생태폭력의 한 사례로는 '정착민 식민주의'를 들 수 있다. 역사적으로 이스라엘의 정착민 식민주의는 이스라엘인이 매입, 협상, 추방을 통해 팔레스타인의 토지를 차지하도록 했고 수십만 명의 팔레스타인인을 이주시켰다. 현재 이스라엘 당국은 팔레스타인인의 권리를 부정하며 이스라엘 정착촌 건설을 장려하고 가자에서 팔레스타인인을 살해하는 것을 지원한다. 또한 식민주의는 사람뿐 아니라 자연도 착취한다. 이는 구조적 폭력이며 동시에 '느린 폭력'으로 규정된다. 가자에서의 문화적 생태폭력의 한 사례로는 이스라엘의 그린워싱을 통한 식민주의 정당화를 들 수 있다. 이스라엘은 환경 담론에 기대어 정착민 식민주의를 은폐하고 정당화한다. 그러나 팔레스타인 사람들의 토지 이주, 이스라엘의 지하수 오염, 태양광 패널 파괴, 물 접근 제한 역시 생태적 문제임에도 불구하고 이러한 것들은 배제시키고 있다.

전쟁으로 인한 가자의 생태폭력 상황은 무엇보다 인도주의 및 비인간 생물의 보호 차원에서도 주목해야 하지만, 기후 위기, 대기 및 수질 오염,

전염병의 위험 등은 가자의 생태 문제가 결코 가자 지역만의 문제로 그치지 않을 수 있기에 전 세계가 주목하고 이에 대한 대책을 고민해야 할 것이다. 또한 이스라엘-하마스 전쟁에서 벌어진 생태폭력은, 인간중심주의의 한계를 지적하는 심층생태학, 모든 생명의 평등을 전제하고 존재 간 경계를 허무는 동양 종교의 통찰을 다시 생각하게 한다. 그것은 첫째, 모든 생명은 연결되어 있다는 것이며 특히 식물은 인간과 땅을 연결하는 존재라는 것이다. 이스라엘이 가자의 토착 식물을 뿌리째 뽑아 학살함으로써 가자 주민과 가자 땅의 연결을 끊어 내어 선주민들을 몰아내려고 한 것에서도 이러한 점은 드러난다. 둘째, 인간과 비인간 생물 간의 차별은 인간 간 차별로 이어진다는 것이다. 즉 종차별은 인종차별로 나아갈 수 있다. 제국주의 시기 백인들은 유색인종을 동물의 범주에 포함시켜 이들에 대한 정복과 억압을 당연시했다. 이 같은 인식은 이스라엘 갈란트 국방부 장관의 "우리는 인간 동물과 싸우고 있다."라는 말에서도 극명하게 드러난다. 또한 모든 생명을 존중하는 종교나 사상을 가진 국가들 간 전쟁이 드물었다고 하는 점도 이를 반증한다. 따라서 "민주국가들 사이에는 전쟁이 없다."라는 민주평화론에서, 이제는 "모든 생명을 존중하는 국가들 사이에는 전쟁이 없다."라는 생명평화론으로 나아가야 하지 않을까.

# 5장
## 전쟁의 참상과 인공지능

황용하

## I. 들어가며: 첨단 기술의 실험실이 된 팔레스타인

이스라엘은 10월 7일 이후 가자에서 초토화 작전을 수행하며 신무기를 현장 시험하는 것을 멈추지 않았습니다. 이스라엘은 잠재적인 글로벌 바이어들을 비롯해 국내외 이용자들을 겨냥하여 소셜 미디어에 이 전쟁 무기들을 자랑스럽게 전시했습니다. 팔레스타인 실험실은 언제나 이런 식으로 작동하고 있습니다. - 앤터니 로엔스틴

2023년 10월 7일 시작된 이스라엘-하마스 전쟁은 가자 지구에서만 2024년 12월 기준으로 희생자 약 45,000명(그중 약 17,000명은 어린이 사망자)을 내며 멈출 기세를 보이지 않고 진행되고 있다. 가자 지구 재건을 위해서 100년 이상이 걸릴 것이라는 예측은 참혹하기 그지없다. 이런 피해의 이면에는 인공지능(Artificial Intelligence: AI)을 비롯한 첨단 기술의 군사적 이용이 자리하고 있다. 유대계 독립 언론인이자 20년 넘게 이스라엘-팔레스타인 문제에 천착해 온 앤터니 로엔스틴(Antony Loewenstein)은 저서 『팔레스타인 실험실: 이스라엘은 어떻게 점령 기술을 세계 곳곳에 수출하고 있는가』에서 이스라엘의 첨단 기술 실험실이 되고 있는 팔레스타인을 조명했다. 로엔스틴은 이스라엘의 첨단 무기 생산 및 수출은 1967년 3차 중동

전쟁 중 이스라엘이 팔레스타인 요르단강 서안과 동예루살렘, 가자 지구를 점령한 이후로 거슬러 올라간다고 이야기한다. 그도 그럴 것이, 1950년대에는 정부 소유 방산 기업이, 1960년대에는 민간 방산 기업들이 성장하면서, 이스라엘은 1980년대 세계 10대 무기 수출국으로 올라섰다. 2000년대 들어서는 감시 기술과 드론 등의 기술에 빅데이터를 다루는 여러 민간 기업들이 결합하면서, 이스라엘의 팔레스타인 점령은 정부의 강압적인 정책과 함께 점점 민영화되는 모습을 보인다.

이스라엘이 이번 전쟁에서 사용하고 있는 AI 기반 무기, 감시체계들을 들여다보면 로엔스틴의 분석이 사실임을 확인할 수 있다. AI를 탑재한 무인항공기 및 드론 사용을 비롯하여, 특히 주목받는 '가스펠', '라벤더', '웨얼스대디' 등의 시스템은 방대한 데이터베이스와 알고리즘을 바탕으로 민간인과 주거지역을 겨냥한다. 문제는 그러한 첨단 무기들이 여러 윤리적 문제를 불러일으킬 뿐만 아니라, 그것의 개발과 운용을 규제할 만한 국제정치적 환경이 조성되어 있지 않다는 점이다. 세계적인 베스트셀러 작가이자 역사학자인 유발 하라리는 지난 3월 일본에서 열린 대담에서 현재 가자지구에서 공격 표적을 제시하는데 쓰이는 AI를 구체적으로 언급하며, 인간이 AI에 적응할 수 있도록 기술 개발 속도를 늦춰야 한다고까지 주장했다.

이번 4장에서는 현재 가자 지구 및 서안 지구에서 사용되고 있는 AI 기반 첨단 무기체계의 전모와 그것의 사용이 어떠한 법적, 윤리적 문제를 불러일으키는지 살펴볼 것이다. 또한, 이스라엘의 무기 생산 및 투자에 필연적으로 연관될 수밖에 없는 미국과 이스라엘의 관계를 조명할 것이다. 다만, 어떤 것도 하마스가 개전 초기에 벌인 학살을 정당화할 수는 없으며,

전쟁 중 이스라엘 민간인의 희생을 경시할 의도가 없음을 밝혀 둔다.

## II. AI 기반 무기체계란 무엇인가?

AI 기반 무기체계란 AI와 알고리즘을 기반으로 잠재적인 적 목표물을 식별하고, 해당 목표를 공격하기로 선택하는 치명적인 무기체계이다. AI 기반 무기체계가 인간의 개입 없이도 운용될 수 있다는 점에서 자율성 개념을 살펴볼 필요가 있다. 하지만 자율성 개념은 포괄성과 모호성으로 인해 스펙트럼으로 이해되어야 한다. 이 스펙트럼은 관측(Observe), 판단(Orient), 결심(Decide), 행동(Act)으로 이어지는 의사결정 과정을 설명하는 오오디에이 루프(OODA Loop)에 따라 세 범주로 나눌 수 있다. 첫 번째는 휴먼인더루프(Human-in-the-loop: HITL)로, 전체 의사결정 과정에서 인간의 개입과 통제가 이루어지는 단계이다. 무기체계에 적용하면, 인간이 최종 결정자로서 교전 여부를 결정하는 관리형 자율무기체계(인간 지배형)라고 할 수 있다. 두 번째는 휴먼온더루프(Human-on-the-loop: HOTL)로, 인간이 감독 역할만 담당하고 기계의 오작동 발생 시 개입하는 단계를 뜻한다. 반자율적 무기체계(인간 참여형)의 기반이 된다. 가장 많이 규제의 목소리가 나오는 휴먼아웃오브더루프(Human-out-of-the-loop: HOOTL)는 전체 의사결정 과정에서 기계가 완전한 자율성을 누리며 독립적으로 작동하는 단계로서, 인간의 초기 명령 입력 후 인간 관여가 없는 단계이다. 완전 자율무기체계인 것이다.

⟨자율성과 무기 체계 유형 구분표⟩

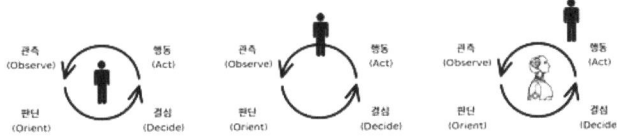

| 자율성 유형 | 휴먼인더루프<br>(HITL) | 휴먼온더루프<br>(HOTL) | 휴먼아웃오브더루프<br>(HOOTL) |
|---|---|---|---|
| 무기 체계 유형 | 관리형 자유무기 체계<br>(인간 지배형) | 반자율적 무기 체계<br>(인간 참여형) | 완전자율무기 체계<br>(인간 감독 부재) |

출처: 저자 작성

현재 40여 개의 국가가 AI 기반 무기체계 연구 및 개발에 적극적으로 나서고 있으며, 많은 학자들은 인공지능의 발전 속도에 비추어 볼 때 늦어도 2030년이면 휴먼아웃오브더루프 기반의 자율살상무기체계가 상용화될 것으로 예측하고 있다. 이미 2020년 리비아 내전 당시 무인 드론 '카구2'가 인간의 개입 없이 적군을 공격했다는 사실이 유엔 보고서에 발표되었고, 이스라엘 공군이 운용하고 있는 소형 자폭 무인기 '하피'나 '하롭' 또한 인간 개입 없이 임무를 수행할 수 있다고 알려져 있다. 특히, 하피는 하마스와의 전투가 격화되면서 이스라엘군이 가자 지구, 서안 지구, 그리고 레바논 국경 근처에서 여러 차례 사용한 것으로 알려졌고, 전자신호를 추적하여 하마스의 방공 시스템, 미사일 발사기지 및 주요 군사시설을 파괴했다.

AI의 빠른 발전 속도에 따라, 인간의 의미 있는 통제 없이 기계에 자율성을 부여하는 것에 대한 찬반 논쟁이 치열하게 전개되고 있다. 이에 따라 국제사회는 다자적인 규제 확립에 속도를 내고 있다. 예를 들어, 2023년 12월, 유엔총회에서는 자율살상무기체계의 위협에 국제사회가 적극 대응해야 한다는 결의안(Resolution 78/241)이 152개국의 압도적인 찬성으로 통과되었다. 이 결의에 따라 2024년 9월에 열린 제79차 유엔총회에 앞서 해당 무기 시스템이 불러일으킬 수 있는 인도적·법적·안보적·기술적·윤리적 문제들에 대해 회원국들이 의견을 모아 보고서를 제출했다. 개별 국가 차원에서도 규제의 목소리는 이어진다. 2023년 11월 미국 국무부는 인공지능 사용 규범 확립을 목표로 하는 AI와 자율성의 책임 있는 군사적 이용에 관한 정치적 선언을 발표하였고, 50여 개국이 이 선언에 동참했다. 영국에서는 AI의 실존적 위험에 대응하기 위해 AI에 대한 적절한 평가 지표를 마련하고 안전 테스트를 위한 도구를 개발하는 등의 국제 협력을 위한 방침을 담은 블레츨리 선언이 발표되었다. 한국 또한 2024년 5월 영국과 공동으로 AI 안전성 확립을 강조하는 AI 서울 정상회의를 개최하였고, 9월 9~10일 이틀간 인공지능의 책임 있는 군사적 이용에 관한 고위급 회의도 서울에서 개최하였다.

　이러한 국제사회의 노력에 이스라엘은 어떤 입장일까? 결론부터 말하자면, 이스라엘은 AI 기반 무기체계의 개발, 테스트 및 사용에 이미 활발히 관여하고 있고, 그에 대한 법적 구속력이 있는 협약의 협상을 지지하지 않는다. 이스라엘은 2013년 자율살상무기체계에 대해 논의하는 유엔인권이사회 회의에 참여했고, 2014년 이후 개최된 모든 「특정재래식무기금지협약」 내에서 이루어지는 자율살상무기체계에 관한 회의에 참여하고 있다. 하지만, 이스라엘은 자율살상무기체계 사용의 군사적 이점을 강조하고, 이미 기존의 국제인도법이 적절한 법적 규제 기반을 제공한다고 밝히며 신기술 기반 자율무기체계 규제에 대한 법적 구속력이 있는 추가적인 협약 체결을 지지하지 않고 있다. 이스라엘은 유엔총회 결의안 78/241의 초안 격인 자율살상무기체계에 관한 결의안 L.56에 기권표를 던진 8개국 중

하나이기도 했다. 물론 이스라엘은 결의안 78/241 표결에서도 기권했다.

## III. AI는 이스라엘-하마스 전쟁에서 어떻게 쓰이고 있는가?

이스라엘은 기존 무기체계에 AI를 결합해 왔다. 예컨대, AI는 이스라엘 방공 시스템의 핵심인 아이언돔의 레이더 탐지 능력을 향상시키기 위해 도입되었다. 또한, 이스라엘 방산 업체 스마트 슈터 사가 개발한 소위 AI 기반 사격통제체계 스매쉬를 비롯하여 이스라엘 웨폰즈 인더스트리 사가 2024년 4월 출시한 세계 최초의 컴퓨터화된 소형 무기체계 아르벨 시스템은 이스라엘 방위군(Israel Defense Forces: IDF) 개인 화기에 장착되고 있다.

게다가 AI 기술이 접목된 얼굴 인식 시스템을 이용해 CCTV 수천 대로 소위 '자동화된 아파르트헤이트'를 심화하고 있는 사실은 더욱 우려스럽다. 특히 팔레스타인인들에 관한 정보만을 담고 있는 방대한 데이터베이스를 기반으로 운용되는 레드울프는 헤브론과 동예루살렘 내 검문소를 지나가는 팔레스타인인의 얼굴을 동의 없이 카메라로 식별한 뒤 초록, 노랑, 빨간 불로 통과 여부를 알린다. 빨간 불로 인식된 팔레스타인인은 검문소를 통과하지 못한다. 국제앰네스티 연구원 매트 마흐무디(Matt Mahmoudi)에 따르면, 레드울프의 식별 결과에 따라 검문소를 통과하지 못해 본인의 집으로 돌아가지 못하는 사람도 있다. 마흐무디는 또 다른 얼굴 식별 시스템인 블루울프 앱의 게임화를 언급하기도 했다. 앱에는 리더보드가 있어 이 도구를 사용해 팔레스타인인의 얼굴을 얼마나 많이 촬영했는지에 따라 부대별로 순위를 매긴다. 매주 촬영된 얼굴 수에 기반하여 점수를 부여하

유엔인도주의업무조정국(United Nations Office for the Coordination of Humanitarian Affairs). 헤브론 시의 이스라엘 통제 지역 내 검문소.
출처: https://www.ochaopt.org/content/over-700-road-obstacles-control-palestinian-movement-within-west-bank

며, 가장 많은 얼굴을 촬영한 부대는 유급휴가와 같은 보상을 받는다고 알려졌다. 이스라엘 정부와 군대는 이러한 생체 인식 기술의 이용에 대해서 '보안을 위해 필요한 조치'라는 입장을 고수하며, 팔레스타인인의 대상화 및 인권침해 요소에 대해서는 전혀 관심을 기울이고 있지 않다. 이러한 기존의 무기 및 감시 체계와 더불어, 이번 전쟁을 통해 주목받은 AI 기반 무기체계인 가스펠·라벤더·웨얼스대디는 가자 지구에서 살상을 자동화하고 효율화하고 있다(어디부터 어디까지를 무기체계로 보아야 하는지의 논쟁이 존재하지만, 위 세 체계는 군사 표적을 살상용으로 식별하는 용도이기에 이 글에서는 무기체계로 보았다).

우선, 가스펠부터 살펴보자. 가스펠은 가자 지구 내에서 하마스 대원이 있을 것으로 예상되는 특정 건물이나 시설들(학교, 구호시설, 예배 장소 등을 포함)을 대상으로 하여 빠른 표적 생성 및 선정을 돕는 AI 기반 시스템이다. 이스라엘군의 사이버 정예 8200부대가 운용하는 가스펠은 방대한 양의 데이터를 신속하게 분석하는 머신러닝을 기반으로 하루에 50개의 표적을 생성했던 기존 표적 선정 시스템과 달리 하루에 100개의 표적을 생성해 낸다. 가스펠은 '알케미스트'와 '파이어 팩토리'라는 두 가지의 시스템과 연결되어 있다. 알케미스트는 수집 및 분석된 데이터를 저장, 종합해 놓은 상위 데이터베이스이며, 정부 부처 간 데이터 송신을 원활하게 하는 역할을 한다. 파이어 팩토리는 이전에 승인된 공격 목표에 대한 과거 데이터를 포함한 알케미스트의 방대한 데이터를 분석하고, 필요에 맞게 분류하여 표적 선정을 돕는 시스템이다. 알케미스트와 파이어 팩토리의 도움을 받아 가스펠은 네 가지 잠정 표적 카테고리(전술 타깃·지하 타깃·대원 거주지 타깃·파워 타깃)를 분류하고, 카테고리별 표적에 알맞은 공격 방법, 예상 민간인 피해 수 등을 알려 준다. 특히, 민간인 거주 건물과 고층 건물을 포함하는 파워 타깃 카테고리는 전쟁 개시 후 5일간 이스라엘군이 식별한 표적 수(2,687) 중 절반(1,329)을 차지하였고, 이스라엘 언론인이자 평화 활동가인 유발 아브라함(Yuval Abraham)은 이를 '민간인에 대한 의도적인 공격을 통해 하마스를 압박하려는 의도'로 분석하기도 했다.

라벤더는 AI를 기반으로 군사 표적 식별을 용이하게 하는 시스템이라는 점에서 가스펠과 비슷하지만, 차이점은 라벤더는 건물이 아닌 인간을 주 표적으로 삼는다는 것에 있다. 가자 지구의 주민들을 대상으로 소셜 미디어 등의 대규모 감시 데이터를 분석하고, 이 데이터를 바탕으로 하마스와 팔레스타인 이슬람 지하드의 군사 활동에 연루된 것으로 보이는 사람들을 식별한다. 라벤더는 이 사람들을 1부터 100까지의 점수로 평가하여 잠재적 표적으로 분류해, 소위 살상 목록을 제작한다. 《+972 매거진》에 따르면, 전쟁 초기 몇 주 동안 이스라엘군은 라벤더 시스템에 의존했으며 팔레스타인인 약 37,000명을 공습 대상인 전투원 의심군으로 분류했다. 문제는 하마스나 팔레스타인 이슬람 지하드와 연관이 적거나 아예 없는 사람들도 의심군으로 분류될 확률이 10%에 달한다는 점이다. 여기에 그치지 않고 라벤더 시스템을 통해 폭격을 결정하기 전 인간이 유일하게 개입하는 절차는 타깃이 남성인지 여성인지를 구분하는 정도인 것 또한 문제이다(하마스와 팔레스타인 이슬람 지하드 군사 조직 상부에는 여성 인사가 전무한 것으로 알려져 있다). 감독자로서의 인간이 있으나 마나 한 정도로 간소한 개입 과정은 전술한 인간의 개입 정도를 통한 오오디에이 루프 구분법이 현장에서는 의미가 없음을 보여준다. 설상가상으로, 실상을 보면 오류 확률은 10%를 훨씬 상회하고 민간인 피해를 부수적으로 여기는 행태가 군대 내에 만연하다는 사실을 알 수 있다. 유엔인권사무소의 분석에 따르면 2024년 11월 기준으로 지난 6개월간 확인된 사망자 수의 70%가 여성 및 어린이로 밝혀졌기 때문이다.

 웨얼스대디는 더 교활하고 잔인한 시스템이다. 암살 대상 목록에 있는 팔레스타인 남성들을 추적하여, 그들이 귀가하거나 가족과 함께 집에 있을 때 쉽게 타격할 수 있도록 설계되었기 때문이다. 한 이스라엘 정보 장교는 "IDF는 그들의 표적이 군사시설에 있거나 군사 활동에 참여할 때만이 아니라, 가정집에 있을 때도 폭격하기를 주저하지 않았다. 그 방법이 훨씬 쉽기 때문이다."라고 말했다. 이러한 방식은 필연적으로 민간인 사상자를 낼 수밖에 없다. 종합적으로, 이스라엘군이 휴먼인더루프나 휴먼온더루프 기반의 무기체계를 통해 표적을 산출하고 공격을 수행할 때 인간의 적절한 개입과 감독이 부재한 상황은 마치 휴먼아웃오브더루프 기반의 완전 자율무기체계가 사용되고 있는 것과 다르지 않다고 할 수 있다.

## IV. 군사용 AI의 복합 영향

이렇듯 이스라엘에서 쓰이는 AI 기반 무기, 감시 체계와 무차별적 운용 행태는 여러 국제법적, 윤리적 그리고 기술적 우려를 불러일으킨다. 일단, 팔레스타인인들의 이동을 감시하고 규제하기 위해 AI 기반 안면 인식 기술의 활용을 증대하는 것에는 프라이버시, 표현 및 결사의 자유, 동의와 같은 시민 및 사회적 권리 등의 인권을 침해할 여지가 상당히 많다. 또한, 민간인 사상자에 대한 무차별 살상이 심각한 수준인데, 이스라엘군이 하마스의 고위급 지휘관을 표적으로 삼아 폭격을 감행할 경우, 민간인 100명 정도의 희생은 감수할 수 있다고 판단해 왔다고 알려진다. 하급 전투원들을 표적으로 삼을 경우 민간인 피해는 더 부차적인 요소가 된다. 위에 설명한 라벤더 시스템은 데이터베이스에 기반하여 표적을 선정하고 공격을 위한 무기를 선정할 때, 하급 전투원들의 경우는 값싼 무유도폭탄의 사용을 선호하는 경향이 있기 때문이다. 무유도폭탄을 사용할 경우 타격의 정교함이 떨어져 민간인 피해를 증폭시킬 위험이 유도폭탄보다 훨씬 높다.

## 1. 국제법적 영향

이런 상황에서 AI의 군사적 이용에 대한 법적인 쟁점도 자연스럽게 대두된다. 국제인권법과 국제인도법의 렌즈를 통해 살펴보자. 국제인권법과 국제인도법의 공통점은 인간의 보호에 그 목적이 있지만, 전자는 전시와 평시의 구분 없이 보호하는 대상에 있어 광범위한 반면, 후자는 무력 충돌의 제한된 상황에서 교전 당사자인 전투원과 민간인의 보호에 중점을 둔다. 우선, 인간의 적절한 개입 없이 알고리즘과 기계가 살상을 결정하고 실행에 옮긴다는 점은 국제인권법 침해 소지가 농후하다. AI 기반 무기체계의 잠재적인 살상력은 생명권, 존엄권 등에 영향을 미칠 수 있고, 따라서「유엔헌장」등에 명시된 인권 규범을 준수한다고 보기 어려운 것이다. 이는 아티클 36, 살인로봇 저지 운동 등 인권침해 이유를 바탕으로 자율살상무기체계의 규제 및 금지 활동을 전개하는 비정부 단체들의 공통 입장이기도 하다.

또한, 국제인도법상 자율무기체계는 구별의 원칙, 비례의 원칙 등에 부합해야 한다. 구별의 원칙에 따르면 전투원과 민간인, 군사 목표물과 민간물자는 각각 구별되어야 하며 민간인과 민간물자에 대한 공격은 금지된다. 여기서 문제는 AI 기반 무기체계에 탑재된 AI가 민간 시설이지만 군사 시설로 전용되는 시설인지, 외형상 구분이 모호한 경우에 정확히 구분할 수 있는지의 여부이다. 비례의 원칙에서는 '예상되는 민간의 피해'가 '얻을 수 있는 군사적 이익'에 비례하는지의 여부가 가장 중요한 쟁점이다. 하지만 AI가 직접적인 군사적 이익에 중점을 두어 판단할 경우 과도한 인명 살상의 결과를 초래할 가능성이 크다. 더구나 비례성이라는 개념은 산술적으로 계산할 수 있는 것이 아니라 법률적인 판단과 함께 정치적이고 외교적인 고려가 동반되어야만 한다. 맥락을 파악해서 결정을 내릴 수 있는 인간과 달리, AI 기반 자율무기체계가 얼마나 비례의 원칙을 준수할 수 있을지 의문이다.

특정 무기나 전쟁 방식이 관련 조약들에 의해 명확하게 금지되지 않은 경우 허용된다는 국제법상 추정의 원칙을 방지하기 위해 도입된 마르텐스 조항 또한 자율무기체계를 규제하는 국제인도법적 근거가 될 수 있다. 자율무기체계를 규율하는 국제조약이 존재하지 않더라도 공공양심의 요구에 따라 그것을 규제하고 금지하는 데 해당 조항이 적용 가능하다는 것이다. 실제로 2014년과 2015년 「특정재래식무기금지협약」 회의에서 마르텐스 조항에 관한 내용이 발표되기도 했다. 하지만, 조항의 핵심인 공공양심에 대해 국제적으로 합의된 정의가 존재하지 않기 때문에, 마르텐스 조항 위반을 현실적으로 입증하기는 어려운 것이 한계이다.

## 2. 윤리적 영향

또한, 알고리즘을 바탕으로 기계가 인간을 죽이는 상황은 좀 더 고차원적인 윤리적 질문을 상정한다. 특히 기술 발전의 고도화는 기술이 우리의 사고방식과 가치관을 결정짓는다는 기술결정론에 의존하도록 만든다. 군사학자 크리스토퍼 코커는 "우리는 도구를 신중히 선택해야 한다. 그것에 점점 더 의존할수록 그것이 우리의 세계관을 형성하기 때문이다."라고 말했다. AI 옹호자들은 종종 기술이 중립적이라는 주장('단지 도구일 뿐이다')을 하거나 AI가 전쟁을 더 인간적으로 만들 것이라는 주장('더 정확하게 목표를 타격할 수 있다')을 펼치지만, 앞서 밝힌 사례에서 확인할 수 있듯 이스라엘이 AI를 군사적으로 이용하는 것은 오히려 그 반대의 행태를 보이며 살상을 비인간화하고 있다.

 AI 기반 무기체계가 인간의 능력보다 동일 또는 우월하여 국제인권법과 국제인도법을 준수할 수 있을지라도, 의미 있는 인간 통제 없이 사용되어서는 안 된다는 주장도 꾸준히 제기된다. 의미 있는 인간 통제 없이 무기가 사용되었을 때, 임의적인 공격 명령이나 기계의 오작동에 의해 발생한 살상은 생명권에 대한 직접적인 침해가 될 수 있고, 이 경우 특정 개인에게 책임을 묻는다는 것이 사실상 어려워질 수 있다. 이미 몇몇 이스라엘 군인들은 AI의 출력 결과를 '인간의 결정처럼' 간주했고, 시스템이 약 10%의 사례에서 오류로 간주되는 결정을 내린다는 것을 알고 있었음에도 불구하고 폭격을 자동 승인했다고 증언한 바 있다. 앞에서 살펴본 것처럼, 라벤더 시스템의 표적 성별 구별이 의미 있는 인간 통제의 범주에 들어갈 수 있는지도 의문이다.

### 3. 기술적 영향

 AI의 도입으로 전투 상황에서 기술적 이점이라고 여겨지는 요소들이 오히려 위 윤리적 악영향을 증폭시키는 위험으로 작용할 수도 있다. 그 위험은, 첫째, AI의 인지적 부담 최소화이다. 이는 정보가 과부화되는 전투 상황에서 AI 기반 알고리즘이 병사의 인지적 부담을 줄여줄 수 있다는 효율성 논리에 기반한다. 하지만 인간의 사고방식과 AI 시스템의 계산 방식 간 인지적 격차를 맞닥뜨린 상황에서 AI를 더 낫고 빠르며 인지적으로 더 강력하다고 가정하는 것은 알고리즘 및 기계의 결정에만 의존하는 자동화 편향으로 이어질 수 있다. 둘째, AI의 상황 인식 능력이다. 전장에서 상황을 파악할 수 있는 능력은 제한되기 마련이다. 따라서 화면에 제공되는 데이터·점·그래픽 형태의 정보를 검토 없이 받아들이게 되고, 그것이 인간의 상황 인식을 대체해 버릴 위험이 존재한다. 셋째, AI의 빠른 정보처리 속도로 인해 처리 결과를 단순히 제안으로 받아들이지 않고 당장 실행해야 하는 행동 촉구로 받아들이게 된다. 다시 말해, AI는 인간의 추론에 기반한 개입을 어렵게 만들고 비행동보다 행동을 유도하며, '사격 또는 비사격'이라는 선택이 주어졌을 때 긴급한 상황에서는 사격을 선택할 가능성이 높아지는 것이다.

더욱 우려되는 점은 AI 기반 무기체계의 오판, 오용, 오작동 가능성이다. 미 정부가 구성한 전문가 패널 '인공지능에 관한 국가안보위원회'의 부위원장인 로버트 워크(Robert Orton Work) 전 국방부 부장관은 2021년 초 열린 공청회에서 자율형 무기는 인간에 비해 실수가 적어서 목표물 오인으로 인한 사상자와 소규모 전투 횟수를 줄일 수 있다고 주장했다. 하지만 그의 논리대로라면 실수가 적은 것이지 아예 없는 것이 아니다. 인간의 오판, 오인 가능성을 배제할 수 없는 것처럼, AI 기반 무기체계에 내재된 알고리즘 역시 이러한 가능성을 내포하고 있고, 기계라는 특성상 오작동의 가능성도 배제할 순 없다. 또한 출력값에 대한 산출 방식을 사용자가 파악할 수 없는 상황을 의미하는 블랙박스 문제는 위험성을 더더욱 높인다. 인간의 개입 없이도 운용 가능한 AI 기반 무기체계가 데이터 편향이나 알고리즘의 결함으로 인해 오판에 오판을 거듭하며 인간이 통제할 수 없을 정도로 사태를 악화시킨다면 어떻게 막을 것이며 과연 누가 최종적으로 책임을 져야 할까?

## V. 상황을 악화시키는 미국과 이스라엘의 밀월 관계

이스라엘이 팔레스타인의 가자 지구 및 서안 지구에서 벌이는 군사작전의 이면에 놓치지 말아야 할 부분이 있다. 바로 미국과 이스라엘의 무기 거래이다. 미국은 제2차 세계대전 이후로 이스라엘에 수천억 달러의 원조를 해 왔고, 이스라엘 또한 1980년대부터 미국의 핵심 무기 기술 공급자였다. 상호방위조약도 없고 지리상으로도 멀리 떨어진 이 두 국가의 특수한 관계는 그들의 지역 안보 전략상의 고려를 반영한다. 이는 미국의 법률상 이스라엘의 '질적 군사 우위'라는 용어로 정의되어 있기도 한데, 이스라엘의 생존은 미국의 중요한 국가 이익이기 때문에 중동에서 아랍 국가들

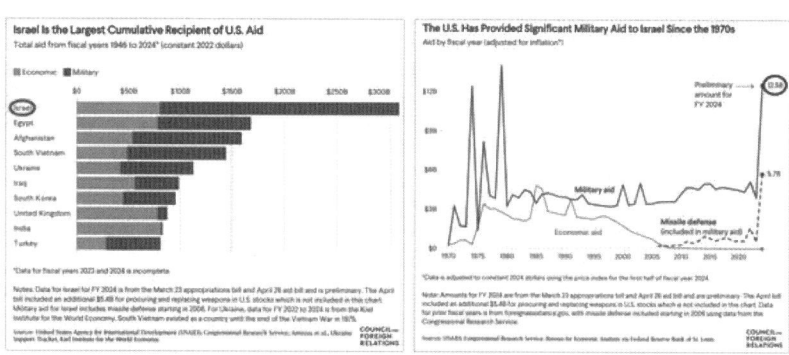

미국 외교협회(Council on Foreign Relations) 캡처.
1946년~2024년 미국의 국가별 경제, 군사 지원 규모(2022년 고정 달러 기준)(좌), 1970년대 이래 미국의 대이스라엘 지원 규모(인플레이션 조정 기준)(우)
출처: https://www.cfr.org/article/us-aid-israel-four-charts

의 양적 우세에 맞서 이스라엘의 질적 군사 우세를 촉진해야 한다는 원칙이다. 사실 미국은 제2차 세계대전이 끝난 직후 이스라엘 외에도 이집트, 아프가니스탄 등에 군사 및 경제 원조를 해 왔다. 하지만 아래 1946년부터 2024년까지의 축적 데이터를 살펴보면, 이스라엘로의 원조 규모가 나머지 국가들의 두 배 이상에 달하고 군사 부문에 그 재원이 집중되어 있다.

2023년 10월 7일 전쟁이 시작된 이후 군사적, 경제적 결속은 더더욱 강해지고 있다. 2019년부터 2028년까지 매년 38억 달러를 이스라엘에 제공하는 내용을 포함한 미국-이스라엘 간 양해각서에 더해, 2024년 4월 87억 달러가 추가 배정되어 전쟁이 시작된 이후, 미국은 매년 최소 125억 달러의 군사원조를 이스라엘에 제공하고 있는 셈이 된다. 또한, 퇴임 전 조 바이든 미국 대통령은 전투기, 공격헬리콥터, 포탄 등을 포함한 80억 달러 상당의 무기 판매를 승인했다고 전해졌다. 현재 이스라엘의 공격으로 인해 수많은 민간인 피해가 발생하는 상황에서, 미국의 대이스라엘 군사원조가 「대외원조법」이 규정한 인권침해에 대한 원조 제한 조항을 비롯해 인권유린을 저지른 군대에 대한 군사원조 금지 원칙을 담은 「레히법」과 충돌할 가능성이 제기되고 있다.

이러한 상황에서 2023년 6월 초당적으로 발의된 미국-이스라엘 미래전 법안도 주목할 만하다. 이 법안의 골자는 미국과 이스라엘 간의 방위 파트너십을 강화하고, 특히 AI·지향성 에너지·극초음속 미사일·사이버 보안 등 미래 전쟁과 관련된 신흥 기술에서 협력을 강화하는 것이다. 주요 내용은 미국-이스라엘 미래 전쟁 연구 개발 기금을 설립하여, 2028 회계 연도까지 연간 5천만 달러의 예산을 승인받아 해당 분야에서 양국 협력을 확대한다는 것이다. 법안은 아직 상임위원회 단계에서 추가적인 진전을 보이지 않고 있지만, 법적, 윤리적 논의가 부재한 첨단 방위산업 관련 협력 강화에 대해 더욱 우려를 낳는다.

미국과 이스라엘 간에 군사 협력뿐만 아니라 민간 기업 차원의 정보 기술 협력도 이루어지고 있다. 디지털 전문가 마이클 크웨트(Michael Kwet)는 지난 5월 《알자지라》 기사에서 미국의 대형 IT 기업들이 이스라엘 네타냐후 정권의 팔레스타인인 억압과 감시를 돕고 있다고 밝혔다. 크웨트에 따르면, 이스라엘 정부 및 국방 프로젝트에 클라우드 컴퓨팅 서비스를 제공하는 12억 달러 규모의 계약을 체결한 구글은 팔레스타인의 비인도적 상황에도 불구하고 이스라엘 국방부와 협력하고 있다. 대규모 데이터베이스 등 정보 기반 시설을 제공하고 디지털 아파르트헤이트를 심화하는 건 구글뿐만 아니라 인텔, 마이크로소프트 등 여타 IT 대기업도 마찬가지라고 밝혔다. 첨단 기술 협력을 필두로 한 미국-이스라엘의 밀월은 팔레스타인 내 인도적 위기에 기름을 붓고 있는 셈이다.

## VI. 나가며: AI 워싱, 그리고 요원한 AI 윤리 확립

4장에서는 가자 지구 및 서안 지구에서 사용되고 있는 AI 기반 무기체계들을 살펴보고 그 법적, 윤리적, 기술적 문제점 및 미국-이스라엘 간 군사 협력을 조명해 보았다. 종합해 보면 현재 AI 기반 무기체계를 사용하는 데 가장 큰 문제는 소위 AI 워싱이다. 군에서는 기술적으로 뛰어난 AI 알고리즘을 통해 구별의 원칙을 더 잘 준수할 수 있다고 이야기하지만, 결과적으로 민간인 피해 양상은 변함이 없거나 오히려 더 확대되는 상황이다. 낮에는 농부, 밤에는 무장 단체 정보원으로 활동하는 사람을 알고리즘은 민간인과 전투원 중 어느 쪽으로 구분할까? AK-47 소총을 들고 있는 12세 소녀는 어떤가? 만약 살해 결정이 내려져도, 법적 기준을 충족했고 예상되는 군사적 이익 달성을 위한 불가피한 조치였다고 하면 그만이다. 인간의 도덕적 판단과 결정을 요구하는 모호한 사안을 기계의 결정에 맡기는 셈이다. 군이 알고리즘의 판단 결과를 표준화하여 미래에 발생할 전투 상황에서 그대로 적용할 가능성도 배제할 수 없다.

이는 AI 기반 무기체계가 법적 원칙을 충족한다고 해서 그것이 윤리성으로 직결되지 않는다는 것을 의미한다. 하지만 현재 국제사회에서 인공지능의 군사적 이용에 대한 규제 논의가 법적 원칙 부합 여부 논의에 치우쳐 있는 현실은 국제적인 윤리 원칙 확립을 어렵게 한다. 관련 논의가 가장 활발히 이루어지고 있는「특정재래식무기금지협약」내 자율살상무기 정부전문가그룹이 채택한 가이드 원칙만 살펴봐도 윤리의 중요성은 서두에 언급되지만, 구체적인 원칙은 포함되지 않았다. 그 와중에 전례 없는 속도로 발전되고 있는 기술과 윤리와의 격차는 멀어지고 있고, AI 기반 무기체계는 윤리성으로 포장되어 가자 지구 및 서안 지구에서 살상을 정당화하고 있다. 팔레스타인 내 참상을 끝내기 위한 국제사회의 노력과 더불어, AI의 군사적 이용에 발맞춰 국제사회가 윤리적 프레임워크와 규범적 기반을 마련하기 위해 협력하는 것이 절실하다. 특히, 전 세계 AI 개발 및 투자를 주도하고 있고, 이스라엘-하마스 전쟁에서 분리될 수 없는 행위자라는 점에서 미국의 역할을 다시금 강조할 수밖에 없다.

한국도 군사용 AI를 발 빠르게 도입하고 있다는 점을 고려하면, 윤리 및 규범 기반 확립에 더욱 힘써야 한다. 하지만 국내 소위 K-방산 '신화'는 윤리성이 아니라 효율성, 가성비의 렌즈만으로 AI를 보게 할 공산이 매우 크다. 이미 많은 국내 언론들은 방위산업에 AI를 도입하는 것을 미래전의 게임체인저로 묘사하기 시작했다. 특히, 저출산 문제로 인한 병력 부족과 군인들의 위험 및 피로 문제를 해결하기 위해 AI 기반 무기체계를 인간 병사와 함께 최전방에 배치할 가능성이 클 것으로 예상된다. 국내에서도 위 이스라엘 사례에서 나타난 군사적 AI의 복합 영향에 대한 논의를 하루빨리 시작해야 하는 이유이다. 또한, 남북 간 군사적 긴장이 AI로 인해 확전되지 않도록, 충돌이나 사고 발생 시나리오에 대한 논의와 대비를 할 수 있는 국방부 내 조직도 정비해야 할 것이다.

# 제2부

평화로 가는 험난한 길

**6장** — 가자 제노사이드에 대한 국제사법기구와
한국 평화운동의 대응
/ 임재성

**7장** — 제3자 개입과 '중개'
/ 김진주

**8장** — 전쟁의 수렁에 평화를 일구는 종교 간 대화
/ 차승주

**9장** — 절멸의 정치
/ 강혁민

# 6장

가자 제노사이드에 대한
국제사법기구와
한국 평화운동의 대응

임재성

## I. 학살을 재판한다는 것

본 글은 '가자 제노사이드'[1]에 대한 국제재판소의 대응을 다룬다. 이 때 '국제재판소'란 제2차 세계대전 이후 설립된 여러 국제재판소 중 가장 대표적이고 보편적인 국제법원인 '국제사법재판소(International Court of Justice: ICJ)'와 '국제형사재판소(International Criminal Court: ICC)'로 특정하고자 한다. 가자 제노사이드와 관련해 국제재판소에서 진행된 절차와 판단을 일별함으로써 제노사이드, 전쟁범죄 등의 문제에 국제 사법 체계가 어떻게 작동하고 있는지, 그 한계와 의미는 무엇인지 확인할 것이다. 위의 두 국제재판소는 가자 제노사이드에 관해 비교적 신속하고 적극적으로 기능하였다. 다만, 국제 사법 체계를 통한 절차 진행에 상당한 시간이 소요된다는 점을 고려하면 2023년 10월 7일 이후 본 글이 작성된 2024년 12월

---

1 2023. 10. 7. 이후 가자 지구에서 벌어지고 있는 '사건'은 1948년 이스라엘 건국 이후 최악의 비극이다. 이스라엘과 아랍 국가들이 격돌한 이전 4차례 전쟁에서도 사망자는 몇천 명을 넘지 않았으며, 그 역시 대부분 군인이었다. 그러나 이번 '사건'은 희생자 대부분이 민간인이라는 비극적이며, 반인륜적인 특징을 가지고 있다. 본 장에서는 2023. 10. 7. 이후 가자 지구에서 벌어지고 있는 '사건'을 국가 등의 집단 간 무력분쟁을 의미하는 '전쟁'으로 명명하기보다는 인종적, 민족적 집단을 전부 파괴할 의도로 그 집단의 구성원을 살해하는 '제노사이드'(genocide), 즉 '가자 제노사이드'라고 명명하고자 한다.

을 기준으로 국제재판소를 통한 절차는 '초기' 국면이라 볼 수 있다. 따라서 본 글은 가자 제노사이드에 대한 국제재판소의 초기 조치들의 내용과 그 의미를 분석하는 것을 목표로 한다.

한편, 국제형사재판소 체계는 네덜란드 헤이그에 설립된 국제재판소에서 이루어지는 수사와 재판으로 진행되지만, 동시에 국제형사재판소를 탄생시킨 조약인 「국제형사재판소에 관한 로마규정」(이하 「로마규정」)에 가입한 개별 국가들의 수사와 재판으로도 이루어진다. 국제형사재판소 조약에 가입한 개별 국가들은 두 가지 의무를 지는데, 하나는 국제형사재판소 관할권을 수용하는 것이고, 다른 하나는 별도의 국내 입법을 통해 전쟁범죄 등을 자국 국가기구를 통해 수사하고, 기소하며, 재판하는 것이다. 전 세계 단 하나의 재판소만으로는 중대한 국제범죄들을 근절할 수 없기 때문이다. 한국 시민사회는 이러한 국제형사재판소 메커니즘을 활용해 가자 제노사이드라는 범죄를 행한 범죄자들을 한국 내 수사기관에 고발하는 운동을 진행했다. 본 글은 위 운동까지 함께 다루고자 한다.

## II. 국제사법재판소, 학살을 멈추라고 명령하다

### 1. 국제사법재판소란 무엇인가

국제사법재판소는 1945년 「유엔헌장」에 의해 설립되었고, 이후 가장 대표적이고 보편적인 국제 법원으로 기능하고 있다. 통상 「유엔헌장」이라고 불리는 조약의 정식 이름이 「국제연합헌장 및 국제사법재판소규정(Charter of the United Nations and Statute of the International Court of Justice)」이라는 점에서 더욱 그러하다. 그 오랜 역사 속에서 최근 국제사법재판소를 통해 특정 국가의 책임을 묻고, 권리를 회복하는 방식이 다변화되고 있는데, 이 중 하나가 '잠정조치(Provisional Measure)' 제도의 활용이다. 국제사법재판소는 하나의 판결이 나오기까지 수년 이상 장시간이 소요되고, 판결이 선고될 때쯤 해당 분쟁은 다른 방식으로 종료되는 경우도 빈번하다. 이에 '문제'를 국제사법재판소로 가지고 가려는 국가들은 위 재판소 규정 제41조("권리가 급박하고도 회복 불가능한 위험 상태에 놓여 있어 당사자의 권리를 보호하는 데 필요하다고 인정되면 최종 판결 이전에도 재판소가 잠정조치를 취할 수 있다.")에 근거해 본안과 함께 잠정조치를 청구하는 방식을 적극 활용하고 있다.

    과거 국제사법재판소의 잠정조치가 법적 구속력을 가졌는지에 대해 학계의 논쟁이 있었으나, 국제사법재판소가 1999년 '라그랑 사건' 본안판결을 통하여 법적 구속력을 확인함으로써 논쟁은 종결되었다 할 수 있다.[2] 그러나 실제 잠정조치가 준수되는 경우는 드물고, 가자 제노사이드에서도 이스라엘은 이하에서 살필 국제사법재판소의 잠정조치를 이행하지 않은 것으로 평가된다. 그럼에도 국제사법재판소가 가자 제노사이드에서 벌어지는 제노사이드와 인도적 위기를 멈춰야 한다고 신속하게 판단한 것은 분명 평가하고 분석할 사건이다. 이하에서는 국제사법재판소가 가자 제노사이드에 대해 내린 잠정조치를 순서별로 일별하고, 그 의미와 한계를

---

2    최지현, "국제사법재판소 잠정조치 명령의 이행강제", 『국제법학회논총』 제56권 제2호, 2011.

분석하겠다.

## 2. 2024년 1월 26일 자 제노사이드 방지 잠정조치 명령

남아프리카공화국(이하 '남아공'이라고 함)은 2023년 12월 29일의 가자 제노사이드가 1948년 「집단살해죄의 방지와 처벌에 관한 협약」(이하 「제노사이드 협약」이라고 함)에 위반된다고 주장하면서 국제사법재판소에 이스라엘을 제소하였다. 이 제소장에 본안에 대한 청구와 함께 잠정조치('이스라엘은 가자 지구에 대한 군사작전을 즉각 중단한다', '남아공과 이스라엘은 각각 팔레스타인 국민과 관련하여 제노사이드 협약에 의한 의무에 따라 제노사이드를 방지하기 위해 모든 합리적인 조치를 해야 한다', '이스라엘 정부는 정규군 및 비정규 무장 단체의 추가적인 협약 위반행위 방지 조처를 해야 한다' 등의 9개 조치 청구)도 함께 청구했다.[3]

국제사법재판소는 2024년 1월 26일 잠정조치를 명령하기 위한 요건이 모두 충족되었다고 판단하고, 이스라엘에게 ① 가자 지구 내 팔레스타인 주민들에 대한 제노사이드 행위를 방지하기 위한 조치를 취할 것, ② 즉각 자국 군대가 제노사이드 행위를 저지르지 않도록 보장할 것, ③ 제노사이드 행위 지시/조장 행위 방지/처벌 조치를 취할 것, ④ 긴급한 필수 서비스와 인도주의 지원 조치를 취할 것, ⑤ 제노사이드 행위 증거 인멸 방지 및 보존 조치를 취할 것, ⑥ 한 달 내 잠정조치 이행 상황에 대한 보고서를 국

---

3  ICJ, Application of the Convention on the Prevention and Punishment of the Crime of Genocide in the Gaza Strip(South Africa v. Israel).

제사법재판소에 제출할 것을 명령했다. 다만, 국제사법재판소는 남아공의 잠정조치 청구의 첫 번째 항목인, '전투의 즉시 중단'에 대해서는 그 신청을 받아들이지 않았다.

한편, 이스라엘은 위 절차에서 남아공이 분쟁의 당사자가 아니기에 당사자 자격이 없다고 주장했다. 이는 당시 꽤 보편적인 '궁금증' 중 하나이기도 했는데, "팔레스타인도 아닌 남아공이 무슨 자격으로 이스라엘을 상대로 소송을 제기하는가?"라는 것이었다. 이에 대해 국제사법재판소 재판부는 "제노사이드 협약상의 의무는 대세적 의무이기에 어느 한 당사국의 협약 위반에 대해 모든 국가가 당사자 자격을 가지고 있으므로 남아공에 당사자 자격이 있다."고 판단했다. 이는 국제사법재판소를 통해 이루어지는 최근의 '국제공익소송'의 논리이기도 하다. 특정 당사국이 인권조약 등을 위반했을 때 이는 그 당사국이 모든 국가에 대한 의무(대세적 의무)를 위반한 것이 되고, 따라서 어떤 국가라도 조약 위반 국가에 대해 소송의 방식으로 문제 제기를 할 수 있다는 논리다.

이스라엘이 위 잠정조치를 따랐다고 평가할 수 없다. 국제앰네스티나 휴먼라이트워치와 같은 국제 인권 단체들은 같은 날 "이스라엘이 국제사법재판소의 잠정조치 명령을 준수하지 않고, 최소한의 조치도 시행하지 않았다."라고 비난했다. 그러나 이스라엘 정부는 2024년 2월 26일 위 잠정조치 중 마지막 항목인 '이행 상황에 대한 보고서'를 재판소에 제출했다(내용 비공개). 또한 이스라엘 정부는 잠정조치 자체에 대해서 특별한 입장을 공표하지는 않았는데, 이는 잠정조치에 대한 공개적인 비판이나 공식적 불복이 이후 본안 재판에 불리한 영향을 미칠 것을 고려한 것으로 보인다.

## 3. 2024년 3월 28일 자 인도주의 지원 확대 명령

남아공은 2024년 3월 6일 별도의 신청으로 추가 잠정조치를 신청하였다. 남아공은 유엔 식량권 특별보고관·세계보건기구 사무총장·유니세프 등이 조사한 자료를 바탕으로, 가자 지구 내 기아 상황 등 최근의 사태를 고려할 때 추가적인 잠정조치가 필요하다고 주장했다. 당시 유엔 산하 조직들과 협력해 식량 위기를 파악하는 조직인 '통합식량안보단계'는 7월까지 가자 지구 주민의 50%인 110만 명이 최악의 식량 위기에 직면할 것이라고 경고하기도 하였다.

국제사법재판소는 2024년 3월 28일 기존 잠정조치를 재확인하면서, 가자 지구 내에서 기아로 인한 사망이 본격화되는 등의 상황 변화가 있기에, '이스라엘 정부의 식량 등 필수품 공급 보장' 및 '인도적 지원 공급 방해 금지' 등을 명령하였다. 국제사법재판소가 동일 사건에 대해 추가적인 잠정조치를 명령했다는 점은 이례적이다. 가자 제노사이드에 대한 국제사회의 보편적 우려, 현존하고 급박한 가자 지구 내 기아 상황이 반영된 것으로 보인다. 이스라엘은 첫 번째 잠정조치 때와 마찬가지로 해당 조치에 대해 특별한 입장을 내지 않았다. 또한 이스라엘이 이 잠정조치 명령을 이행했다고 평가하기도 어렵다.

## 4. 2024년 5월 24일 자 라파 군사 공격 중단 명령

남아공은 2024년 5월 17일 잠정조치를 또다시 신청했다. 구체적으로 남아공은 이스라엘이 라파 지구를 포함한 가자 지구 내 군사작전을 즉시 중단하고, 라파 통행로에서 철수하며, 가자 지구에서 이스라엘 군대를 즉시, 완전히, 조건 없이 철수하라는 추가적인 잠정조치를 내려 달라고 요청하였다.

　남아공이 라파 지역을 특정한 이유는 가자 제노사이드가 시작된 이후 이스라엘군 공격을 피해 내려온 난민 수십만 명이 라파 지역에 머물고 있기 때문이다. 한때 라파에는 가자 지구 전체 인구 230만 명 중 절반이 넘는 140여만 명이 피란하기도 했다. 그런데 이 라파 지역에 이스라엘군이 대대적인 공격을 개시하려고 했기 때문에, 남아공은 해당 시점에 추가 잠정조치를 신청한 것이다.

　국제사법재판소는 2024년 5월 24일 ① 이스라엘은 팔레스타인 그룹의 물리적 파괴를 초래할 수 있는 생활여건을 부과하는 군사 공세와 라파 지역 내 여타 행동을 중단할 것, ② 인도적 지원의 원활한 공급 보장을 위해 라파 통행로를 열어 둘 것, ③ 유엔의 위임을 받은 사실조사위원회 등이 제노사이드 혐의를 조사할 수 있도록 원활한 접근을 보장할 것 등을 명령하였다. 이 결정은 기존 두 개의 잠정조치와는 다르게 군사 행위 중단 내용이 포함되었다는 점에서 차별점이 있으며, 가장 진전된 잠정조치라는 성격을 띤다. 제노사이드를 방지할 의무 이행이나, 식량 공급 보장과는 다른 '군사 행위 중단'이 포함되어 있었기 때문이다. 그러나 이스라엘은 위 잠정조치 명령 직후 라파 지역에서 군사작전을 이어 갔고, 병원과 난민 캠프를 공격했다.

# INTERNATIONAL COURT OF JUSTICE

Peace Palace, Carnegieplein 2, 2517 KJ The Hague, Netherlands
Tel.: +31 (0)70 302 2323  Fax: +31 (0)70 364 9928
Website  X  YouTube  LinkedIn

**Summary**
Unofficial

Summary 2024/6
24 May 2024

**Application of the Convention on the Prevention and Punishment of the Crime of Genocide in the Gaza Strip (South Africa v. Israel)**

**Request for the modification of the Order of 28 March 2024**

It is recalled that, on 29 December 2023, South Africa filed in the Registry of the Court an Application instituting proceedings against Israel concerning alleged violations in the Gaza Strip of obligations under the Convention on the Prevention and Punishment of the Crime of Genocide (hereinafter the "Genocide Convention" or the "Convention"). The Application contained a Request for the indication of provisional measures submitted with reference to Article 41 of the Statute and to Articles 73, 74 and 75 of the Rules of Court. By an Order of 26 January 2024, the Court indicated provisional measures (see press release No. 2024/6). By a letter dated 12 February 2024, South Africa, referring to "the developing circumstances in Rafah", called upon the Court urgently to exercise its power under Article 75, paragraph 1, of the Rules of Court. By letters dated 16 February 2024, the Registrar informed the Parties of the decision taken by the Court in response to South Africa's communication (see press release No. 2024/16). On 6 March 2024, South Africa requested the Court "to indicate further provisional measures and/or to modify its provisional measures indicated on 26 January 2024", with reference to Article 41 of the Statute of the Court, as well as Articles 75, paragraphs 1 and 3, and 76 of the Rules of Court (see press release No. 2024/21). By an Order of 28 March 2024, the Court reaffirmed the provisional measures indicated in its Order of 26 January 2024 and indicated additional provisional measures (see press release No. 2024/26).

자 라파 군사 공격 중단 관련 ICJ의 잠정조치 요약 문서(2024. 5. 24)
출처: ICJ 홈페이지

## 5. 국제사법재판소 역할의 한계와 의미

국제사법재판소의 잠정조치 명령에도 불구하고, 이스라엘은 이를 따르지 않았다. 그러나 국제사법재판소 자체에는 이 불이행(국제법 위반) 상태를 교정하고 강제할 집행력이 없다. 이는 국제사법재판소의 한계점으로 지적되어 왔는데, 가자 제노사이드의 경우 그 한계가 매우 노골적으로 드러났다고 할 수 있다. 즉, 국제사법재판소는 가자 제노사이드에 대해 국면별로 적절한 잠정조치 명령을 내렸으나, 이 명령이 가자 제노사이드를 막거나 줄이는 데 구체적 영향을 미쳤다고 볼 수는 없다. 이와 같은 국제법 위반 상태에 대해 강제적 조치를 취할 수 있는 곳은 통상 유엔안전보장이사회이지만(잠정조치 불이행을 이유로 한 경제제재 부과 등), 가자 제노사이드에서는 작동하지 못했다.

그러나 국제재판소 중 최고의 권위를 지닌 국제사법재판소의 잠정조치 명령은 국제사회의 여론을 환기하고, 가자 제노사이드가 무엇이며 왜 문제인지를 신속하게 판정(규정)하는 역할을 했다. 다른 국제기구들의 조사와 결정에도 중요한 준거점이 되었을 것이다. 또한 국제사법재판소가 이후 본안 판단을 할 때 잠정조치 명령들 및 이에 대한 이스라엘의 불이행은 중요한 판단 기준이 될 것이다. 남아공이 시작한 국제사법재판소 제소는 다른 국가로 확산되고 있다. 아일랜드는 2025년 1월 7일 국제사법재판소 규정 제62조("사건의 결정에 의하여 영향을 받을 수 있는 법적 성격의 이해관계가 있다고 보는 나라는 재판소에 소송 참가를 허락해 달라고 요청할 수 있다.")를 근거로 국제사법재판소에 남아공이 제기한 소송에 참가하겠다고 요청하였다. 아일랜드 외교부 대변인은 국제사법재판소 소송 참여 배경과 관련해 "재판소가 「제노사이드 협약」의 다양한 측면을 고려하는 데 다른 협약 가입국들이 이를 어떻게 이해하고 적용하는지 이해하는 것이 중요하다."고 설명했다.

이처럼 국제사법재판소는 집행력(강제력)의 부재라는 구조적 한계에도 불구하고, 가자 제노사이드 나아가 이스라엘의 팔레스타인 불법 점령이라는 사건(사태)에 대해 원칙적이고 일관된 법적 판단을 바탕으로 이스라엘 점령과 학살의 불법성을 지적하고 그 중단과 피해 회복을 촉구하고 있다.

## III. 국제형사재판소, 전쟁범죄자에게 체포영장을 발부하다

### 1. 국제형사재판소란 무엇인가

앞서 살핀 국제사법재판소는 국가의 책임을 다루고, 국제형사재판소는 개인의 책임, 그중에서도 전쟁범죄와 같은 중대한 범죄의 책임을 다룬다. 국제사법재판소는 국가의 광범위한 책임을 다루지만, 국제형사재판소가 다루는 개인의 책임은 극히 한정적인데, 제노사이드·반인도적 범죄·전쟁범죄·침략범죄만을 대상 범죄로 한다. 이는 해당 범죄들이 피해의 규모와 정도가 매우 중대하고, 20세기 역사를 통해 인류에 대한 범죄로 평가받고 있기 때문이다. 또한 국제사법재판소가 유엔의 공식 기구라면, 국제형사재판소는 유엔과는 독립된 기구라는 차이점이 있다.

제2차 세계대전 이후 나치 독일 전범들의 책임을 주되게 다룬 뉘른베르크 국제군사재판, 아시아-태평양 전쟁에 대한 일본 전범들의 책임을 주되게 다룬 극동국제군사재판소는 국제형사재판소의 시초였다고 평가할 수 있다. 이후 1993년 구 유고슬라비아 국제형사재판소, 1995년 르완다 국제형사재판소 등이 유엔 산하 기구로서 설립되어 활동하였는데, 이 역시 특정 사건에 한정된 재판소였다. 이후 국제사회는 상설 기구로서 지구상에서 이어지고 있는 국제범죄에 포괄적으로 대응할 수 있는 재판소를 설립하고자 노력했고, 그 결과 2002년 「로마규정」에 의해 국제형사재판소가 설립되었다. 위 「로마규정」 전문에는 '금세기 동안 수백만의 아동·여성 및 남성이 인류의 양심에 깊은 충격을 주는 상상하기 어려운 잔학 행위의 희생자'가 되어 왔으며, '이러한 범죄를 범한 자들이 처벌받지 않는 상태를 종식하고, 이를 통하여 그러한 범죄의 예방에 기여'하기 위해 재판소를 설립한다는 점을 분명히 했다.

국제형사재판소는 재판부와 함께 독립된 검사(소추관) 제도를 운영하고 있는데, 관할 범죄에 대한 수사와 기소를 담당하는 조직이다. 가자 제노사이드에 관해 국제형사재판소 검사는 초기부터 활발한 조사를 진행했고, 사건 발생 8개월 정도 되는 시점에 네타냐후 총리 및 하마스 지도부 등에 대한 체포영장을 청구했다. 국제형사재판소가 수사하고 재판할 수 있으려면 범죄에 대한 관할권이 인정되어야 하는데, 범죄가 국제형사재판소 당사국 영토 내에서 발생하거나, 피의자가 당사국 국적자인 경우에 관할권이 인정된다. 가자 제노사이드의 경우 이스라엘이 「로마규정」 비가입국이나, 팔레스타인이 2015년 1월 2일 「로마규정」에 가입한 당사국이기 때문에 국제형사재판소가 가자 제노사이드에 대해 관할권을 행사할 수 있다.

## 2. 국제형사재판소 검사의 체포영장 청구

카림 칸(Karim A. A. Khan) 국제형사재판소 검사(이하 '검사'라고 함)는 가자 제노사이드에 대한 수사를 거쳐 2024년 5월 20일 이스라엘 및 이슬람 저항운동 하마스(이하 '하마스'라고 함) 양측의 각 지도자급에 대한 체포영장을 청구했다. 이스라엘의 경우 베냐민 네타냐후 총리와 요아브 갈란트 전 이스라엘 국방장관 2인이, 하마스의 경우 야흐야 신와르 수장 등 3인이

체포영장 청구를 발표하는 ICC 카림 칸 검사
출처: ICC 홈페이지

체포 대상으로 특정되었다.

2022년 2월경 러시아의 우크라이나 침공으로 시작된 전쟁에서 국제형사재판소 검사는 러시아의 전쟁범죄 중 '아동을 불법적으로 이송'한 것만을 특정해 1년이 지난 2023년 2월경 블라디미르 푸틴 러시아 대통령 등에 대해 체포영장을 청구했는데, 이와 비교하면 이번 체포영장 청구는 비교적 신속하게 이루어졌고, 그 내용에 있어서도 상세한 내용을 담은 것으로 평가된다. 이는 국제형사재판소가 팔레스타인 문제에 관하여 2018년 이후부터 지속적으로 검토했기 때문에 가능했던 것으로 보인다.

베냐민 네타냐후 등 이스라엘 지도자에 대한 혐의는 전쟁범죄와 반인도적 범죄였다. 이때 전쟁범죄뿐만 아니라 '반인도적 범죄'를 혐의에 포함했다는 점이 중요하다. 반인도적 범죄는 전쟁 또는 무력 충돌의 맥락이 아닌 상황에서 벌어지는 범죄다. 즉, 검사는 가자 제노사이드가 무력 충돌[이스라엘과 팔레스타인 간의 국제적 무력 충돌, 이스라엘과 하마스(및 다른 팔레스타인 무장 단체) 간의 비국제적 무력 충돌]의 맥락뿐만 아니라, 이스라엘의 국가 정책에 따라 팔레스타인 민간인에 대한 광범위하고 체계적인 공격의 일환으로 저질러졌다고 주장한 것이다.

검사는 전쟁범죄에 관해서는, 이스라엘군이 팔레스타인 민간인에 대해 ① 기아에 시달리게 했고, ② 고의로 큰 고통을 주거나 신체 또는 건강에 심각한 손상을 입히는 행위 또는 잔혹한 처우를 하는 행위를 했으며, ③ 전쟁범죄로서의 살인을 했으며, ④ 베냐민 네타냐후 등이 민간인 집단에 고의적 공격을 지시했다고 주장했다. 반인도적 범죄에 관해서는, 이스라엘군이 팔레스타인 민간인에 대해 ⑤ 기아로 인한 사망을 포함하여 절멸(extermination)과 살인을 하였고, ⑥ 박해와 비인도적 행위를 행하였으며, 이에 대해 네타냐후 총리 등이 형사책임을 져야 한다고 주장했다.

### 3. 국제형사재판소 재판부의 체포영장 발부

국제형사재판소 재판부는 2024년 11월 21일 앞서 확인한 검사의 체포영장 청구를 받아들여 베냐민 네타냐후 총리 등에 대한 체포영장을 발부했다. 또한 같은 날 이스라엘이 국제형사재판소에 제기한 두 가지 주장(이스라엘 국민에 대한 국제형사재판소의 관할권이 없다는 주장, 체포영장 검토를 포함한 모든 절차를 중단해야 한다는 주장)에 대해서는, 모두 이유가 없다며 주장을 받아들이지 않았다. 이 중 첫 번째 주장에 관하여 살펴보면, 국제형사재판소는 ① 2015년 팔레스타인이 국제형사재판소 조약에 가입하였는바,

② 국제형사재판소는 팔레스타인 영토에서 벌어진 범죄에 대해 관할권을 행사할 수 있고, ③ 따라서 이스라엘이 국제형사재판소의 관할권을 수락하지 않아도 이스라엘인에 대한 체포 등 관할권 행사가 가능하다고 판단했다.

무엇보다 중요한 것은 체포영장의 발부였다. 물론 체포영장의 발부와 유죄판결은 전혀 다르다. 유죄판결은커녕 검사에 의한 기소조차 이루어지지 않은, 수사 단계에서 범죄 혐의자에 대한 인신구속의 필요성이 국제형사재판소에 의해 인정된 것이다. 가장 권위 있는 기구에서, 가자 제노사이드가 전쟁범죄와 반인도적 범죄에 해당할 가능성을 인정하고, 정치 지도자들이 형사책임을 져야 할 여지도 있다고 본 것이기에 그 의미에 대해서는 충분히 평가할 필요가 있다.

이로써 네타냐후는 러시아의 블라디미르 푸틴, 수단의 오마르 알 바시르, 리비아의 무아마르 카다피와 함께 국제형사재판소로부터 체포영장을 받은 네 번째 국가수반이 되었다. 재판부는 네타냐후와 갈란트가 가자 제노사이드에서 반인류 범죄와 전쟁범죄를 저질렀다고 판단했고, 그중에서도 기아 조장과 같은 반인류 범죄, 민간인에 대한 고의적 공격을 지시한 전쟁범죄를 강조했다.

### 4. 국제형사재판소 역할의 한계와 의미

베냐민 네타냐후는 체포될 수 있을까? 가능성이 크지는 않다. 국제형사재판소에서 체포영장이 발부된 국가수반 4명 중 아직 체포된 예는 없다. 국제형사재판소에는 영장을 집행할, 즉 네타냐후를 체포할 독자적인 집행력이 없다. 국제형사재판소의 회원국이 자국의 사법기관을 통해 범죄인을 체포한 후 재판소에 인도하는 방식으로 체포영장이 집행될 수 있을 뿐이다. 따라서 체포영장이 발부된 자가 해외 이동을 제한적으로만 하거나, 해외로 이동을 하여도 해당 국가가 외교적 부담을 이유로 체포를 하지 않으면 체포영장이 집행되기 어렵다. 푸틴 러시아 대통령은 2024년 9월 몽골을 방문했는데, 몽골은 국제형사재판소 회원국이지만 푸틴을 체포하지 않았다. 이와 같은 몽골의 '협력 의무 위반'에 대해 국제형사재판소가 '규탄'을 넘어서는 제재를 할 방안은 없다. 국제형사재판소가 네타냐후를 체포하지 않고 곧바로 기소해 재판을 할 수는 있을까? 국제형사재판소는 「로마규정」 제63조에 따라 궐석재판, 즉 피고인이 법정에 출석하지 않은 상태에서 이루어지는 재판은 허용하지 않는다. 따라서 네타냐후가 체포되지 않는다면, 사실상 국제형사재판소에서 더 이상의 진전된 절차를 진행하긴 어려울 것이다.

그러나 이후 전망이 비관적이라고 단언할 수는 없다. 국제형사재판소의 체포영장 발부 직후 당시 조 바이든 미국 대통령은 "이스라엘 지도자들에 대한 국제형사재판소 체포영장 발부는 터무니없다."라면서 비판했지만, 유럽의 분위기는 달랐다. 호세프 보렐 유럽연합 외교안보 고위 대표는 이번 영장 발부는 정치적인 것이 아니라면서, 모든 유럽연합 회원국들은 국제형사재판소의 결정을 존중하고 이행해야 한다고 말했다. 영국과 프랑스는 체포영장 발부에 대해 비판과 긍정도 하지 않으며 원론적 입장을 강조했고, 네덜란드와 이탈리아, 스페인, 오스트리아 등은 국제형사재판소의 회원국으로서 의무를 이행하겠다고 밝혔다. 즉, 네타냐후 등이 국외 이동을 할 경우 체포가 이루어질 가능성이 있는 것이다. 더욱이 네타냐후는 미국 등 서방의 지원을 받는 국가 지도자 중 국제형사재판소에서 체포영장이 발부된 최초의 사례이기에, 서방과의 외교 관계를 과신하고 국외 이동을 한다면 체포될 가능성은 증가할 수 있을 것이다.

또한 국제형사재판소가 발부한 체포영장이 종국적인 판결은 아니지만, 가자 제노사이드가 범죄행위라는 일응의 추정이 담겨 있는바, 국제사법재판소와 함께 양대 국제재판소가 가자 제노사이드를 불법이자 범죄 혐의가 있다고 판단했다는 점은 분명 가자 제노사이드를 막고, 이후 책임을 묻는 과정에서도 중요한 준거가 될 것이다.

## IV. 한국 시민운동, 이스라엘 전범을 고발하다

### 1. 보편적 관할권, 전쟁범죄를 수사하고 재판할 모두의 의무

가자 제노사이드와 같은 국제형사범죄를 저지른 개인에 대한 처벌 메커니즘은 두 층위에서 작동되고 있다. 하나는 앞서 살핀 국제형사재판소에 의해서, 다른 하나는 본 장에서 다룰 개별 국가의 사법 체계를 통해서이다. 후자의 핵심은 범죄 장소나 범죄인의 국적과 상관없이 국제범죄라면 모든 국가가 수사하고 처벌해야 한다는 '보편적 관할권'이다. '집단살해죄와 같은 가장 흉악한 범죄를 저지른 범죄자는 인류의 적으로 간주되며, 이들 범죄자들이 처벌받지 않고 방치된다면 국제법 질서는 종국적으로 신뢰를 상실하게 될 것'이며, '따라서 개별 국가에 보편적 관할권을 부여하고 이들에 대한 처벌을 강화'해 개별 국가들이 '국제사회의 대리인으로서 정

의를 실현하는 역할을 담당'할 수 있도록 해야 한다.⁴

「로마규정」 서문에도 '국제범죄에 책임이 있는 자들에 대하여 형사관할권을 행사함이 모든 국가의 의무'라고 기재되어 있다. 국제인도법인 「전시에 있어서의 민간인의 보호에 관한 1949년 8월 12일 자 제네바 협약」(제네바 제4협약) 제146조는 "각 체약국은 중대한 위반 행위자를 수사할 의무를 지며, 이러한 자는 국적 여하를 불문하고 자국 법원에 기소되어야 한다."라고 규정하고 있는데, 이는 모두 보편적 관할권을 명문화한 내용이다. 독일의 경우 이와 같은 보편적 관할권을 적극적으로 행사하고 있다. 국제 인권 단체들은 이를 활용해 다른 국가에서 발생한 전쟁범죄 등을 독일 수사기관에 고발해 오고 있다. 미얀마 인권 단체 '포티파이 라이츠'가 2023년 1월경 독일 검찰에 2017년 8월경 발생한 로힝야족 학살 사건 등의 책임을 물어 미얀마 군부를 고발한 것이 최근 사례다. 비정부기구인 '트라이얼 인터내셔널'의 보고서에 따르면 2021년 한 해 동안 전 세계에서 보편적 관할권이 발동된 예는 125건에 달한다. 독일을 포함해 유럽연합 11개국, 영국·스위스·미국·아르헨티나 등 16개국에서 재판이 진행 중이거나 판결이 나왔다. 지난해에는 스웨덴 법원이 보편적 관할권에 따라 1988년 정치범 처형에 관여한 이란의 이슬람 혁명수비대 소속 교도관 하미드 누리에게 전쟁범죄와 살해 혐의로 종신형을 선고하기도 했다. 미얀마의 로힝야족 학살도 아르헨티나와 튀르키예 등에서 수사가 진행되고 있다.⁵

한국 역시 보편적 관할권을 수용하고 있다. 위 「로마규정」의 국내 이

---

4  김기준, 『국제형사법』, 박영사, 2017, p. 347.
5  「한겨레」 2023년 1월 31일. "'로힝야족 학살' 미얀마 군부, 왜 독일 검찰에 고발됐나: 독 가장 강력한 보편적 관할권 행사, 중대한 국제범죄 국적 불문 처벌."

행 법률에 해당하는 「국제형사재판소 관할 범죄의 처벌 등에 관한 법률」 (2007년 제정, 이하 「국제형사범죄법」이라고 함) 제3조 제5항에서 보편적 관할권 원칙을 반영하여 "이 법은 대한민국 영역 밖에서 집단살해죄 등을 범하고 대한민국 영역 안에 있는 외국인에게 적용한다."라고 규정하고 있다. 이는 우리 형법의 속지주의·속인주의와는 다른 보편주의(세계주의)가 반영된 조항이다. 다만, 위 규정에는 관할권을 행사하기 위해서는 외국인이 현재 우리나라의 영역 안에 있어야 한다는 제한 요건이 있는데, 이로 인해 대한민국의 경우 완전한 형태가 아닌 제한적인 형태의 보편적 관할권을 도입했다고 평가받고 있다.[6]

한국 시민사회와 평화운동은 바로 이 보편적 관할권에 근거해, 한국 수사기관이 가자 제노사이드의 범죄자들을 수사하고 기소해야 한다고 주장했다. 이는 북한 인권 관련 이슈를 제외하고는 한국 내에서 「국제형사범죄법」에 근거한 최초의 고발이었다.

## 2. 이스라엘 전범 고발운동 개요

한국 시민단체인 '참여연대'와 '사단법인 아디'는 2024년 4월경부터 '이스라엘 전쟁범죄자를 고발합니다'라는 캠페인을 진행하였다. 위 캠페인은 "이스라엘의 팔레스타인을 향한 집단학살을 막기 위해 우리가 할 수 있는 일이 있습니다. 이스라엘 전쟁범죄자들을 한국의 수사기관에 고발하는 것입니다. 전 세계가 목도하는 가운데 자행되고 있는 집단학살의 책임자

---

6    김영석, 『국제인도법』, 박영사, 2012, pp. 249-250.

이스라엘 전범 고발운동의 1차 고발장 접수(2024. 5. 9.)
출처: 참여연대

가 누구인지 알리고 책임을 묻는 행동에 함께 해주세요!"라는 내용으로 위 취지에 동의하는 시민고발인을 모집하고, 시민고발인들이 직접 한국 수사기관(경찰청 국가수사본부)에 가자 제노사이드에 대한 수사를 요구하는 운동이었다. 필자는 위 운동에서 시민고발인들의 대리인으로서 고발 업무를 수행하는 법률가의 역할을 하였다.

  고발은 2회에 걸쳐 이루어졌다. 2024년 5월 9일 국가수사본부에 접수된 1차 고발에는 시민 5천여 명이 고발인으로 참여했다. 이 1차 고발인에는 강민정 국회의원 등 정치인, 문정인 연세대학교 명예교수, 김성경 북한대학원대학교 교수, 정희진 평화학자와 같은 학자, 참여연대 평화군축센터 팀장인 이영아 활동가 등 우리 사회 평화 문제에 대해 활발하게 발언하고 참여해 온 사람들이 함께했다. 또한, 가자 지구 출신 난민도 고발인에 참여했다.

1차 고발 이후 정치인들의 집단적인 참여가 이루어졌고, 같은 달 24일 2차 고발이 이루어졌다. 2차 고발에는 21대 국회의원, 22대 국회의원(당시 당선자 신분) 및 정당 대표 등 정치인 31명이 참여했다. 1차 고발에 참여한 국회의원과 당선자 3인을 합하면 총 34인의 정치인이 이스라엘 전범 고발인으로 참여한 것이다. 한국 국회의원이 타국 정상을 한국의 수사기관에 고발한 것은 국내적으로 유례가 없는 일이었고, 세계적으로 선례가 확인되지 않는다. 고발인들의 소속 정당도 더불어민주당, 조국혁신당, 정의당, 개혁신당, 진보당, 기본소득당 등으로 다양했다. 특히 이 중 4인은 당시 대한민국 국회 외교통일위원회 위원이었는데, 외교 관계를 담당하는 국회 외교통일위원회 위원(위원 정수 21인) 4인이 이 고발에 동참하였다는 점은 주목할 만한 현상이다.

이스라엘 전범 고발운동의 피고발인, 즉 전쟁범죄자들은 10월 7일 이후 현재까지 총리·대통령·국방부 장관·국가안보부 장관·외무 장관·재무 장관·이스라엘 방위군 참모총장과 같이 이스라엘의 최고위급 직위를 수행했거나 하고 있는 자들이다. 구체적으로 베냐민 네타냐후(이스라엘 총리)·아이작 헤르조그(이스라엘 대통령)·요아브 갈란트(이스라엘 국방부 장관) 등 7명이다. 고발장에는 피고발인들이 10월 7일 이후 가자 지구에서 발생한 집단살해죄, 반인도적 범죄, 사람에 대한 전쟁범죄, 인도적 활동이나 식별 표장 등에 관한 전쟁범죄, 금지된 방법이나 무기를 사용한 전쟁범죄(이하 위 범죄를 '전쟁범죄 등'이라고 함)를 계획하고 지시했다는 혐의가 적시되었다.

## 3. 고발장 접수 이후 경과

 국가수사본부는 고발장을 접수하고 약 2개월 후인 2024년 7월 18일 고발에 대해 '불송치(각하)'결정을 내렸다. 각하의 이유는 앞서 언급한 한국 「국제형사범죄법」의 '제한적' 보편적 관할권 규정, 즉 피의자(피고발인)가 대한민국 영역 안에 있는 때에만 적용한다는 조항에 따른 것이었다. 국가수사본부는 "피고발인들이 모두 현재 대한민국 영역 안에 있지 않은 상황에서 「국제형사범죄법」으로 의율하기 어렵다."며 피고발인 베냐민 네타냐후 등 7명에 대한 공소권이 없기에 각하한다고 판단했다. 실망스러운 결과이긴 했지만, 이스라엘 전범 고발운동에서 예견한 결과 중 하나였고 시민고발인 모집 과정에서 참가자들에게 알린 내용이기도 했다.

 이 고발운동의 의미는 무엇이라고 평가할 수 있을까? 법적인 측면에서 본다면 '언제든 다시 고발할 수 있다'가 있을 것이다. 이스라엘 전범들이 대한민국에 들어온다는 소식을 듣는다면 시민사회는 같은 고발장을 다시 제출할 것이고, 이는 최소한 고발된 이스라엘 전쟁범죄자 7명은 대한민국에 들어올 수 없음을 의미한다. 운동의 측면에서 본다면 먼저 가자 제노사이드를 저지른 범죄자가 누구인지를 정확히 특정해 알리는 효과가 있다. 이전 항들에서 살핀 바와 같이 가자 제노사이드에 대한 국제사법체계의 효과적이고 즉각적인 조치가 부재한 상황에서, '할 수 있는 모든 것을 한다'는 측면도 있을 것이다. 또한 다른 국가에서도 보편적 관할권을 이용한 고발운동이 확산된다면, 또 다른 평화운동 모델이 될 수도 있다.

 이스라엘 외교부는 한국의 전범 고발운동에 민감하게 반응했다. 이스라엘의 매체《Ynet》은 2024년 6월 24일 "이스라엘 외교부가 네타냐후 총리 등 7명에게 한국 방문 전 불필요한 위험을 피하려고 이스라엘 외교부와 상의할 것을 권고했다."라고 보도했다. 또한 이스라엘 법무부와 검찰은 해당 고발 건과 관련해 피고발인들에게 법적 지원을 제공하고 있다고도 보도했다.

다른 나라 정부와 시민단체들의 관심도 이어졌다. 주한 튀르키예 대사관은 고발운동의 주체들에게 면담을 요청했고, 고발한 이유와 한국 정부의 반응에 대해 상세히 질문했다. 튀르키예는 이스라엘의 가자 지구 집단학살에 대해 비판해 왔고 지난 5월엔 이스라엘과의 무역 전면 중단을 선언한 나라이다. 말레이시아의 시민단체도 고발운동에 관심을 보이며 협력을 요청하기도 했다. 운동의 주체들은 여러 국제 매체에 관련 내용을 기고해서 한국의 운동 사례를 전파해 나가고 있다.

## 4. 운동에 대한 평가

"각하 나올 것이 뻔한 고발 아닙니까?" 이스라엘 전범 고발운동 논의가 이루어질 때, 많이 받은 반응 중 하나였다. 한국 수사기관도 위 반응처럼 고발에 대해 각하 처분을 했다. 그렇다면 운동은 실패인가? 고발운동은 가자 제노사이드에 책임 있는 전쟁범죄자의 구체적인 이름과 범죄 혐의를 적고, 외치고, 시민 5천여 명과 전·현직 국회의원 30여 명의 이름으로 한국의 수사기관에 범죄자를 고발했다. 최초의 시도이자 실험이었다. 그 자체로 평가할 부분이 크다. 또한 이스라엘 외교부의 반응을 통해서도 분명해졌지만, 전쟁범죄자들과 전범국가는 이 고발운동을 인지하고 있고, 또한 불편해하고 있다.

한국에서는 외국의 전쟁범죄나 제노사이드 혐의로 범죄자를 자국 수사기관에 고발하는 것이 이 고발운동에서 최초였을 만큼 낯선 일이었으나, 앞서 살핀 바와 같이 독일 등 외국의 사례는 적지 않다. 가자 제노사이드와 관련해서도 2025년 1월경 브라질에서 자국 내에 입국한 이스라엘 제대 군인에 대해 수사가 이루어지자 해당 이스라엘 제대 군인이 이스라엘 당국의 도움을 받아 브라질에서 출국한 사례도 확인된다.[7] 위 수사는 '힌드 라자브 재단'라는 재단이 브라질 수사기관에 고발하면서 시작된 것이다. 벨기에에 본부를 둔 '힌드 라자브 재단'은 이스라엘군 장병이 가자에서 저지른 전쟁범죄를 추적하는 단체인데, 특히 이스라엘 군인의 소셜 미디어를 통해 개인의 신상과 범죄행위를 특정한 후 이들이 외국에 출국했을 때, 해당 국가에 국제형사재판소 이행 법률 등을 근거로 고발하는 활동을 하고 있다. 이처럼 전쟁범죄나 제노사이드에 대한 수사와 처벌은 국제형사재판소뿐만 아니라 국제형사재판소 당사국들의 수사와 재판이 결합될 때 온전히 '보편적'이라 말할 수 있게 될 것이며, 가자 제노사이드에 관한 한국의 전범 고발운동과 벨기에의 '힌드 라자브 재단'의 활동이 이를 상징한다고 할 수 있다.

'보편적 관할권'은 전쟁범죄 등 국제범죄에 대한 국제사회의 원칙이다. 앞서 살핀 바와 같이 네타냐후에 대한 체포영장이 집행되기 위해서도 개별 국가 사법 시스템과의 공조가 필수다. 이처럼 국제형사재판소뿐만 아니라 전쟁범죄에 대해 모든 국가가 수사하고 재판할 수 있다는 원칙이 '원

---

7 「한겨레」 2025년 1월 6일. "외국여행 갔다 '전범' 될라…이스라엘 대사관 "군 복무 사진 금지"".

칙'에 머무르지 않기 위해서는 끊임없이 보편적 관할권에 근거한 활동이 시도되고 실행되어야 한다.

## V. 국제재판소는 학살을 막고, 처벌할 수 있는가

앞서 살핀 국제사법재판소의 잠정조치 명령은 판결로 가는 과정이다. 국제사법재판소는 가자 제노사이드를 두고, 이스라엘이 「제노사이드 협약」을 위반하였는지에 관해 종국적인 판결을 내릴 것이다. 세 번의 잠정조치 명령, 2024년 7월 19일 자 이스라엘의 팔레스타인 불법 점령에 관한 권고적 의견 등 ICJ국제사법재판소의 선행 판단도 존재하고, 유엔안전보장이사회를 포함한 여러 국제기구와 국제 인권 단체가 현재까지 내놓은 결정, 보고서와 수집 증거 등을 종합해 볼 때, 국제사법재판소가 수년 안에 가자 제노사이드에 대해 판결을 선고할 것으로 예상한다. 국제사법재판소 판결의 법적 구속력은 분명하고, 단심제로 이스라엘이 불복할 수도 없다. 다만, 잠정조치와 마찬가지로 국제사법재판소 판결에 이스라엘이 불복할 경우 국제사법재판소에 이를 강제할 수단은 없다. 결국 유엔안전보장이사회의 '경제적 제재' 결의 등으로 판결에 대한 이행 강제 수단이 확보되어야 한다. 국제형사재판소의 경우 체포가 이루어지지 않는다면, 기소 등 이후 절차 진행이 어려운 상황이기에, 재판이 조만간 시작될 것이라 예상하기는 어렵다. 한편, 각 재판소에 '강제력'을 부여할 수 있는 제도 변경은 현실적으로 쉽지 않다. 강대국, 특히 안보리 상임이사국들이 안보리를 제외한 다른 국제기구에 강제력을 부여하는 제도 변경을 용납하지 않을 것이기 때문이다.

　탈냉전 이후 다시 진영화된 국제 질서를 '신냉전'이라고 표현하기도 한다. 이러한 국제질서의 변화가 그대로 투영된 것이 러시아-우크라이나 전쟁이다. 유엔안보리 상임이사국의 전면적인 전쟁(침공)과 핵 사용 위협 앞에서 현재의 국제사회가 전쟁을 종식하기 위한 마땅한 제재 수단을 가지고 있지 않다는 점을 목도했다. 미국을 중심으로 한 경제제재는 전쟁을 막기는커녕, 신냉전의 진영화를 가속했을 뿐이다. 가자 제노사이드의 경우, 이와 같은 변화된 국제 정세에 더해, 오랜 시간 미국과 유럽의 지원과 협력으로 이루어진 이스라엘의 팔레스타인 봉쇄와 학살의 연장선에 있었기에 더더욱 기존의 국제 질서가 학살을 막는 데 온전히 작동하지 못했다.

　그럼에도 여러 국제기구들은 나름의 결정과 판단으로 가자 제노사이드를 비판했고, 어떤 일이 벌어지고 있는지를 구체적으로 확인해 신속하게 공표했다. 그 중심에 국제재판소가 있었다. 국제사법재판소와 국제형사재판소는 신속하면서도 제도가 정한 최대한의 범위에서 가자 제노사이드를 비판했고, 범죄의 중단을 요구했다. 미국 등 강대국들은 국제재판소의 결정에 비난과 우려를 표했지만, 국제재판소는 멈추지 않았다. 가자 제노사이드가 무엇인지, 그 법적 평가는 어떤 것인지 묻는 질문에 대한 설명으로 국제사법재판소의 잠정조치 명령, 국제형사재판소의 체포영장만큼 권위 있는 문서는 없다. 이와 같은 국제재판소의 높은 권위에 기대어, 계속되는 학살에 절망한 이들도 조금의 희망을 품을 수 있었다.

# 7장

제3자 개입과 '중개'
—이스라엘-하마스 전쟁의 평화 프로세스

김진주

## I. 전쟁의 끝, 휴전과 종전

2025년 1월 15일, 카타르 도하에서 몇 주간에 걸친 협상 끝에 이스라엘과 하마스가 휴전에 합의했다. 하마스는 즉각 성명을 내고서 '중개자들의 관대한 노력으로 이스라엘의 불이행으로 생겨난 걸림돌이 해결'[1]되었다고 언급했다. 휴전협정이 체결되기까지 지난 15개월간 이스라엘과 하마스의 입장 차이는 쉽게 좁혀지지 않았고, 협상 결렬이 거듭되며 응축된 휴전 또는 종전의 필요성은 전쟁이 끝나는 방식에 대한 관심을 자극하기에 이른다. 본 장에서는 이스라엘-하마스 전쟁이 휴전으로 향하는 과정에서 사용된 분쟁 해결 방식인 '중개'에 전체적인 초점을 두고서 풍부한 이해를 위해 전쟁 종료의 개념, 전쟁을 평화적으로 해결하는 방안, 이스라엘-하마스 간 제3자 개입이 필수적인 이유, 중개의 기능과 중개자의 역할, 중개를 통한 전쟁 종식의 시도 등을 순차적으로 이야기하고자 한다.

갈등이 생겼을 시에 일시적으로 혹은 영구적으로 멈추는 것이야말로 평

---

1 حركة حماس جميع الحقوق محفوظة (Palestinian Islamic Resistance Movement), "تصريح صحفي حول حل عقبات اتفاق وقف إطلاق النار (Press Statement on Resolving the Obstacles to the Ceasefire Agreement)," 2025년 1월 17일; 〈https://hamasinfo.info/2025/01/17/5089/〉 (검색일: 2025년 1월 24일).

화에 가까워지는 가장 확실한 방법이다. 전쟁의 일시적인 멈춤은 정전이나 휴전, 영구적인 멈춤은 종전과 동일시된다. 정전과 휴전이 혼동되어 사용되어 온 탓에 정전협정이 아닌, 휴전협정으로 이해하는 사람들도 있으나 휴전과 정전에는 차이가 있다. 휴전(ceasefire)은 전투를 일시적으로 중단하는 것이다. 분쟁 당사자가 전쟁 원인의 해결에 합의하지 않은 채 잠시 중단하는 것이기에, 국제법상 전쟁 상태를 유지하고 있으며 향후 언제라도 전쟁이 재개될 수 있다.

정전(armistice)은 전쟁 중인 국가들이 무의미한 소모전을 멈추거나 교섭을 시도하기 위해, 즉 전쟁을 종료시키기 위해 전투행위를 멈추는 것으로 전쟁의 공식적 중지 상태를 일컫는다. 일반적으로 분쟁 당사국들이 정치적 합의를 이루기 어려운 상황에서 국제기관이 개입하여 정전협정이 맺어지고, 이후 종전 선언과 평화협정이 촉구된다. 이스라엘-하마스 전쟁과 관련한 뉴스 기사를 유심히 살펴보면, 영구휴전(permanent ceasefire) 또는 영구정전(permanent armistice)이란 용어가 등장한다. 영구정전보다는 영구휴전이 자주 언급되며, 말 그대로 공식적인 전쟁 종료를 선포하지 않더라도 향후 영속적으로 전쟁이 재발하지 않는 상태로서 사실상의 종전을 의미한다.

휴전 중에는 언제든지 전쟁이 재개될 수 있으므로 종전 선언과 평화협정을 거쳐 확실하게 전쟁을 종료한 상태가 종전(end of war)이다. 전쟁을 끝내자는 의사 표명이 종전 선언이고, 그 의지를 담은 법적·제도적 합의문서가 평화협정인 것이다. 그런데 세계 곳곳에서 인질 석방과 종전에 대해 목소리를 내고 있음에도 불구하고 이스라엘과 하마스가 계속해서 교섭을 통해 논의 중인 것은 휴전이다. 휴전보다는 종전이 갈등을 완전히 끝내는 방법이므로, 종전 선언과 평화협정을 통해 전쟁을 즉각적으로 단번에 끝내는 것이 효율적이고 효과적인 방법이 아닌가 하는 생각이 들게 하는 대목이다. 그렇다면 왜 이스라엘과 하마스는 정전이나 종전이 아닌, 휴전협정을 체결하고자 하는 것인가? 하마스가 영구휴전 또는 종전에 대한 뜻을 비추었음에도 이번 전쟁에서 이스라엘의 목표는 인질의 무사 귀환과 하마스의 완전한 몰락, 그리고 하마스가 영구적으로 가자 지구를 통치하지 않는 것이므로 하마스의 요구와 상충한다고 볼 수 있다.

## II. 국제분쟁의 평화적 해결 방안

전쟁을 끝내는 것 만큼이나 중요하게 고려되어야 하는 것은 바로 "어떻게 전쟁의 끝에 다다르는가?"이다. 가능한 한 평화로운 방식으로 갈등을 끝낼수록 잠재적인 갈등을 최소화할 수 있기 때문이다. 과거 국제분쟁은 무력을 통해 강제적으로 해결되기도 했는데, 제1·2차 세계대전 이후 평화적 해결의 필요성이 제고되면서「국제분쟁 평화적 처리조약(Convention for Pacific Settlement of International Disputes)」,「부전조약(General Treaty for the Renunciation of War)」, 무력행사금지원칙(「유엔헌장」 제2조 제4항) 등 여러 법적 장치가 마련되었으며, 현재「유엔헌장」 제33조 제1항에 의거하여 모든 국가는 분쟁을 평화적으로 해결해야 한다.

〈표 1〉「유엔헌장」제33조 제1항

어떠한 분쟁도 그의 계속이 국제평화와 안전의 유지를 위태롭게 할 우려가 있는 것일 경우, 그 분쟁의 당사자는 우선 교섭·심사·중개·조정·중재재판·사법적 해결·지역적 기관 또는 지역적 약정의 이용 또는 당사자가 선택하는 다른 평화적 수단에 의한 해결을 구한다.[2]

The parties to any dispute, the continuance of which is likely to endanger the maintenance of international peace and security, shall, first of all, seek a solution by negotiation, enquiry, mediation, conciliation, arbitration, judicial settlement, resort to regional agencies or arrangements, or other peaceful means of their own choice.

평화적 해결은 비사법적 해결과 사법적 해결로 구분된다. 먼저, 비사법적 해결은 분쟁 당사국들에 의해 직접적으로 다루어지거나 혹은 제3자가 개입하는 두 갈래의 방식으로 나뉜다. 분쟁 당사국에 의한 자체적인 해결 방안은 직접교섭이며, 제3자적 해결 방안에는 주선·중개·심사·조정 등의 외교적 수단과 유엔·지역 협정 또는 기관 등 내로라하는 국제기구를 통한 해결이 포함된다. 사법적 해결에는 중재재판과 사법재판이 있다. 상황에 따라서는 사법적 및 비사법적 해결이 결합되어 사용될 수도 있으며, 평화적 해결 방안이 적용되기 어려운 경우에는 자발적 제재나 유엔에 의한 제

---

2  외교부, "[기본규범]국제연합 헌장(UN Charter)," 2011년 4월 25일; 〈https://www.mofa.go.kr/www/brd/m_24969/view.do?seq=333138&srchFr=&srchTo=&srchWord=&srchTp=&multi_itm_seq=0&itm_seq_1=0&itm_seq_2=0&company_cd=&company_nm=〉 (검색일: 2025년 1월 25일).

재로 국제법의 실현을 강제할 수 있다. 이어서 이번 이스라엘-하마스 전쟁에서 대표적으로 사용된 교섭, 주선, 중개와 더불어 이들 개념과 혼동되어 사용되기 쉬운 심사, 조정, 중재재판, 사법재판 등에 대해서 알아보도록 한다.

'협상'이라는 용어로도 익히 알고 있는 교섭(negotiation)은 분쟁 당사국들이 외교사절, 특별사절, 전권대표 등을 통해 직접 접촉하여 문제를 해결하는 것이다. 교섭으로 갈등 상황이 종료되지 않을 경우 제3자가 개입하는 복합적인 형태가 고려되는 만큼, 교섭은 평화적 해결 방안들 중 가장 기본적이며 흔하게 사용된다. 제3자의 개입이 없으므로 사적이며 자발적인 과정이라고도 불린다. 직접교섭(direct negotiation)이 일반적인 교섭의 의미로 사용되는 개념이고, 국제회의를 통한 교섭(international conference)은 제3자의 주관 또는 영향 아래에서 분쟁 당사자들이 회의 형식으로 교섭을 진행하는 것이다.

주선(good office)은 제3자가 개입하는 가장 기초적인 방법으로서, 분쟁 당사국들에게 교섭의 기회, 장소, 연락 수단의 편의 등을 제공하여 서로 접촉할 수 있도록 협력한다. 분쟁 당사국이 제3자에게 주선을 요청하거나 혹은 제3자의 자발적인 개입으로도 주선이 진행되며, 주선하는 주체는 교섭 내용에 직접 관여하지 않는다.

중개(mediation)는 분쟁 당사국들의 주권을 존중하면서 교섭을 촉진한다는 점에서 주선과 목표하는 바가 비슷하지만, 주선보다는 중개에서 제3자가 개입하는 범주가 넓다는 차이가 있다. 제3자가 자발적으로 분쟁에 개입하거나, 분쟁 당사국들이 자발적으로 제3자의 중개를 요청하고서 중개자(mediator)를 선택하게 되며 최종적으로 중개 결과의 수용 여부를 자유롭게 결정한다. 개인·국가·국제기구·비정부기구(NGOs)가 중개자의 범주에 포함되며, 대개는 국가의 정부 수장이나 외교관이 중개자로 임명된다. 사안에 따라서 여러 주체가 중개자가 될 수도 있다. 중개자는 분쟁 당사국들이 접촉하도록 돕는 주선의 역할에 더하여, 교섭 내용에 직접 관여하고 분쟁의 해결안을 제시한다. 각측의 입장을 좀 더 명확하게 평가함으로써 권고안을 제시한 후, 상호 수용 가능한 해결책을 공식화하고 합의 이행을 보장하거나 협력을 유도하고자 설득·보상·위협·경고 등의 다양한 전략을 활용하기도 한다. 이러한 중개자의 의도, 협상 경험치와 능력, 정치적 이해관계 등에 의해 중개의 과정과 결과가 크게 달라질 수 있다. 경우에 따라서 중개 결과에 대해 법적 구속력을 부여하기로 사전 합의가 이루어지기도 하며, 중개자가 판결을 내리거나 합의를 강요하지 않는다. 실질적으로는 주선과 중개가 뚜렷하게 구분되지 않은 채, 복합적으로 문제 해결이 이루어지는 경우가 적지 않다.[3]

사실관계를 두고서 입장차를 보이는 국제분쟁을 해결하기 위해 비정치적이며 중립적인 성격의 국제심사위원회가 분쟁의 사실관계를 조사하고 그 결과를 분쟁 당사국들에게 보고하는 제도를 심사(inquiry)라고 한다. 국제심사위원회의 심사보고서는 단지 갈등의 중심에 놓인 사실관계를 조사하여 정리해 둔 것으로서, 법적 쟁점이나 배상책임의 소재를 다루지 않기에 법적 의무를 부과하지 않는다. 보고서에 대한 해석은 분쟁 당사국의 자유에 따르지만, 분쟁의 제3자인 국제심사위원회가 객관적으로 명명백백

---

3   이서희, "국제법상 중개를 통한 분쟁의 해결: 이스라엘·레바논 해양분쟁을 중심으로," 『법학연구』 제34권 제1호, 2024, p. 767.

히 밝힌 사실이므로 간과할 수 없는 유의미한 가치를 지니게 된다. 조정(conciliation)은 법원의 판결에 의하지 않고 제3자 격인 위원회의 권고에 따라 분쟁 당사자 간 합의를 이끌어 내는 해결 방식이다. 국제분쟁에서의 조정은 분쟁 당사국들이 조약에 의해 미리 설정한 제3자적 국제조정위원회에 맡긴다. 국제조정위원회가 분쟁의 사실관계를 심사하는 동시에 각 분쟁 당사국의 주장을 조정하고 해결안을 제시한다. 조정에서는 단순히 분쟁의 원인이 되는 사실문제를 포함하여 법률적 쟁점까지 논의되지만, 법적 구속력이 있는 것은 아니다.

중재재판(arbitration)은 임시적 또는 상설적 중재법원에서 국제분쟁을 사법적으로 해결하는 방식이다. 중재법원이 결정을 내리면 그 결정은 법원의 확정판결과 비슷한 효력이 있으며, 이에 따라야 한다. 중재재판과 함께 법률 분쟁을 다루는 조정과 비교해 본다면 조정은 권고적 절차에 불과하지만, 중재재판은 강제력이 있는 판결을 부과하므로 '사적 재판'이라고도 일컬어지며 제3자의 관여 수준이 가장 높다.

사법재판은 국가와 국가, 기본적으로는 유엔의 193개 회원국들 사이의 법적 분쟁을 다루는 국제사법재판소(International Court of Justice)의 기능을 의미한다. 강제적 관할권은 없기에 한쪽 당사국의 제소만으로 재판을 진행할 수 없으며, 모든 당사국들의 동의가 요구된다. 국제사법재판소의 결정은 해당 당사국에만 한정하여 법적 구속력이 있지만, 이를 강제할 수단은 없다. 만약 해당 당사국이 재판 결과를 이행하지 않는다면 상대편 당사국이 이를 두고서 유엔안전보장이사회(이하 안보리)에 제소할 수 있으나, 상임이사국의 만장일치 없이는 그 어떤 강제적 조처도 내릴 수 없다.

〈표 2〉 국제분쟁의 평화적 해결 방안

| 구분 | | 분쟁유형 | 개입주체 | 기능 | 주요 사례 |
|---|---|---|---|---|---|
| 비사법적 | 교섭 | 전체 | - | 합의 | 토레스 해협 조약(1978) |
| | 주선 | 전체 | 국가·개인 | 교섭·주선 | 파리 협정(1973, 프랑스) |
| | 중개 | 전체 | 국가·개인 | 주선·해결안 | 캠프데이비드 협정(1978, 미국) |
| | 심사 | 사실 분쟁 | 위원회 | 사실 심사 | 도거뱅크 사건(1904) |
| | 조정 | 법률 분쟁 | 위원회 | 심사·해결안 | 얀마옌섬 대륙붕 경계획정 사건(1981) |
| 사법적 | 중재재판 | 법률 분쟁 | 중재법원 | 사건 심판 | Sofregaz 사건(2020) |
| | 사법재판 | 법률 분쟁 | 상설재판소 | 사건 심판 | 니카라과 사건(1986) |

일상에서 다툼이 일어났을 때 누군가가 당사자들 사이에 개입하여 폭력적 언행을 중지하도록 설득하거나 해결안을 제시하기도 한다. 이처럼 일반적으로는 갈등이 발생한 상황에서 제3자가 개입하여 화해를 이끌어 내는 행위가 '중재'라고 이해된다. 그러나 통상적인 의미의 중재는 포괄적이므로 국제법상의 중재재판(arbitration)을 우리가 흔히 접하는 개념의 중재로 이해해서는 안 된다. 국제법상의 중재재판과 중개의 의미가 익숙하지 않은 국내 언론에서 두 가지의 개념이 혼용되는 모습은 쉽게 발견되는데, 중개를 의미하는 영어 단어인 'mediation'이 중재·조정·화해 등으로 번역되거나, 중재재판을 의미하는 'arbitration'이 조정·조율 등으로 번역되기도 한다.

미국 국무부 공식 웹 사이트에 올라온 2024년 6월 1일 자 공동성명을 살펴보자. 첫 문장에서 볼 수 있는 바와 같이, 세 국가의 역할을 'mediator', 즉 중개자라고 명시해 두었다. 그러나 국내 언론에서는 대부분 이집트·카타르·미국의 개입을 '중재'로 설명하기 때문에 세 국가들의 역할이 포괄적 의미의 중재를 의미하는 것인지, 중개 또는 중재재판을 의미하는 것인지

불확실하다. 국제법 지식이 충분치 않은 언론 소비자들에게 부정확하거나 왜곡된 정보를 제공하기에 용어를 선정하는 데 면밀한 주의가 필요함을 시사한다.

미국 국무부 보도 자료(2024년 6월 1일 자)
출처: https://2021-2025.state.gov/joint-statement-of-the-united-states-egypt-and-qatar/

## III. 이스라엘-하마스 사이의 제3자

제3자가 개입하게 되면 분쟁 당사자 간의 직접교섭과는 달리, 상대적으로 긴 시간과 많은 비용이 소요되기도 한다. 그럼에도 이스라엘과 하마스 사이에 제3자가 관여해야만 하는 이유가 있었을까? 중재재판이나 사법재판을 통했다면, 제3자 격 기관들이 법적 구속력이 있는 결정을 내릴 수 있으니 중개보다는 문제 해결의 추진력이 컸을 수 있다. 법적 구속력이 없더라도 심사를 포함하여 법률적 사안까지 다루는 조정도 고려해 봄직하다.

그럼에도 왜 중개가 사용되었을까?

먼저 "왜 제3자가 개입되어야 했는가?"에 대한 답을 찾아가기 위해 그간 이스라엘과 하마스 간의 갈등이 어떻게 완화되거나 종식되었는지 시기순으로 살펴보도록 한다. 하마스가 1987년 팔레스타인해방기구(Palestine Liberation Organization: PLO)의 분파인 팔레스타인 이슬라믹 지하드(Palestine Islamic Jihad: PIJ)에서 분리되어 창설된 이래, 제1차 인티파다를 기점으로 이스라엘과 하마스 간의 충돌이 격화되었고 이스라엘은 가자 지구에 대해 통제를 강화했다. 그러다 1993년 9월 13일 이스라엘의 이츠하크 라빈(Yitzhak Rabin) 총리와 PLO의 야세르 아라파트(Yasser Arafat) 의장이 서로를 합법적인 존재로 인정하고, '오슬로 선언'이라 불리는 「임시 자치 협약에 관한 원칙 선언(Declaration of Principles on Interim Self-Government)」에 합의했다. 오슬로 협정은 미국과 노르웨이의 중개 속에서 이스라엘과 팔레스타인이 최초로 얼굴을 맞대고 진행한 직접교섭의 사례였다. 1995년 9월 28일에는 제2차 오슬로 협정이 추진되어 팔레스타인 자체 확대 협정으로 불리는 「서안 지구와 가자 지구에 관한 잠정 협정(Interim Agreement on the West Bank and the Gaza Strip)」이 맺어졌다. 하지만 곧이어 라빈 총리가 암살되고 2000년 제2차 인티파다가 발발하며 관련 협상이 중지됨에 따라 오슬로 협정은 사실상 실패한다.

2005년 이스라엘이 가자 지구에서 완전히 철수하였고, 2007년 6월 하마스가 가자 지구를 무력으로 장악한 상황에서 이스라엘-팔레스타인 평화 협상을 2008년까지 완료하기로 합의하였다. 그러나 2007년과 2008년간 무력 충돌이 반복되었고, 2008년 6월 19일 이집트의 중개하에 6개월간의 휴전이 발효되었다. 그해 겨울, 이스라엘은 가자 지구를 습격했고 휴전을 파기하여 평화 협상이 중단되었으며, 결국 이집트의 중개로 휴전에 들어선다. 2012년에 발발한 분쟁은 이집트가 주도한 휴전협정이 체결되면서 종료되었으며, 2014년에 개시된 분쟁 또한 이집트가 제안한 무기한 휴전협정을 체결함으로써 잠잠해졌다. 2021년의 분쟁은 이집트·유엔 등의 중재하에 휴전이 합의되었으며, 현재 진행 중인 2023년의 충돌은 1973년 제4차 중동전쟁 이래로 처음「이스라엘 기본법」제40조를 근거로 선포된 공식적인 전쟁으로서 이집트·카타르·미국의 중개하에 휴전이 성사되었다.

〈표 3〉 이스라엘-하마스 간 주요 갈등

| 구분 | 시기 | 해결방안 | 결과 |
| --- | --- | --- | --- |
| 2008년 분쟁 | 2008.12.27. ~ 2009.1.18. | 교섭·중개(이집트·미국) | 휴전 합의 |
| 2012년 분쟁 | 2012.11.14. ~ 2012.11.21. | 교섭·중개(이집트·미국) | 휴전 합의 |
| 2014년 분쟁 | 2014.7.8. ~ 2014.8.26. | 교섭·중개(이집트·카타르·튀르키예·미국) | 휴전 합의 |
| 2021년 분쟁 | 2021.5.11. ~ 2021.5.21. | 교섭·중개(이집트·유엔·카타르·미국) | 휴전 합의 |
| 2023년 이스라엘-하마스 전쟁 | 2023.10.7. ~ 2025.1.19. | 교섭·중개(이집트·카타르·미국) | 휴전 합의 |

〈표 3〉은 과거 이스라엘과 하마스 간의 갈등 사례들에서 제3자 없이 양측이 서로 직접 교섭하여 갈등을 종료시킨 평화 구축의 역사가 전무하며, 그 대신에 이집트·카타르·미국이 이스라엘과 하마스 간의 교섭을 촉진시키기 위해 중개의 역할을 주도적으로 수행해 왔다는 사실을 보여준다. 중개에 의해 타결된 오슬로 협정이 처참히 실패했음에도 다시금 제3자 개입이 요구되는 이유는 여전히 분쟁 당사자가 자체적으로 교섭을 개시할 수 없기 때문이다.

그렇다면 제3자 개입 방식 중 중개가 활용된 이유는 무엇일까? 첫 번째, 이해관계가 첨예하게 얽혀 장기간 고착화된 갈등일수록 분쟁 당사자 간의 직접교섭보다는 객관적이고 중립적인 관점에서 양측을 아우르며 상호 대화를 촉진하는 제3자의 개입, 중개가 효과적일 수 있다.[4] 영국과 미국이 주축이 된 유엔이 1947년 팔레스타인 지역을 유대인과 팔레스타인 국가로 분할한 후에 계속된 물리적 충돌과 예루살렘의 공유, 팔레스타인 난민, 요르단강 서안 지구의 유대인 정착촌 잔류 등 아직까지도 합의되지 못한 이슈들은 양측 간 거리를 벌려 왔다. 수십 년 동안 지속된 갈등 속에서 주변 아랍과 서방 국가뿐만 아니라 여러 중동 무장 세력들의 적극적 관여는 갈등의 형태를 더욱 복잡하게 만들었다. 상호 적대감이 극도로 치닫고 있는 가자 지구의 현실은 직접교섭만으로 갈등을 다룰 수 없으며 제3자의 개입이 불가피함을 의미한다.

두 번째, 중개는 그 과정과 결과를 분쟁 당사자가 통제하는 자발적인 해결 방안이다. 특정한 중개의 절차가 정해져 있지 않으므로 분쟁 당사자가 중개 요청, 중개자 선택, 중개 과정에서 설정된 해결 조건의 수락 또는 거부를 자유롭게 결정할 수 있다.[5] 분쟁 당사자가 교섭을 희망했더라도 언제든지 철회할 수 있고, 중개자를 통해 의사를 전달하면 되기 때문에 원한다면 상대측을 직접 만나서 대화하지 않아도 된다. 분쟁 당사자 및 중개자의 입장에서도 심적 부담이 덜하며, 결국 문제 해결로의 접근이 상대적으로 쉬워지게 된다.

---

4  Jacob Bercovitch, "Summary of "Mediation in Internatinoal Conflict An Overview of Theory, A Review of Practice," (n.d.); ⟨https://www.beyondintractability.org/artsum/bercovitch-mediation⟩ (검색일: 2024년 12월 29일).
5  Marzena Żakowska, "Mediation in Armed Conflict," Security and Defence Quarterly, vol. 17, no. 4 (2017), pp. 93~95.

세 번째, 분쟁 당사자들은 중개를 통해 제시된 해결안을 수용하고 이행해야 할 의무가 없다.[6] 결과에 대해 법적 구속력이 없다는 점은 제3자의 관여도가 높은 심사·조정·중재재판·사법재판이 아닌 중개가 선택된 주요한 이유로서 작용한다. 분쟁 당사자들이 협상을 개시하고자 하는 의지를 자유롭게 표출하게 하며, 새로운 해결 방안으로의 접근과 선택을 용이하게 한다. 협상 전반의 과정에 유연성을 부여하게 되는 것이다. 다만, 법적 구속력의 부재는 합의가 이루어졌다고 하더라도 합의 이행이 결코 보장될 수 없음을 의미하는데, 대안적으로 중개자를 합의 이행의 보증인으로 내세울 수도 있다. 이 외에도 중개는 여타 해결 방안과 비교하여 절차가 단순하며 진행 비용과 시간을 절감할 수 있다는 이점이 있다.

참고로 과거 수차례의 이스라엘-하마스 분쟁과는 달리, 이번 전쟁에서는 사법재판이 기능했다. 2023년 12월 29일, 남아프리카공화국이 국제사법재판소에 이스라엘을 집단학살 혐의로 제소하였고, 국제사법재판소는 2024년 1월 11일 집단학살 혐의에 대한 심리를 개시하여 이스라엘에 잠정처분 명령(1/26), 긴급 인도적 지원 명령(3/28), 라파(Rafah) 공격 즉각 중단 명령(5/24)을 내렸다. 또한, 전쟁 발발 이전인 2022년 12월에 채택된 유엔 결의안에 대한 후속 조처로서 1967년 이후 이스라엘의 팔레스타인 점령과 합병이 적법한지 판단하는 심리를 2024년 2월 19~26일에 진행하여, 7월 19일 '불법'이라는 권고적 의견도 발표했다. 하지만 국제사법재판소의 권고적 의견에는 판결에 상응하는 법적·정치적 권위가 작동하고 있긴 해도 엄연하게는 강제력이 없기에 유엔안보리 결의로서 채택되어야 한다.

---

6 손경한, "분쟁해결합의에 관한 일반적 고찰," 『법조』 제61권 제12호, 2012, p. 45.

그러나 국제기구의 구속적 수단인 결정과 조약마저도 준수하지 않는 국가 및 비국가행위자가 부상함에 따라 국제기구의 정책 효과가 약화되고 있으며, 이스라엘과 하마스도 중개국과 국제사회의 경고에도 불구하고 국제법상 의무를 준수하지 않은 경우가 잦았다. 국제기구의 제한된 기능과 역할을 고려한다면, 법적 권위에 의한 재판보다는 상호 이해를 촉진하는 중개의 효과가 가시적일 수 있다.

## IV. 가자의 중개자: 이집트·카타르·미국

이스라엘-하마스 전쟁이 개시된 이후에 미국·이집트·카타르·러시아·튀르키예·요르단·중국 등이 중개를 자처했었다. 하지만 러시아는 우크라이나와 전쟁을 치르고 있는 중이므로 중개 역할에 제한적이었고, 튀르키예는 팔레스타인의 대의를 지지하며 하마스 대원들에게 피난처를 제공해 왔기에 이스라엘의 지지를 얻지 못했으며, 요르단은 미국과 우호적인 관계를 유지하는 반면 하마스와는 충분한 교류가 없다고 평가되었다. 미국은 이스라엘의 최대 우방국으로서 동시에 중동의 패권국으로서 이번 전쟁에도 관여했다. 이스라엘·미국은 하마스와 직접 교섭하지 않으므로 하마스와 연결되기 위해서는 다른 주체가 개입해야만 했고, 최종적으로 미국에 이어 카타르와 이집트가 중개자로 선정되었다. 과거 가자 지구에서의 이스라엘-하마스 간 여러 분쟁에 연결되어 휴전을 이끈 세 국가가 이번 전쟁을 중개할 자격과 명분은 결코 부족하지 않았다.

2000년대부터 가자 지구에서 이스라엘-하마스 사이를 중개해 온 이집트는 중요한 이해관계자로 자리 잡아 왔다. 과거 수차례 이스라엘-하마스 간의 교섭을 이끈 전문성과 경험을 인정받아 이스라엘·미국의 요청에 따라 이번 전쟁의 중개자로 합류한다. 이집트는 1979년 미국의 캠프 데이비드(Camp David)에서 「이집트-이스라엘 평화조약(Egypt-Israel Peace Treaty)」을 맺으면서 이스라엘과 평화를 약속한 최초의 아랍 국가였다. 이집트는 미국의 군사적·정치적 지원에 의존하고 있기 때문에 미국의 요구를 준수하면서도, 평화조약에 규정된 대로 이스라엘과의 외교 관계를 유지하고자 하는 의도를 가지고 있다. 위치적으로 이집트는 이스라엘과 국경을 마주하고 있는 이웃 나라이자, 가자 주민들이 봉쇄된 영토에서 벗어날 수 있는 유일한 수단인 라파 국경을 주재하고 있기에 분쟁이 자국 영토로 확산되는 것도, 팔레스타인 피란민이 이집트로 유입되는 것도 원하지 않는다. 가자 지구와의 지리적 근접성은 이집트가 필수적인 중개자로서 역할하게 하였다.

카타르는 합리적이고 중립적인 제3국으로 인식되어 가장 선호되는 중개자로 부상해 왔으며, 이번 전쟁이 발발하자 중개 역을 자처했다. 이스라엘과의 관계 정상화를 꾀하지 않았음에도 불구하고 중동 최대 미군 기지인 알 우데이드(Al Udeid) 공군기지를 유치하고 있고 미국이 주도하는 북대서양조약기구의 주요 협력국으로서 미국의 중요한 우방국으로 자리 잡았다. 2012년부터는 미국과 협력해 가자 지구에 재정, 의료, 교육 등 필수 서비스를 지원하며 미국과의 파트너십을 다지는 동시에 지역 안정화에 기여하고 있다. 또한, 1999년 에리트레아와 수단 간의 협정을 시작으로 2000년대의 이스라엘-하마스 분쟁, 2006년 이스라엘-레바논 헤즈볼라 전쟁을 포함하여 중동 지역 내 여러 갈등을 중개한 바 있다. 도하에 지도부 사무실을 두고 있는 하마스와 밀접한 관계를 맺고 있으며, 이웃 나라인 사우디아라비아와 아랍에미리트의 개입으로부터 자국을 보호하고자 하는 동기도 가지고 있다. 이집트·카타르에게 이번 전쟁은 아랍 국가들의 대변자 역할을 수행하며, 대내외적 역량을 과시할 수 있는 기회이기도 했다.

미국은 반세기 가까이 이스라엘-팔레스타인 분쟁 해결의 중심에 있었다고 해도 무방하다. 1948년 이스라엘을 주권국가로 인정한 첫 번째 국가였으며, 군사·경제·정치 전반에서 이스라엘을 적극적으로 지원했다. 이스라엘과 미국의 깊은 유대 관계는 가자 지구의 갈등 해결이 제3자 개입의 형태로 흘러가도록 하는 데 기여한 주요한 요소이기도 하다. 미국이 중동 지역에서 에너지 자원 확보, 테러 대응, 민주주의 증진, 이스라엘 및 아랍 동맹국의 안보 보장, 소련·이란의 영향력 차단 등 광범위한 목표를 추구하는 한편 성공적으로 체결시킨 협정과 조약들은 미국이 가진 자원·정보·협상력을 결코 무시할 수 없게 만들었다. 아직까지 중동의 핵심 행위자인 미국을 대체할 만한 주체는 존재하지 않는다.

## V. 전쟁 종식으로의 타임라인

이제 세 중개국이 이스라엘-하마스 전쟁을 끝내기 위해 어떠한 노력을 전개했는지 시간순으로 살펴볼 차례다. 이집트·카타르·미국이 중개하는 휴전 협상은 전쟁이 시작된 초기 시점부터 개시되었으나, 이스라엘과 하마스의 세부적인 소통이 카타르나 이집트를 통해서 이루어져야 했기에 그 속도가 느렸다. 그럼에도 카타르를 필두로 한 중개국들의 노력은 지속되었고, 11월 22일 양측이 임시휴전에 합의하며 중개의 첫 번째 결실을 맺게 되었다. 11월 24일, 전쟁 발발 49일 만에 인도주의적 휴전(humanitarian pause)이 발효되어 4일간의 전투 중지와 이스라엘 인질·팔레스타인 수감자 맞교환, 그리고 인도주의적 원조가 이루어졌다. 두 번의 추가 협상을 통해 각각 이틀과 하루씩 휴전이 연장되었으나, 휴전 만료를 앞두고 양측 간 전투가 재개되며 휴전이 종료되었다.

12월 15일 노르웨이 오슬로에서 이스라엘·카타르 측이, 18일 폴란드 바르샤바에서 이스라엘·미국·카타르 측이 접촉했고, 19일 이스라엘이 카타르를 통해 하마스에 인질 석방을 위해 최소 7일간의 휴전을 제안했다. 이에 20일 하마스·이집트 측이 카이로에서 회담을 개최하며 휴전 논의가 다시 개시되었다. 24일 이집트는 카타르와 협의해 교전 중단-인질 교환-팔레스타인 정부 수립으로 이어지는 3단계 휴전안을 이스라엘과 하마스에 제안했지만, 다음 해 1월 3일 이스라엘에 의해 하마스의 고위급 지도자인 살레흐 알아루리(Saleh al-Arouri)가 사망하자 하마스는 휴전 및 인질 석방 논의를 중단하겠다고 선포했다.

1월 22일, 이스라엘이 이집트·카타르를 통해 하마스에 6주간의 임시휴전을 제안하지만 하마스는 거절했다. 28일 프랑스 파리에서 이스라엘·이집트·카타르·미국이 만나 전쟁 종식이 포함되지 않은 1~2개월간의 단계적 임시휴전과 인질 교환을 골자로 하는 제안에 합의했고, 이집트·카타르가 이 제안을 하마스에 전달했다. 이에 대한 답신으로 2월 초 하마스는 3단계에 걸친 가자 지구에서의 이스라엘 지상군 철수와 전쟁의 완전한 종료를 요구하지만, 전쟁 종식을 원치 않는 이스라엘이 하마스의 제안을 거부했다. 20일 하마스·이집트가 카이로에서 접촉했고, 23일에는 이스라엘·이집트·카타르·미국이 파리에서 만나 휴전안을 논의하고서 6주간의 임시휴전안을 하마스에 제안하지만 거부되었다.

　중개국들은 라마단 기간에도 이스라엘과 하마스를 상대로 설득과 회유를 이어 갔고, 3월 3일 카이로에서 휴전 협상이 재개되었다. 14일 하마스가 즉각 종전이 아닌, 3단계 요구 사항이 종료된 후의 영구휴전으로 요구 수준을 낮추어 이스라엘에 새로운 휴전안을 제시하지만, 이스라엘은 거부했다. 18일 도하에서 휴전 협상이 재개되고, 협상이 진행 중이던 25일 개전 이래 최초로 즉각적인 휴전을 촉구하는 유엔안보리 결의안(S/RES/2728)이 채택되자 하마스가 이스라엘의 휴전안을 거부하여 협상은 또다시 결렬되었다. 31일 카이로에서 협상이 재개되었지만 소득 없이 종료되었다.

　4월 7일, 카이로에서 협상이 재개되고 미국이 3단계 휴전안을 수정한 새로운 제안을 이스라엘과 하마스에 전달했으나, 하마스가 이스라엘 측이 수용 불가 방침을 유지해 온 요구 사항을 다시 요구하면서 의견 차를 좁히지 못했다. 14일 하마스는 6주간의 임시휴전안을 중개국에 제안했다. 교착상태가 길어지자 26일 이집트 측이 이스라엘에 방문하여 타협안을 마련하였으며, 같은 날 하마스에게 동일한 제안이 전달되었지만 협상은 결렬을 반복했다. 5월 4일, 카이로에서 협상이 재개되었지만 이스라엘은 불참한 채 이집트의 휴전안을 두고서 논의가 이루어졌다. 6일 하마스가 중개국이 마련한 3단계 휴전안을 받아들이겠다고 하며 극적인 국면으로 들어서는 듯 보였고, 7일 카이로에서 협상이 재개되었으나 또다시 결렬되었다. 31일 바이든 대통령은 '지속 가능한 평온'이 담긴 이스라엘의 3단계 휴전안을 공표했다. 미국이 발표한 3단계 휴전안은 6월 10일 유엔안보리에 의해 결의안(S/RES/2735)으로 채택되었지만, 다음 날 하마스가 수정을 요구함에 따라 휴전 논의는 소강상태로 접어들었다.

그로부터 몇 주가 흐른 7월 3일, 하마스는 세 중개국을 통해 이스라엘에 요구 조건을 완화한 휴전안을 전했고, 그에 따라 10일 도하에서 협상이 재개되었지만 성과는 없었다. 중개국과의 휴전 논의가 지속되는 상황에서 31일 하마스의 정치국 최고 지도자 이스마일 하니예(Ismail Haniyeh)가 이스라엘에 암살당하며 협상은 지연되었다. 시간이 흐른 뒤, 세 중개국은 이스라엘과 하마스에 8월 15일을 협상 재개일로 제시했으나, 하마스는 도하에서의 협상에 불참하고 중개국과 개별적으로 소통을 이어 갔다. 해당 협상에서 도출된 휴전안을 전달받은 하마스는 이를 거부했다. 22일 카이로에서 재개된 협상에도 불참한 하마스는 24일 재개된 협상에는 참석했지만, 의견 차로 인해 협상은 결렬되었다.

9월 11일, 하마스가 성명을 통해 미국이 공표한 3단계 휴전안 원안대로 즉각 휴전이 가능함을 발표했다. 이후 이스라엘-헤즈볼라 간 전쟁이 본격화되었고, 10월 초 카타르를 통해 연락을 재개한 하마스의 새로운 최고 지도자 야히야 신와르(Yahya Sinwar)가 휴전 조건에 관한 기존 입장을 고수하면서 협상은 또다시 공회전했다. 16일 이스라엘의 공격으로 신와르가 사살되자, 18일 하마스는 전쟁 종식 전까지 인질 석방은 없을 것이라 선전포고했다. 각각 20일 이스라엘·이집트가, 24일 하마스·이집트가 접촉했고 이집트가 2주간의 임시휴전을 제안했다. 27일 두 달 만에 휴전 협상이 재개되었지만 하마스는 불참한 채, 이스라엘·미국·카타르만 협상에 참석했다. 협상이 진행되던 중, 이집트가 2일간의 임시휴전을 제안하지만 하마스는 거부했다.

11월에는 하마스와 협력 관계인 레바논 헤즈볼라와 이스라엘 간 충돌이 역내 주도적으로 흘러감에 따라 이스라엘-하마스 간 휴전 협상은 교착상태에 놓여 있었다. 26일 이스라엘-헤즈볼라 간 60일 휴전이 타결되자, 하마스는 이집트·카타르를 통해 협상 재개 의지를 내비쳤다. 12월 1일, 협상을 위해 하마스는 카이로를 방문했고, 5일 이스라엘은 이집트를 통해 하마스에 새로운 제안을 전달했다. 2025년 1월 15일, 몇 주간 이어진 협상 끝에 휴전협정이 체결되었고, 마침내 2025년 1월 19일 현지 시간 오전 11시 15분에 휴전이 발효되었다.

    미국 바이든 대통령이 2024년 5월 31일 공표한 '3단계 휴전안'을 기반으로 이후 이스라엘과 하마스 그리고 세 중개국이 세부 사항을 논의하였고, 카타르가 완성한 초안의 내용은 다음과 같다. 1단계에서는 42일간의 교전 중지가 이루어지며 몇 주에 걸쳐 어린이·여성·50세 이상의 남성·부상자 등 이스라엘 인질 33명을 석방한다. 그 대가로 2023월 10월 7일 공격에 연루되지 않은 팔레스타인 수감자 1,000명을 석방한다. 이에 따라 남부로 피란을 간 가자 지구 북부 주민들의 귀향이 가능해지고, 넷자림 회랑(Netzarim Corridor)에서 이스라엘의 철수가 시작되며, 인도주의적 지원을 하기 위해 라파 검문소를 점진적으로 개방하는 것 등이 예정되었다. 1단계 휴전이 발효된 지 16일째에 전쟁 종식에 초점을 맞춘 2, 3단계 관련 협상이 재개될 것이며, 2단계에서는 이스라엘 남성 인질의 석방, 이스라엘의 가자 지구 완전 철수와 가자 지구 통치 문제 등이 다루어질 것이다. 3단계에서 논의되는 핵심 의제는 사망한 인질들의 시신 인도와 가자 지구 재건이다.

<표 4> 이스라엘-하마스 전쟁 종식 시도 타임라인

| 날짜<br>(현지 시간) | 해결 방안 | 행위 주체 | 내용 | 결과 |
|---|---|---|---|---|
| 2023.10.8. | 국제기구 | 유엔안전보장이사회 | 비공식 협의 소집 | 대응 조치 미결 |
| 2023.10.13. | | | | |
| 2023.10.16. | | | 공식 회의 소집 | 결의안(러시아 제출) 부결 |
| 2023.10.18. | | | | 결의안(브라질 제출) 부결 |
| 2023.10.27. | | 유엔총회 | 제10차 긴급특별회의 소집 | A/RES/ES-10/21 가결 |
| 2023.11.9.-22. | 교섭·중개 | 이스라엘·하마스<br>**중개국** 카타르·<br>이집트·미국 | 휴전 협상(카타르 도하) | 임시휴전(11.24-28.) 합의 |
| 2023.11.27. | | | 추가 휴전 협상(카타르 도하) | 휴전 2일 연장 합의 |
| 2023.11.30. | | | | 휴전 1일 연장 합의 |
| 2023.12.8. | 국제기구 | 유엔안전보장이사회 | 비공식 협의 소집 | 결의안(아랍에미리트 제출) 부결 |
| 2023.12.12. | | 유엔총회 | 제10차 긴급특별회의 소집 | A/RES/ES-10/22 가결 |
| 2023.12.19. | 교섭·중개 | 이스라엘 | 휴전안 제안 | 합의 결렬 |
| 2023.12.22. | 국제기구 | 유엔안전보장이사회 | 비공식 협의 소집 | S/RES/2720 가결 |
| 2023.12.24. | 교섭·중개 | 이집트 | 3단계 휴전안 제안 | 합의 결렬 |
| 2024.1.11. | 사법재판 | 국제사법재판소 | 이스라엘의 전쟁범죄 혐의 조사 및 판결 | 잠정처분(1.26.)<br>긴급 인도적 지원 명령(3.28.) / 라파 공격 중단 명령(5.24.) / 팔레스타인 점령 불법(7.19.) |
| 2024.1.22. | | 이스라엘 | 휴전안 제안 | 합의 결렬 |
| 2024.1.31. | 교섭·중개 | 이스라엘·미국·<br>이집트·카타르 | 3단계 휴전안 제안 | |
| 2024.2.7. | | 하마스 | 3단계 휴전안 역제안 | |
| 2024.2.20. | 국제기구 | 유엔안전보장이사회 | 공식 회의 소집 | 결의안(알제리 제출) 부결 |
| 2024.2.27. | | 이스라엘·미국·<br>이집트·카타르 | 휴전안 제안 | 합의 결렬 |
| 2024.3.3.-7. | 교섭·중개 | 이스라엘·하마스<br>**중개국** 카타르·<br>이집트·미국 | 휴전 협상(이집트 카이로) | |
| 2024.3.14. | | 하마스 | 완화된 3단계 휴전안 제안 | |
| 2024.3.18.-26. | 교섭·중개 | 이스라엘·하마스<br>**중개국** 카타르·이집트 | ◆ 휴전 협상(카타르 도하)<br>◆ 이스라엘의 휴전안 제안 | 합의 결렬 |
| 2024.3.25. | 국제기구 | 유엔안전보장이사회 | 공식 회의 소집 | S/RES/2728 가결 |

| 날짜 | | 주체 | 내용 | 결과 |
|---|---|---|---|---|
| 2024.3.31.-4.4. | 교섭·중개 | 이스라엘·하마스 중개국 카타르·이집트·미국 | ◆휴전 협상(이집트 카이로) ◆이스라엘의 휴전안 제안 | 합의 결렬 |
| 2024.4.7.-26. | | | ◆휴전 협상(이집트 카이로) ◆미국의 휴전안 제안 ◆하마스의 휴전안 제안 ◆이집트의 휴전안 제안 | |
| 2024.5.4.-5. | | 하마스 중개국 카타르·이집트·미국 | 휴전 협상(이집트 카이로) | |
| 2024.5.7.-9. | | 이스라엘·하마스 중개국 이집트·미국 | 휴전 협상(이집트 카이로) | |
| 2024.5.10. | 국제기구 | 유엔총회 | 제10차 긴급특별회의 소집 | A/RES/ES-10/23 가결 |
| 2024.5.31. | 교섭·중개 | 미국 | 3단계 휴전안 제안 | 합의 결렬 |
| 2024.6.10. | 국제기구 | 유엔안전보장이사회 | 공식 회의 소집 | S/RES/2735 가결 |
| 2024.6.11. | 교섭·중개 | 하마스 | 3단계 휴전안 역제안 | 합의 결렬 |
| 2024.7.3. | | | 완화된 휴전안 제안 | |
| 2024.7.10.-13. | | 이스라엘·하마스 중개국 카타르·이집트·미국 | 휴전 협상(카타르 도하) | |
| 2024.8.15.-16. | | | | |
| 2024.8.22.-23. | | | 휴전 협상(이집트 카이로) | |
| 2024.8.24.-25. | | | | |
| 2024.9.18. | 국제기구 | 유엔총회 | 제10차 긴급특별회의 소집 | A/RES/ES-10/24 가결 |
| 2024.10.20. | 교섭·중개 | 이집트 | 휴전안 제안 | 합의 결렬 |
| 2024.10.27.-28. | | 이스라엘 중개국 카타르·이집트·미국 | ◆휴전 협상(카타르 도하) ◆이집트의 휴전안 제안 ◆미국의 휴전안 제안 | |
| 2024.12.2.-3. | | 이스라엘·하마스 중개국 카타르·이집트·미국 | ◆휴전 협상(이집트 카이로) ◆이스라엘의 휴전안 제안 | |
| 2024.12.9.-10. | | | 휴전 협상(이집트 카이로) | |
| 2024.12.16.-2025.1.15. | | | 휴전 협상(카타르 도하) | 휴전 합의 |

    타임라인상, 해결 방안으로서 교섭과 중개가 패키지처럼 함께 언급되는 이유는 교섭이 가장 기본적인 해결 방안이기 때문이다. 교섭이 결렬될 시에 제3자가 개입하게 되고, 상호 대화를 촉진하여 교섭으로 이끄는 것

이 중개의 주목표이기에 중개는 언제나 교섭의 연장선상에 놓여 있게 된다. 교섭의 기회, 장소, 연락 수단 등을 제공하는 주선은 중개의 기능에 포함되므로 별도로 작성하지 않았다. 행위 주체와 관련하여, 분쟁 당사자인 이스라엘 또는 하마스가 협상을 원하지 않을 때에는 불참하였으며 이는 중개국도 마찬가지였다. 전반적으로 이스라엘과 하마스 각각이 선호하는 중개국(들)과 개별적으로 논의한 뒤에 상대측에게 타협안을 제시하거나 의견을 전달했으며, 이스라엘과 하마스 없이 중개국인 이집트·카타르·미국이 별도로 만나 휴전안 내용, 교섭 방식과 시기 등을 논의하기도 하였다.

지난 15개월간 세 중개국은 이스라엘과 하마스를 휴전 협상의 궤도에 올려 두기 위해 꾸준한 노력을 기울였다. 분쟁 당사자와의 접촉, 신뢰 형성, 누락된 정보 제공, 상대측 의견 전달 등 선명한 의사소통은 물론이거니와, 교섭의 형식/절차/장소/시간 제안, 긴장 완화 등 논의가 원활히 진행될 수 있는 환경을 조성했고, 문제의 본질에 가장 근접하게 다가가기 위해 협상 틀 제안, 의제 구성, 인식 전환, 제안 수용 경고 및 압박 등 다양한 전략을 활용하여 분쟁 당사자의 동기와 행동을 적극적으로 변화시키고자 했다. 상황마다 달라지는 이스라엘과 하마스의 요구 사항을 반영하여 협상 의제를 수정하며, 새로운 조건이 담긴 휴전안을 제안하고, 지역 안보를 해치는 쪽을 비난하는 성명을 내고, 협상에 진전이 없자 중개역을 중단하겠다고 선포했다. 당시 미국의 도널드 트럼프 대통령 당선자는 이스라엘의 인질들이 자신의 취임식인 1월 20일 전에 석방되지 않으면 '대가를 치르게 될 것[7]이라고 총 3차례에 걸쳐 강력히 경고하기도 했다. 다방면에 걸친 중개국의 분투 없이는 휴전이라는 마침표에 다다르지 못했을 것이다.

## VI. 가자 평화와 중개

2023년 11월에 7일간의 임시휴전이 이루어진 이후 휴전을 향한 중개국들의 노력이 지속되었으나 오래도록 합의가 이루어지지 못했다. 휴전협정이 결렬될 때마다 중개가 효과적으로 작동하지 못했던 것일까? 중개의 주요한 기능은 분쟁 당사자 간 교섭의 촉진이다. 제3자의 도움을 받아 당사자들이 인식이나 행동을 바꾸어 문제 해결로 나아가는 것에 중개의 의의가 있는 것이다. 특정한 제안을 수용하도록 중개자가 분쟁 당사자를 압박할 수 있지만, 수용 여부에 대한 판단을 내리는 최종적인 주체는 분쟁 당사자이다. 이스라엘과 하마스가 주체적으로 협상을 통제할 수 없는 상황에서 제3자의 개입은 필수적이었지만, 당사자가 아닌 이상에야 중개자로서의 역할 수행에는 분명한 한계가 있다. 그렇다고 해서 이번 전쟁에서 중개가 오롯이 이상적으로만 작용했다고 볼 수는 없다. 기본적으로 중개자는 인도주의적 목적을 위해 개입하지만, 이스라엘-하마스와 이해관계가 얽힌 이집트·카타르·미국은 자국에 미치는 영향을 제한하고, 국가적 이익을 확장하려는 등 다양한 내적 동기들을 가지고 있기 때문이다. 중개

---

7　Donald J. Trump, Truth, 2024년 12월 3일; 〈https://truthsocial.com/@realDonaldTrump/posts/113584730902816413〉 (검색일: 2025년 1월 26일).

가 평화적 전환점이 되기 위해서는 중개의 목적이 오염되거나 그 노력이 오용되어서는 안 된다.

　미국 트럼프 대통령의 가자 지구 소유 계획 발표, 예기치 못한 공격 등 여러 변수에 둘러싸인 탓에 휴전협정이 갈등 종식의 시작일지, 새로운 전쟁의 개시가 될지는 누구도 알 수 없다. 아직 2, 3단계 휴전이 합의되지 않았을뿐더러 1단계에서 휴전협정이 무력화될 가능성도 농후하다. 이번 전쟁이 과거부터 지속되어 온 이스라엘-팔레스타인 분쟁의 일환이라는 것을 고려한다면, 휴전 합의는 추후 이스라엘-팔레스타인 평화협정을 촉진할 수 있는 잠재적 토대이기도 하다. 그에 따라 휴전협정의 체결만큼이나 합의 이행의 중요성이 강조된다. 합의 이행은 여러 이해관계자가 관여하고 세밀한 계획이 수반되는 복잡한 과정이기 때문에 이행 과정 중에 언제라도 본래의 갈등 상황으로 회귀할 수 있음을 상기하며, 가자 지구에서의 지속 가능한 평화를 위해 향후 2, 3단계 휴전 합의와 이행에 있어 공정하고도 포괄적인 중개의 노력이 적극적으로 요구된다.

# 8장

전쟁의 수렁에 평화를 일구는
종교 간 대화

차승주

## I. 종교 간 대화, 평화에 이르는 길

이스라엘과 팔레스타인 지역의 갈등은 수십 년 동안 지속되어 온 중동 지역의 주요 분쟁이자 현대 국제사회에서 가장 오래되고 복잡한 분쟁 중 하나다. 이 분쟁은 종교적·역사적·정치적 요소들이 얽혀 있으며, 이로 인해 발생한 폭력과 증오가 양측 간 평화 구축을 어렵게 하고 있다. 이 분쟁에서 종교는 단순한 신앙적 요소를 넘어, 민족적 정체성과 정치적 정당성을 정의하는 중요한 역할을 해 왔다. 양측은 분쟁 초기부터 자신들의 이익을 위해 종교를 활용했다. 시온주의는 세속적이고 민족주의적 야망을 달성하기 위해 종교적으로 신성한 영토를 소환했고, 팔레스타인 민족주의 역시 대중의 지지를 확보하기 위해 이슬람 수사와 상징을 동원했다. 또한 양측의 종교적 극단주의는 서로에 대한 폭력에 동기를 부여하고 정당화하기도 했다. 분쟁이 장기화되고 첨예해질수록 종교가 미치는 영향력과 종교의 역할은 더욱 커질 수 있다.[1]

그러나 종교는 갈등의 원인과 배경이 되기도 하지만 갈등을 벌이는 행

---

1. 도브 왁스만 저, 장정문 역, 『우리가 알아야 할 이스라엘-팔레스타인 분쟁의 모든 것』, 용인: 소우주, 2024, pp. 56-62.

위자들을 감화시키거나 설득함으로써 평화와 화해의 강력한 매개체가 될 수도 있다. 종교는 서로 다른 집단 간의 공통된 가치와 인류애를 강조함으로써, 대립하는 당사자들이 서로를 이해하고 공감할 수 있는 기반을 제공한다. 그리스도교의 사랑과 용서, 이슬람의 평화와 자비, 불교의 자비와 비폭력 사상은 모두 대화를 통한 갈등 해결과 화합을 강조하는데, 이러한 가르침은 상호 적대적인 집단 간에 대화의 물꼬를 트는 데 강력한 기제가 될 수 있다. 이렇게 종교는 만남과 대화를 통해 분쟁 지역이나 첨예한 갈등 상황에서 상호 이해와 화합을 도모하는 중요한 역할을 수행할 수 있다.

대화는 마음과 마음이 조우하는 과정[2]으로 평화를 위한 필수 조건이다. 대화는 배려를 드러내고 신뢰를 증진시키며 기억을 불러일으킨다. 대화를 통해 우리는 도덕적 가치, 사회정의, 자유 그리고 평화를 지키고 구현하기 위해 서로 협력할 수 있다. 또한 대화는 그 자체로 해결책의 성질을 지닌다. 대화의 과정에서 우리는 문제의 일부가 아니라 해결책의 일부가 될 수 있다.[3] 대화를 나누면서 일단 관계가 형성되면 나와 다른 타자에게 폭력을 행사한다는 것은 생각할 수 없는 일이 될 것이다.

종교 간 대화(Interreligious Dialogue)는 세계 곳곳에서 발생하고 있는 갈등과 분쟁을 종식하고 평화를 이루기 위한 대표적인 노력이다. 대화의 과정에서 신앙 간의 공통점과 차이점을 탐구하며, 이를 통해 평화와 협력을 도모하는 것이 종교 간 대화의 목적이다. 또한 대화를 통해 상호 이해와 신뢰를 구축하고, 공통의 가치를 발견하며, 피해자를 치유하고, 구조적 문

---

2   시어도어 젤딘 저, 문희경 역, 『대화에 대하여』, 서울: 어크로스, 2019, p. 45.
3   데이비드 봄 저, 강혜정 역, 『대화란 무엇인가』, 서울: 에이지21, 2021, p. 105.

제를 해결할 수 있다. 이스라엘과 팔레스타인의 지난한 갈등 상황에서도 종교 간 대화를 통해 평화의 가능성을 모색하는 사례들이 있다.

이 글에서는 이스라엘과 팔레스타인 지역에서 이루어지고 있는 종교 간 대화의 사례를 분석함으로써 이러한 대화가 양측의 화해와 평화 구축에 어떤 영향을 미쳤는지 그 잠재력과 한계를 평가하고, 지속 가능한 평화 구축에 기여할 수 있는 가능성을 찾아보려 한다. 이러한 논의를 바탕으로 세계적 갈등 해결 모델로서 종교 간 대화의 의의와 역할을 생각해 보고, 더불어 한반도에 주는 함의를 모색할 것이다.

## II. 종교 간 대화의 의미와 국내외의 주요 사례

### 1. 종교 간 대화의 의의와 발전 과정

#### 1) 종교 간 대화의 의의

종교 간 대화는 서로 다른 종교 전통을 지닌 개인이나 집단이 상호 이해와 협력을 위해 나누는 의미 있는 소통 활동으로, 서로 다른 신앙 체계를 지닌 종교 간에 신학적·실천적·문화적 이해를 증진하고 협력을 도모하는 대화적 과정이다. 종교 간 대화는 종교적 다양성과 차이를 존중하면서 공통의 가치를 발견하고, 이를 통해 갈등 해결과 화해를 촉진하는 데 중요한 역할을 한다. 이런 이유로 종교 간 대화는 분쟁 지역과 첨예한 갈등 상황에서 평화를 이루기 위한 중요한 전략으로 주목받고 있다.

먼저, 종교 간 대화는 상호 이해와 신뢰를 구축하는 데 필수적이다. 분쟁 지역에서는 종교적 차이가 오해와 편견을 심화시키고 갈등을 고착하는 경우가 많다. 이러한 상황에서 대화는 서로의 신앙적 전통과 가치를 존중하며 이해하는 기회를 제공한다. 다른 종교에 대한 이해는 문화적·사회적 협력의 기반이 되며 오해와 편견을 줄여 상호 존중을 촉진할 수 있다.

둘째, 종교 간 대화는 공통의 인류애적 가치를 강조함으로써 갈등의 해결책을 제시할 수 있다. 모든 주요 종교는 평화·정의·자비와 같은 보편적 가치를 중요하게 여기며, 이를 통해 공통의 목표를 설정할 수 있다.

셋째, 종교 간 대화는 분쟁의 직접적인 피해자들을 치유하고 화해를 돕는 데 중요한 역할을 할 수 있다. 갈등의 과정에서 상처를 입은 개인과 공동체는 종종 종교적 치유와 용서를 통해 화해를 경험할 수 있다. 종교 간 대화는 이러한 치유 과정을 촉진하며, 피해자와 가해자 간의 소통과 화해를 지원할 수 있다.

넷째, 종교 간 대화는 분쟁 예방과 평화 유지의 지속 가능한 틀을 제공한다. 특히 분쟁이 종교적 차이로 인해 발생할 가능성이 있는 지역에서는 대화가 갈등의 예방책으로 작용할 수 있다. 대화와 함께 이루어지는 종교 간 협력은 교육, 인도주의적 지원, 사회봉사 등의 방식으로 공동체 내에서 신뢰와 화합을 구축할 수 있다.

마지막으로, 종교 간 대화는 분쟁의 구조적 원인을 해결하는 데 중요한 역할을 한다. 분쟁의 근본 원인이 경제적·정치적·사회적 불평등이라 하더라도, 종교적 차이는 이를 심화시키는 요인이 될 수 있다. 종교 간 대화는 이러한 차이를 완화하고, 갈등의 당사자들이 구조적 문제를 협력적으로 해결할 수 있도록 돕는다.

## 2) 종교 간 대화의 발전 과정

근대적 의미의 종교 간 대화는 1893년 시카고 '세계종교의회(World's Parliament of Religions)'를 통해 본격화되었다. 1893년 9월 11일부터 27일까지 17일간에 걸쳐 41개 교파와 종교 단체들이 참여한 가운데 개최된 이 회의는 최초로 세계 주요 종교 지도자들이 한자리에 모여 대화를 나눈 역사적 사건이었다.[4] 또한 국제사회에서의 종교 간 대화와 협력의 활발한 전개와 종교연합운동을 태동시킨 중대한 계기가 되었다. 그러나 이후 거의 100년 동안 '세계종교의회'의 이름으로는 더 이상 종교 간의 대화 모임이 이루어지지 않았다. 1993년 인도 뱅갈로우와 미국 시카고에서 각각 열린 100주년 기념대회 이후 2023년 미국 시카고에서 진행된 9차 대회에 이르기까지 지속적으로 총회를 개최하였으나 하부 조직을 갖추고 있지 않아 대화를 통한 평화운동을 구체적으로 전개하지는 못하고 있는 실정이다.[5]

이후 1960년대부터 종교 간 대화는 제도적이고 공식적인 형태로 발전하면서 새로운 전기를 맞이하게 된다. 가톨릭교회의 제2차 바티칸 공의회(1962-1965)는 종교 간 대화의 신학적 근거를 명확히 제시한 문헌으로 평가받는 『비그리스도교와 교회의 관계에 대한 선언』(우리시대, 1965.10.28.)을 통해 이웃 종교와의 대화 필요성을 공식적으로 인정하며 현대 종교 간 대화의 새로운 장을 열었다. 이는 가톨릭교회가 이웃 종교를 대화의 동반자로 인정하는 중요한 전환점이 되었다. 공의회는 "교회는 모든 종교에서 진

---

4 석창훈, "종교간 대화의 원리와 실제 - TCRP를 중심으로," 『철학연구』, 제93집, 2005, pp. 249-250.
5 박광수, "종교협력운동의 세계적 동향과 과제," 『종교연구』, 제31집, 2003, pp. 2-3, 6-8.

리와 성스러움의 씨앗을 존중한다."고 선언하며, 이웃 종교의 가르침 속에서도 하느님의 계시와 일치하는 진리를 발견할 수 있음을 인정했다. 이처럼 공의회는 유대교·이슬람교·불교·힌두교 등 다양한 종교 전통과의 협력을 강조하며 종교 간 대화의 신학적 정당성을 제시했다.6

1970년대에 들어서면서 종교 간 대화는 더욱 조직화되고 제도화되었다. 세계종교인평화회의(WCRP, 현 Religions for Peace)가 1970년에 설립되었고, 같은 시기에 세계교회협의회(WCC)도 '타종교와의 대화' 부서를 설치하여 종교 간 대화를 체계적으로 추진하기 시작했다. 1980~1990년대에는 종교 간 대화의 범위가 더욱 확대되어 사회정의·평화·생태 등의 실천적 과제들이 주요 의제로 부각되었다. 1986년 교황 요한 바오로 2세가 주도한 '아시시 세계평화기도회'는 종교 간 대화와 협력의 상징적 사건이 되었다.7 이러한 과정에서 한스 큉(Hans Küng)은 1993년 '세계종교의회'에서 「세계윤리선언」을 통해 종교 간 대화의 윤리적 기반을 제시했다.8

2000년대 이후, 특히 9·11 테러 이후에는 종교 간 대화의 중요성이 더욱 부각되었다. 특히 이슬람과 그리스도교 간의 대화는 폭력과 오해를 줄이고 상호 이해를 증진하는 방향으로 발전해 왔다. 대표적으로 2007년 10월에 이슬람 학자와 지도자들 138명이 바티칸을 포함한 주요 그리스도교 지

---

6　신정훈, "교황청 문헌에 드러난 종교 간의 대화," 『가톨릭신학』, 제21호, 2012, pp. 7-10.
7　조운찬, "가톨릭 영성의 뿌리, 유럽 수도원을 가다:(하) 무소유 실천 '유럽의 예수' 빈자를 위해 다 버리다", 「경향신문」, 2011년 12월 1일; 〈https://www.khan.co.kr/article/201112012123275)〉 (검색일: 2024년 12월 29일).
8　Parliament of The World's Religions 홈페이지 〈https://parliamentofreligions.org/〉 (검색일: 2024년 12월 30일).

도자들에게 보낸 공개서한인 「우리와 당신들의 공통된 말씀」과 2019년 2월에 프란치스코 교황과 알 아즈하르 대이맘(Grand Imam of Al-Azhar) 아흐메드 알타예브(Ahmed Al-Tayyeb)가 함께 서명한 역사적인 선언인 「세계 평화와 더불어 사는 삶을 위한 인간의 형제애에 관한 문서」와 같은 선언은 지속적인 종교 간 대화의 초석이 되었으며, 바티칸과 이슬람 세계 간의 공식적인 협력을 강화시켰다. 이런 노력들은 9·11 테러 이후 심화된 종교 간 갈등과 오해를 해소하는 데 중요한 역할을 했으며, 최근에는 온라인 플랫폼을 통한 새로운 형태의 종교 간 대화도 시도되고 있다.

## 2. 종교 간 대화의 국내외 주요 사례

### 1) 국외 종교 간 대화 사례
#### ① 아시아주교회의연합회의 대화 노력

아시아주교회의연합회(Federation of Asian Bishops' Conferences, 이하 FABC)는 아시아 지역에서 가톨릭교회가 평화 구축과 종교 간 대화를 중심으로 활동하기 위해 설립된 연합체이다. 이 조직은 아시아의 다종교적·다문화적 맥락에서 종교 간 협력을 통한 평화 구축을 중요한 사명으로 삼고 있다. FABC는 제2차 바티칸 공의회(1962-1965)의 영향을 받아 1970년 필리핀 마닐라에서 열린 교황 바오로 6세의 아시아 방문을 계기로 설립되었다. 공식적으로는 1972년에 조직되었으며 설립 당시부터 FABC는 아시아의 다종교적 맥락을 중요하게 인식하고 이웃 종교와의 대화를 핵심 과제로 설정했다. 특히 1974년 타이페이 총회에서는 '삼중 대화'라는 개념을 제시했는데, 이는 아시아의 종교, 문화, 그리고 가난한 이들과의 대화를 의미한다. FABC가 추진하는 종교 간 대화의 특징은 '생활 중심의 대화'에 큰 강조점을 둔다는 것이다. 이는 일상생활에서의 자연스러운 만남과 교류를 통해 상호 이해와 존중을 증진시키는 접근 방식이다. 특히 지역공동체 수준에서의 대화와 협력을 중시하며, 이를 통해 평화 구축의 기반을 마련하고자 한다. 대표적으로 스리랑카의 내전 상황에서 불교도들과의 대화를 통한 평화 구축 노력, 필리핀 민다나오에서의 무슬림-그리스도인 대화 촉진 등의 활동을 전개해 왔다. 코로나19 팬데믹 상황에서도 온라인 플랫폼을 활용한 종교 간 대화를 지속적으로 추진했으며, 기후변화와 같은 글로벌 이슈에 대해서도 종교 간 협력을 강화하고 있다. 또한 청년층을 대상으로 한 종교 간 대화 프로그램을 확대하여, 미래 세대의 평화 구축 역량을 강화하는 데에도 노력을 기울이고 있다.[9]

② 필리핀 민다나오 지역의 '주교-울라마 협의회'

FABC의 종교 간 대화 노력에 힘입어 종교 간 대화 및 협력을 통해 일정한 결실을 맺은 사례로서 '주교-울라마 협의회(Bishops-Ulama Conference, 이하 BUC)'를 꼽을 수 있다. BUC는 당시 FABC의 '교회일치 및 종교 간 대화 사무국(OEIA)'의 의장 페르난도 카팔라 대주교가 중심이 되어 필리핀 민다나오의 (가톨릭) 정부와 이슬람 분리주의 세력 간의 분쟁을 종식하고 평화를 이루기 위해 1996년에 설립되었다. 가톨릭과 이슬람의 종교 지도자와 필리핀교회협의회(NCCP) 대표 그리고 민다나오 18개 토착 부족 연합 대표

---

9   황경훈, "아시아의 평화와 종교 간 대화: FABC의 대화노력을 중심으로," 『신학전망』, 제189호, 2015, pp. 36-73; FABC Offices 홈페이지 〈http://www.fabc.org〉 (검색일: 2024년 12월 30일).

기구 등으로 구성된 BUC는 각계각층을 대상으로 대화운동을 벌여 왔다. 2010년에는 '민다나오 평화 주간' 행사를 제도화하여 매년 종교 간 평화와 화해를 위한 다양한 프로그램을 진행했고, 그리스도인과 무슬림 청년들이 모여 5일 동안 함께 지내는 청년 캠프를 2년마다 열어 오는 등 다양한 활동을 전개해 왔다. 나아가 BUC는 2003년 8월 마닐라에서 처음으로 전 아시아 차원의 '아시아 주교-울라마 회의'를 열었으며 19개 나라에서 관계자들이 참가했다. 그 결과로 '인도네시아-민다나오 네트워크'가 만들어지는 성과를 낳았고, 다른 나라들로 이 운동이 확산되었다. BUC는 종교 간 대화의 새로운 모델을 제시했다는 점에서 중요한 의미가 있다. 이는 단순한 종교 간 대화를 넘어, 지역의 평화 구축을 위한 실천적 협력의 플랫폼으로 기능했기 때문이다. 이러한 접근은 다른 갈등 지역에서도 참고할 만한 모델로 평가받고 있다.[10] 그러나 BUC는 주요 설립자들인 이슬람 학자 마히드 무틸란 박사와 필리핀개신교협의회의 힐라리오 고메스 감목이 각각 2007년과 2022년에 선종하고, 페르난도 카팔라 대주교가 2024년 1월에 선종하면서 쇠퇴하기 시작했다. 이에 BUC는 2024년 10월 9일 이름을 '민다나오 종교 지도자 협의회'로 바꾸고 종교 간 대화를 통한 평화 건설 활동에 주력하면서 무슬림과 그리스도인, 토착민이 평화롭게 공존하며 발전할 수 있도록 계속 노력할 것이라고 밝혔다.[11]

---

10  황경훈, "아시아의 평화와 종교 간 대화: FABC의 대화노력을 중심으로," 『신학전망』, 제189호, 2015, p. 66; Bishops-Ulama Conference 페이스북 〈https://www.facebook.com/padayonBUC/〉 (검색일: 2024년 12월 30일); The Bishop-Ulama Conference 홈페이지 〈https://bishop-ulma.page.tl/〉 (검색일: 2024년 12월 30일).

11  "필리핀 '민다나오 종교지도자협의회' 설립…"종교간 대화 박차"", 「가톨릭신문」, 2024년 10월 19일; 〈https://www.catholictimes.org/article/20241019500040〉 (검색일:

## 2) 국내 종교 간 대화 사례

### ① 한국종교인평화회의

종교 간 대화의 국내 사례로는 대표적으로 '한국종교인평화회의(Korean Conference of Religions for Peace, 이하 KCRP)'의 활동과 노력이 있다. KCRP는 대한민국에서 종교 간 대화를 통해 평화와 화합을 도모하기 위해 설립된 대표적인 종교 간 협력 기구다. KCRP는 다양한 종교 전통을 포괄하며, 종교적 차이를 넘어 공통의 가치를 실현하기 위해 대화와 협력을 지속적으로 추진해 왔다. KCRP는 1965년 '종교협의회'라는 이름으로 서울에서 한국의 6개 종교(개신교·불교·유교·원불교·천도교·천주교) 지도자들이 모여 가진 자발적인 대화 모임에서 시작되어, 1986년 제3차 아시아종교인평화회의(ACRP)의 서울 총회를 계기로 현재의 명칭으로 공식 출범했다. 현재는 7개 종교(개신교·불교·유교·원불교·천도교·천주교·한국민족종교협의회)가 본회의 회원 종교이다. KCRP의 주요 활동은 크게 네 가지 영역으로 구분할 수 있다. 첫째, 정기적인 종교 간 대화 모임을 통해 상호 이해와 협력을 증진한다. 둘째, 한반도 평화와 통일을 위해 종교계 공동의 노력을 전개한다. 셋째, 사회정의와 인권 증진을 위한 활동을 수행한다. 넷째, 국제 종교 간 대화에 참여하고 협력한다. 특히 종교 간 대화의 경우, 전국 종교인 교류 대회, 이웃 종교 이해 강좌, 종교 청년 평화 캠프, 종교 유적지 대화 순례, 기타 종교 간 대화 협력 등의 사업을 추진하고 있다. KCRP는 단순한 종교 간 대화를 넘어, 사회문제를 해결하기 위한 공동 실천을 중시한다. 이를 위해 환경보호, 인권 증진, 사회복지 등의 영역에서 종교 간 협력

2024년 12월 31일).

사업을 추진해 왔다.[12]

②아시아종교평화학회

아시아종교평화학회는 아시아 지역에서 종교가 폭력 축소와 평화 구축에 공헌할 수 있기를 바라는 다양한 전공자들의 학술 연구 모임으로, 2015년 한국에서 시작된 레페스포럼(종교와 평화 토론 모임)과 평화를 지향하는 일본의 종교 연구자들이 의기투합하여 2023년 11월 일본에서 창립했다. 2020년 1월에 일본(욧카이치시)에서 있었던 창립 준비 학술회의 결과를 『종교로 평화 만들기』(2022)로 출판했고, 2023년 11월 일본에서 열린 창립 학술대회 발제문을 한국과 일본에서 각각 『평화는 왜 오지 않는가: 평화를 위한 종교적 투쟁』(2024), 『宗教における平和構築の原動力: アジアの社会政治背景を中心に』(2024)로 출판했다. 한국 지부와 일본 지부별로 독자적으로 연구하고 평화를 지향하는 대화 활동을 하면서, 매년 일본과 한국을 오가며 전체 국제학술회의를 개최한 뒤, 연구 결과는 한국어와 일본어로 동시에 출판하고 있다. 2024년 기준으로 한국·일본·중국의 종교와 평화 연구자 90여 명이 회원으로 가입되어 있고, 향후 아시아 전역으로 확대할 준비를 하고 있다. 아시아종교평화학회는 비록 최근에 만들어진 단체이고, 현실 참여적인 운동보다는 학술적인 연구에 중점을 둔 모임이지만 다

---

12  KCRP 홈페이지 〈https://kcrp.or.kr/〉 (검색일: 2024년 12월 31일); 변진흥, "한국사회의 종교 공존과 종교협력운동: 한국종교인평화회의(KCRP)의 활동을 중심으로," 『종교연구』, 56집, 2009, pp. 1-24.; 김화종, "종교협력운동의 지속성 요인에 대한 연구: 한국종교인평화회의(KCRP)를 중심으로," 『원불교사상과 종교문화』, 52집, 2012, pp. 71-105.

양한 종교 배경을 지닌 아시아 지역의 연구자와 종교인들이 함께 모여 종교를 통해 평화를 구현하는 길을 모색하고 실천한다는 점에서 종교 간 대화의 또 다른 좋은 모델이 될 수 있으리라 기대한다.

## Ⅲ. 이스라엘과 팔레스타인에서의 종교 간 대화, 그 가능성과 한계

### 1. 종교 간 만남 협회[13]

종교 간 만남 협회(Interfaith Encounter Association, 이하 IEA)는 제2차 인티파다 발발 9개월 후인 2001년에 종교 간 대화를 통해 이스라엘과 팔레스타인 간의 신뢰와 상호 이해를 증진시키기 위해 설립된 비영리단체이다. 이 단체의 특징은 종교적 정체성을 평화 구축의 장애물이 아닌 자원으로 활용한다는 점이다. 또한 상향식 접근법을 채택하여 일반 시민들의 참여를 통한 평화 구축을 강조한다. 이는 정치적 해결이 어려운 상황에서도 종교적 차원의 대화와 이해가 가능하다는 인식에 기반한다. IEA에서는 유대교·이슬람교·그리스도교 등 다양한 종교적 배경을 지닌 사람들이 정기적으로 만나 대화하고, 사회적 이슈와 종교적 교리에 대해 논의하는 다양한 프로그램을 운영하고 있다.

---

13  이 절은 다음의 자료들을 참고 및 인용하여 작성하였습니다. IEA 홈페이지 〈https://interfaith-encounter.org/en/〉 (검색일: 2025년 1월 2일).; IEA 페이스북 〈https://www.facebook.com/interfaithea/〉 (검색일: 2025년 1월 2일).

IEA의 주요 활동 방식은 '대화 그룹'의 운영이다. 이 그룹들은 정기적으로 만나 종교적 전통과 실천에 대해 토론하고, 서로의 종교의식에 참여하는 기회를 가진다. 특히 각 종교의 축제나 기념일을 함께 경험하는 것을 중요한 프로그램으로 운영하고 있다. 각 그룹은 '타자'를 만나고 각자의 고유한 정체성을 존중하면서 지속적인 공동체 간 우정 관계를 구축할 기회를 제공한다. 이러한 방식으로 각 그룹은 다양한 공동체 간 바람직한 관계의 씨앗이 된다.

IEA가 발간한 2001년부터 2023년까지의 연례 보고서와 2009년부터 2023년까지의 활동 데이터를 분석해 보면, 이 단체가 이스라엘-팔레스타인 지역의 종교 간 대화와 평화 구축을 위해 꾸준히 성장해 왔음을 알 수 있다. 특히 활동 그룹의 수와 만남의 횟수 측면에서 지속적인 발전을 보여 왔다. 2023년을 기준으로 IEA는 만남을 479회 주선했으며, 활동 그룹 123개를 보유하고 있다. 참여자 수의 측면에서는 매년 약 4,000명 이상이 IEA의 활동에 참여하고 있는 것으로 추정된다. 이는 이 단체의 활동이 단순한 종교 지도자들 간의 대화를 넘어 광범위한 시민사회의 참여를 이끌어 내

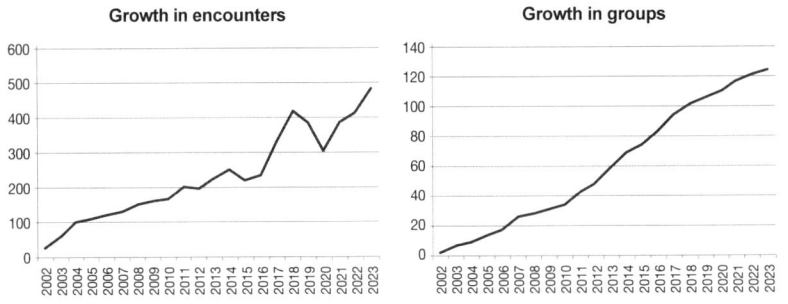

〈그림 1〉 IEA 주선 만남의 성장세 　　　　〈그림 2〉 IEA 활동 그룹의 성장세
출처: https://interfaith-encounter.org/wp-content/uploads/2024/01/Data-Sheet-2023.pdf (검색일: 2025년 1월 2일)

고 있음을 보여준다.

활동 지역은 대체로 이스라엘-팔레스타인 전역에 걸쳐 있으며, 특히 예루살렘 지역에 많은 활동 그룹이 집중되어 있다. 2020년에는 코로나19 팬데믹으로 인해 활동이 전년 대비 78% 수준으로 다소 위축되어 299회의 만남을 기록했으나, 온라인 플랫폼을 활용하여 활동을 지속했다. 2022년에는 자원봉사 분야에서 가장 권위 있는 '자원봉사대상(The Presidential Award for Volunteerism)'을 수상하며 그들의 공헌을 인정받기도 했다. 2023년의 경우, 10월 이후 전쟁 상황에도 불구하고 479회의 만남을 가졌고, 이는 전년 대비 16% 증가한 수치로 오히려 활동이 가속화되었다는 점은 특히 주목할 만하다. 특히 일부 그룹들은 오히려 활동을 강화했으며 정기적인 대화 모임 외에도 상호 지원 활동을 추가로 진행했다. 이는 전쟁의 위기 상황에서 종교 간 대화의 필요성과 역할이 더욱 증대되었음을 보여준다. 2024년 4월에는 이스라엘과 서안 지구 전역에서 온 무슬림, 유대인, 그리스도교인 약 80명이 IEA가 주최한 라마단 이프타르(Ramadan iftar)[14]에 참석하여 함께 식사를 하며 종교를 통해 공통점을 찾고 공존과 연대의 메시지를 나누었다.[15]

---

14 이슬람교도의 단식 월인 라마단 기간 중 해가 진 이후에 하루의 단식을 마무리하며 먹는 저녁.
15 Gianluca Pacchiani, "At interfaith Ramadan iftar in Jerusalem, breaking fast under the shadow of war", 「The Times of Israel」 (온라인), 2024년 4월 8일; ⟨https://www.timesofisrael.com/at-interfaith-ramadan-iftar-in-jerusalem-breaking-fast-under-the-shadow-of-war/⟩ (검색일: 2025년 1월 2일); MARC SCHNEIER, "Ramadan and Passover: Amid the violence, a sign of hope - opinion", 「The Jerusalem Post」 (온라인), 2024년 4월 18일; ⟨https://www.jpost.com/opinion/article-797602⟩ (검색일: 2025년 1월 2일).

IEA의 활동은 종교를 통한 평화 구축의 가능성을 보여주는 중요한 사례로 평가되며, 이스라엘과 팔레스타인 지역의 지속 가능한 평화와 공존을 위한 모델로 주목받고 있다. 특히, 유대교·이슬람교·그리스도교의 종교 지도자들이 공동으로 참여한 대화는 다른 지역의 종교 간 대화 모델로도 활용되고 있다. IEA가 이룩한 주요 성과는 네트워크 구축과 사람들의 인식 변화로 요약될 수 있다. 또한 다양한 IEA의 프로젝트는 종교와 문화의 경계를 넘어선 신뢰를 구축하며 지역공동체 간의 연대를 강화하는 성과를 도출했다.

다만, IEA의 활동이 지니는 한계와 직면한 도전 과제들도 있다. 첫째, 정치적 긴장과 갈등이다. 정치적 갈등이 심화될 때 종교 간 대화의 지속성을 유지하기 어렵다는 점이다. 정권 변화와 군사적 충돌 역시 종교 간 대화의 지속 가능성을 위협한다. 둘째, 대중의 무관심이다. 대화 참가자들의 경험이 더 넓은 사회로 확산되는 데 한계가 있다는 지적이 있다. 종교 간 대화는 참여하는 사람들에게는 긍정적인 영향을 미치지만, 지역 주민 전체로 확대되기까지는 한계가 있다. 더욱이 일부 공동체에서는 종교 간 대화의 필요성을 인식하지 못하거나 부정적인 시각을 지니고 있기도 하다. 셋째, 재정적 지원의 불안정성으로 인한 지속 가능성 문제이다. IEA 활동의 지속 가능성을 위해서는 안정적인 재정적 지원과 자원 확보가 필요하다. 넷째, 극단주의의 확산이다. 종교적 극단주의는 IEA의 대화와 협력을 저해하는 주요 도전 과제다. 일부 집단은 종교 간 대화에 반대하며 갈등을 부추기는 역할을 하기도 한다.

이와 같은 한계와 과제에도 불구하고 IEA는 종교 간 대화가 평화를 위한 강력한 도구가 될 수 있음을 보여주는 중요한 사례로서 종교 간 대화를 통해 이스라엘-팔레스타인 지역의 평화를 도모하는 중요한 기구로 자리 잡고 있다. 특히 전쟁 상황에서도 지속적인 대화를 이어 가는 모델을 제시했다는 점에서도 그 의의를 찾을 수 있다.

## 2. 부모 모임-가족 포럼[16]

부모 모임-가족 포럼(The Parents Circle-Families Forum, 이하 PCFF)은 분쟁과 갈등으로 가족을 잃은 이스라엘인과 팔레스타인인 유가족들이 모여 평화를 위한 대화를 진행하는 단체로 1995년에 설립되었다. 가자 지구의 유족과 이스라엘 가족 간의 첫 만남은 1998년에 이루어졌다. PCFF는 종교적 배경이 다른 유가족들이 만나 대화하고 화해하는 과정을 통해 평화의 가능성을 보여주고 있는 단체이다. 현재 700가족 이상이 회원으로 참여하고 있으며, '대화 모임'을 비롯하여 평화 교육, 추모와 화해를 위한 다양한 프로그램을 운영하고 있다. PCFF는 비영리단체로 등록되어 있으며, 이스라엘-팔레스타인 공동 이사회와 팔레스타인(Beit Jala)과 이스라엘(Ramat Ef'al)에 위치한 두 개의 사무실에서 운영되는 전문가 그룹에 의해 전문적으로 관리되고 있다. PCFF는 종교 간 대화와 협력을 핵심 원칙으로 삼고 있으며, 유대교·이슬람교·그리스도교 신자들 간의 지속적인 대화를 통해 관계를 회복하고 신뢰를 구축하는 데 기여하고 있다.

---

16  이 절은 다음의 자료들을 참고 및 인용하여 작성하였다. PCFF 홈페이지 〈https://www.theparentscircle.org/en/homepage-en/〉 검색일: 2025년 1월 3일).; PCFF 페이스북 〈https://www.facebook.com/theparentscircle.org?ref=embed_page〉 (검색일: 2025년 1월 3일).

PCFF 회원들은 점령에 반대하며 국가 간의 역사적 화해를 이루는 것이 지속 가능한 평화를 구축하는 데 선행 조건이라고 믿는다. 이를 위해 대중과 정치적 의사 결정권자들이 폭력과 전쟁보다는 화해와 평화의 길을 선택하도록 교육, 공개회의 및 미디어 등 동원 가능한 여러 방법으로 영향을 미침으로써 폭력 종식과 수용 가능한 정치적 합의 달성을 위해 노력하고 있다. 또한 모든 정치적 평화협정에는 화해 과정을 위한 인프라가 포함되어야 한다는 점을 고려하여 두 사람 간의 화해를 위한 틀을 만들고자 한다. PCFF의 주요 활동은 대화 모임, 평행 서사적 경험, 이스라엘-팔레스타인 추모의 날 행사, '평화의 광장', '국제 평화의 날', 지원과 연대, 전시회 등이 있다.

이와 같은 활동과 노력을 통해 PCFF는 갈등으로 인한 희생을 화해와 평화의 출발점으로 전환하는 모델을 제시했다. 이는 갈등 해결에서 감정적, 종교적 차원의 중요성을 강조한다. PCFF의 활동에 참여한 이스라엘과 팔레스타인 가족들은 복수심에서 화해로 전환되는 과정을 경험하며 긍정적인 변화를 경험했다. 이처럼 PCFF는 종교 간 대화가 지속 가능한 평화 구축의 기초가 될 수 있음을 보여주며 다른 지역의 평화운동에 귀감이 되고 있다. 이와 같은 PCFF의 활동과 노력은 국제적으로도 높은 평가를 받고 있다. 또한 이스라엘과 팔레스타인 양측의 여론조사에서도 이 단체의 활동이 화해와 공존의 가능성을 높임으로써 평화 구축에 기여한다는 평가가 우세하다. PCFF의 접근법은 단순한 갈등 완화를 넘어 지속 가능한 평화 구축의 기반을 마련하는 데 중요한 교훈을 제공한다.

그러나 PCFF 역시 IEA와 마찬가지로 많은 한계와 과제에 직면해 있다. 무엇보다 이스라엘-팔레스타인의 정치적 갈등은 PCFF 활동을 제약하는 주요 요인으로 작용한다. 종교적 극단주의 역시 종교 간 대화의 지속 가능성을 위협한다. PCFF는 이스라엘과 팔레스타인 양측의 극우 진영으로부터 비판을 받고 있으며, 일부 극단주의 단체들은 이들의 활동을 정치적 의도로 간주하기도 한다. 특히 '이스라엘-팔레스타인 추모의 날 행사'를 진행하는 과정에서 최근 몇 년 동안 극우 정치인과 지지자들의 방해와 폭력에 직면하기도 했다. 또한 PCFF가 견지하고 있는 이스라엘에 대한 비판적 관점으로 인해 이스라엘 정부로부터 활동과 재정적 지원에 제약을 받기도 한다. 이스라엘 교육부는 이스라엘 군인을 비방하고 이스라엘인들의 고통을 경시한다는 이유로 2023년 8월에 PCFF가 학교에서 활동하는 것을 금지시켰다.[17] 재정적 자원의 제한도 PCFF 앞에 놓인 과제이다. 장기적인 프로그램 운영을 위해서는 안정적인 재정 지원이 필요한데, 기부금에만 의존하는 NGO로서 PCFF는 자금 조달에 끊임없이 어려움을 겪고 있다. 그럼에도 불구하고 2023년 10월 7일 이후 85가족 이상의 새로운 유가족들이 PCFF에 합류했고, PCFF는 매년 개최하던 이스라엘-팔레스타인 청소년들의 여름 캠프를 예년과 다르게 장소를 사이프러스로 옮겨서 2024년 8월에도 개최하는 등 전쟁 이후에도 평화를 위한 활동과 노력을 이어가고 있다.

---

17　TROY O. FRITZHAND, "Education Ministry bans Israeli-Palestinian parents group from schools", 「The Jerusalem Post」 (온라인), 2023년 8월 2일; 〈https://www.jpost.com/israel-news/article-753434〉 (검색일: 2025년 1월 2일).

## Ⅳ. 평화를 위한 종교 간 대화, 우리 모두의 사명

종교 간 대화는 분쟁 지역과 갈등 상황에서 평화를 구축하는 데 필수적인 도구이다. 타인의 세계를 아는 데 대화만큼 중요한 것은 없다. 이러한 대화는 단기적 갈등 완화뿐만 아니라, 지속 가능한 평화의 기틀을 마련하는 데 중요한 기여를 할 수 있다. 종교 간 대화의 중요한 특징 중 하나는 그것이 제도적 차원과 풀뿌리 차원을 모두 포괄한다는 점이다. 고위 종교 지도자들 간의 공식적인 대화가 이루어지는 동시에, 일반 신자들 수준에서도 다양한 형태의 교류와 협력이 진행될 수 있다. 이러한 다층적 접근을 통해 평화 구축 노력을 사회 전반에 확산할 수 있다.

큉은 "종교 간 평화 없이 세계 평화가 있을 수 없고, 종교 간 대화 없이 종교 간 평화는 없다."[18]고 말했다. 교황 요한 바오로 6세는 교회의 사명이 대화에 있다고 보고, 나아가 대화의 역할을 평화운동의 연장에서 적극적으로 인식하면서 자신의 첫 회칙인 「주님의 교회」 106항에서 이렇게 말했다. "우리가 사심 없고 객관적이며 진실한 대화를 시작하고 있다는 사실만으로도 자유롭고 고귀한 평화를 위한 환경이 됩니다. … 대화는 모든 제도와 모든 사람에게 평화에 대한 이해와 사랑, 평화를 보존할 의무를 심어주고자 노력합니다."[19] 이처럼 종교 간 대화는 서로의 이해를 깊게 하여 함께 살아가는 힘을 갖게 한다.

---

18　석창훈, "종교간 대화의 원리와 실제: TCRP를 중심으로", 『철학연구』, 제93집, 2005, p. 238.
19　황경훈, "아시아의 평화와 종교 간 대화: FABC의 대화노력을 중심으로", 『신학전망』, 제189호., 2015, p. 42.

본론에서 살펴본 IEA, PCFF는 각각 고유한 방식으로 이스라엘-팔레스타인 지역의 평화 구축과 종교 간 대화에 기여하고 있다. 이 단체들의 공통된 특징은, 첫째, 종교를 평화 구축의 자원으로 활용한다는 점, 둘째, 풀뿌리 차원의 대화와 만남을 중시한다는 점, 셋째, 장기적 관점에서 관계 구축을 추구한다는 점이다. 특히 최근의 전쟁 상황에서도 이 단체들은 대화의 끈을 놓지 않고 있으며, 오히려 더욱 적극적인 활동을 전개하고 있다. 이들은 지역적·국제적으로 그 성과를 인정받으며 종교가 평화의 도구로 기능할 수 있음을 입증하고 있다. 그러나 정치적 긴장과 안정적인 자금 확보 문제, 종교적 극단주의의 위협이라는 공통된 어려움 속에서 지속 가능한 모델을 구축하는 과제를 안고 있다. 이와 같은 한계와 과제에도 불구하고 이들의 노력은 지역과 세계 평화운동의 귀중한 사례로 평가할 수 있다.

이스라엘과 팔레스타인 지역에서 진행된 종교 간 대화의 경험은 한반도에도 중요한 시사점을 제공한다. 먼저 가장 주목할 만한 점은 '아래로부터의 평화 구축' 방식이다. IEA, PCFF와 같은 단체들의 활동은 정부나 종교 지도자 차원의 공식적인 대화와는 별개로, 일반 시민들 사이의 직접적인 만남과 대화를 통해 평화의 기반을 다져 왔다. 이는 한반도에서도 중요한 함의를 지닌다. 정부 간 관계가 경색된 상황에서도 민간 차원의 교류와 대화는 장기적 평화 구축을 위한 토대가 될 수 있기 때문이다. 둘째, 종교 간 대화에서 자주 강조되는 '공통된 가치'의 발견은 한반도 상황에도 적용될 수 있다. 비록 한반도의 분단이 종교적 차이에서 비롯된 것은 아니지만, 이념과 체제의 차이를 넘어 공통된 문화적 뿌리와 인간적 가치를 재발견하는 것은 중요하다. 셋째, 지속적이고 제도화된 대화의 중요성이다. 이스라엘과 팔레스타인 지역의 종교 간 대화는 일회성 행사가 아닌 지속적인 프로그램으로 발전해 왔다. 한반도에서도 단발적인 이벤트성 교류를 넘어 정기적이고 지속 가능한 대화 채널을 구축할 필요가 있다. 넷째, '트라우마의 치유'와 '공동의 미래 구축'이라는 이중적 과제에 대한 인식이다. 이스라엘과 팔레스타인 지역의 종교 간 대화가 과거의 상처를 인정하면서도 미래 지향적 관점을 잃지 않았듯이, 한반도에서도 분단의 아픔을 치유하는 동시에 공동의 미래를 그려 나가는 균형 잡힌 접근이 필요하다. 마지막으로, 국제사회와의 연대의 중요성이다. 이스라엘과 팔레스타인 지역의 종교 간 대화는 국제적인 네트워크와 지원을 통해 발전해 왔다. 한반도의 평화 구축 과정에서도 국제 시민사회와의 연대와 협력이 중요한 자원이 될 수 있다.

이러한 시사점들은 결국 평화가 단순히 정치적 합의나 제도적 장치만으로 달성될 수 없으며, 시민사회 차원의 지속적인 대화와 이해의 과정이 필수적이라는 점을 우리에게 상기시킨다. 한반도에서도 종교가 남북한 주민들의 신뢰를 구축하고 평화를 향한 가교 역할을 할 수 있도록 지속적인 대화와 협력이 필요하다. 이를 위해 종교 지도자들의 적극적인 역할뿐만 아니라 평신도들의 관심과 참여가 필수적이며, 국제사회의 경험을 참고하여 좀 더 체계적인 평화 구축 전략을 마련해야 할 것이다.

# 9장

## 절멸의 정치
―이스라엘-하마스 전쟁과 국가폭력

강혁민

## I. 대(對)팔레스타인 식민주의 지배 전략을 수행하는 국가, 이스라엘

 2023년 10월 7일 하마스의 이스라엘 본토 공격 이후, 이스라엘-하마스 전쟁은 날로 격화되고 있다. 매일 같이 매체를 통해 사망자 소식이 분주하게 들려오지만 안정과 평화를 추구하는 세계시민으로서 우리 개개인이 할 수 있는 일이 무엇일지 따져 보기도 전에 전쟁의 참상 앞에 인간다움은 완전히 상실되고 말았다. 2025년 1월 17일 마침내 전쟁이 휴전에 돌입했지만 그 실현가능성은 매우 의심스럽다. 휴전이 이스라엘의 오랜 '야욕'을 길들이거나 팔레스타인 사람들의 인간성과 권리를 보장해 줄 수 없다는 것은 더욱 분명해 보인다.
 우리 모두가 이미 알고 있듯이 이스라엘과 팔레스타인의 분쟁 역사는 100년을 훌쩍 넘겨 버렸다. 이 책 8장에서 이찬수가 명쾌히 설명했듯이, 이 분쟁은 공식적으로는 1948년 유엔의 승인에 근거한 이스라엘 건국 이후 팔레스타인 땅에서 벌어진 팔레스타인 사람들과의 마찰이었지만, 그보다 30년 전 시온주의가 구체화된 사건으로서의 밸푸어 선언(1917)에 근거한 영국의 팔레스타인 지배 전략과 디아스포라 유대인들의 본향에 대한 대(對)팔레스타인 식민주의 정책에 근거한 것이다. 이스라엘 국가가 구미

국가들의 묵인과 승인에 의해 팔레스타인 땅에 건립된 이후, 두 인종 집단 사이의 긴장과 분쟁은 언제나 산재되어 있었으며 대개의 경우 미국과 유엔, 그리고 유럽 국가들의 지지를 얻은 이스라엘에 유리한 형태로 진행되어 왔다. 그리하여 이스라엘-팔레스타인 사이의 분쟁은 표면적으로는 두 국가 사이의 고질화된 갈등(intractable conflict)이지만 내부 사정을 따져 보면 이스라엘의 팔레스타인에 대한 일방적 폭력으로 해석될 여지가 충분하다. 그리고 그 폭력은 이스라엘이라는 '국가 형성(statebuilding)'과 그 국가가 작동하는 국내외적 메커니즘과 긴밀히 연결되어 있다. 필자는 이를 '절멸의 정치'라고 주장하며, 이스라엘이라는 명백한 국가권력이 팔레스타인 사람과 그들의 정체성과 문화를 완전히 궤멸시키는 것을 추구함으로써 그들이 1917년 전후로 구상한 유대 국가를 완성하기 위해 사용하는 일종의 지배 전략이라고 이해한다.

 이 지배 전략이 구체적으로 드러난 것은 '땅(에레츠)'을 매개로 한 고립 또는 축출 정책이다. 우리나라 대표 중동학자인 홍미정은 2024년 출판한 그의 저작 『중동 현대사: 무엇이 문제인가』에서 1917년 이스라엘이 영국과 손을 잡고 기획한 것은 이스라엘 땅에서 팔레스타인 사람들을 몰아냄으로서 그들의 땅을 다시 되찾는 것이었다고 주장한 바 있다. 이를 달리 말하면, 이스라엘이 그동안 팔레스타인에서 행한 것은 표면적으로는 이스라엘이라는 국가 건설로서 그들과 언어·인종·종교·문화적으로 이질적인 집단과의 공존을 모색하는 것이었지만, 실제로는 『타나크(Tanakh)』에서 전승된 그들 조상의 땅 즉, 젖과 꿀이 흐르는 땅, 곧 그들의 민족적 신이었던 야훼(Yahweh)가 약속한 땅의 원형적 회복이었다는 말과 같다. 구약학자 월터 브루그만(Walter Brueggemann)에 따르면 이스라엘 민족에게 땅은 성스러우며 야훼가 이스라엘 민족의 회복을 위해 마련한 안전한 거처였다. 비록, 그 땅은 이방인이 거주하고 있는 공간이지만 종국에는 야훼가 약속한 자들이 그곳에 들어가 살며 민족을 이루고 번성해야 할 장소였던 것이다. 『타나크』에서 해석된 땅의 신학은 이스라엘이 그동안 흩어져 살며 핍박받은 희생자 의식이 성스럽게 재해석되는 민족적 정체성이 되었고, 시온주의는 세속적 차원에서 그것을 실현하려는 정치적 도구가 되었다. 그리고 땅은 구체적 장소가 되었다. 그렇다면, 이스라엘에 남은 과제는 분명해진다. 곧, 이방인의 '절멸'이다. 희생자 의식은 결코 타협하는 법이 없다. 설령 희생이 도리어 가해가 될지라도 그들에게 땅은 타협할 수 없는 성스러움 자체다. 타협이 불가능한 땅은 그리하여 이질성을 허용하지 않는다. 이제는 민족을 넘어 '국가'라는 개념으로 하나 된 땅에서 이스라엘은 당당히 폭력을 자행한다. 절멸의 정치는 그러한 이스라엘의 희생자 의식, 순수성에 대한 추구, 그리고 정치적 당당함에 정박해 있다.

절멸의 정치는 어떤 모습을 하고 있는가? 그리고 그 결과는 무엇이겠는가? 이 글은 이스라엘-하마스 전쟁을 어떻게 해결할 것인지 묻지 않는다. 이 글이 주목하는 것은 절멸의 정치를 수행하는 주체인 국가로서 이스라엘 정부의 폭력성을 고발하고 이를 국가폭력으로 단죄할 수 있는 프레임을 제공하는 것이다. 필자는 책의 취지에 맞추어 편의상 이스라엘-하마스 전쟁이라고 부르기는 하지만, 결코 이것이 힘이 균등한 행위자들 사이의 전쟁이라고 볼 수 없음을 분명히 밝힌다. 이 전쟁은 애초에 전쟁이라 불릴 수 없는 두 행위자들 사이의 유혈분쟁이며, 여기에서 이스라엘은 가자 지구 그리고 팔레스타인 사람들에 대하여 전격적인 전쟁범죄 또는 제노사이드를 행하고 있는 것임을 확실히 해 둔다. 그리하여 이 글은 어떠한 프레임으로 이스라엘이 행하고 있는 절멸의 정치를 비판적으로 이해할지 고민하는 글이라고 할 수 있다.

  필자는 두 가지 핵심 질문을 중심으로 글을 전개한다. 첫째, 이스라엘-하마스 전쟁을 국가폭력으로 볼 수 있는 개념적 틀은 무엇인가? 둘째, 이 전쟁이 국가폭력이라면, 여기에서 발생하는 결과는 무엇인가? 제시한 질문들을 논하기 위해 필자는 우선 국가폭력에 대해 논하고 정의하고 이 형태의 폭력을 주도하는 행위자의 측면을 강조하려고 한다. 모든 폭력 개념이 그렇듯이, 구체적인 행위자가 부재하는 폭력론은 아쉽다. 구체적 행위자가 없는 폭력은 폭력의 주변에서 서성대는 모든 행위자들을 '폭력의 구덩이'로 이끌 뿐 문제의식을 명확히 해 주지 못한다. 그리고 난 후, 이스라엘의 국가폭력을 뒷받침하는 몇 가지 개념과 그 주장들을 나열해 보일 것이다. 이것은 국가폭력과 조응하면서 좀 더 구체적으로 이스라엘의 폭력을 구체화시키는 개념들이다. 더 나아가 이 전쟁이 낳은 구체적인 결과들을 종합할 것이다. 마지막으로 이스라엘의 국가폭력을 저지하기 위한 평화 연대와 평화 정치의 중요성을 강조함으로써 이 글을 마무리할 것이다.

## II. 국가로서의 이스라엘

  주지하듯, 이스라엘-하마스 전쟁의 정초는 디아스포라 민족 집단에서 1948년 당시 국제사회에 헤게모니를 쥐고 있던 서구 국가들과 유엔의 승인을 받아 국가로 출범한 이스라엘이 팔레스타인 땅을 향해 식민주의적 지배 전략을 펼친 것이다. 홍미정에 따르면 이 지배 전략은 그들이 조상들의 땅이라고 일컫는 팔레스타인 지역의 이질적 문화·민족·종교의 축출을 지향하며, 상생은 근본적으로 불가능하다. 땅은 그 자체로 약속된 것이며, 이 책의 8장에서 이찬수가 말하는 이스라엘의 신화적 자기 정체성은-그것이 비록 작위적이고 상상의 결과물일지라도-어떠한 불순물도 허락하지 않기 때문이다. 종말론적 사고에 기초한 이스라엘의 자기 정체성은 그렇게 지배를 정당화한다.

　이 대목에서 잊지 말아야 하는 것은 이 지배 전략을 행하는 행위 주체가 무엇이냐는 문제다. 그것은 바로 '이스라엘 국가'다. 우리는 여기서 오해하지 말아야 한다. 1948년 국가가 된 이스라엘은 디아스포라 민족 집단으로 전 세계에 흩어져 살던 이스라엘 민족과는 완전히 다른 것이다. 당연한 말이겠지만 국가의 모습을 한 이스라엘은 민족의 범위를 기꺼이 넘어선다. 『타나크』에서 야훼가 말씀하신 그 유대 민족과는 구별된다. 국가로서의 이스라엘은 국제사회의 구조적 헤게모니를 등에 업고 국내적으로는 법과, 행정 체계, 그리고 정책에 의해 작동되는 실체로서 그 중심에는 시온주의라는 세속적 이념을 구체화하는 정부가 있다. 이러한 측면에서 국가로서의 이스라엘은 시온주의 정책을 정당화하고 이를 실행하기 위해 군대와 경찰을 동원하여 불순물로 취급되는 이질적 집단, 즉 팔레스타인을 절멸시키기 위해 오랫동안 계획하고 그것을 실행으로 옮기는 것이다. 2023년 10월 7일 이후 발생한, 이스라엘-하마스 전쟁을 이스라엘 군대와 하마스 사이의 일탈적인 행위로 볼 수 없는 이유는 이 전쟁도 이스라엘의 시온주의 지배 전략의 일환이기 때문이다. 따라서 작게는 하마스와의 전쟁을 넓게는 팔레스타인을 절멸하려는 국가로서의 이스라엘은 이집트에서의 노예 생활을 청산하고 가나안에 정착하여 야훼의 민족으로 살았거나, 예루살렘 성전 파괴 이후 전 세계로 흩어져 살던 디아스포라 유대 민족과는 완전히 다른 것일 수밖에 없다. 이스라엘 국가는 팔레스타인에 대한 전면적인 폭력을 행사하는 주체로서 우리는 그것을 국가폭력이라고 규정할 수 있다.

## III. 이스라엘 국가폭력의 네 층위

국가폭력이란 무엇인가? 그리고 이 전쟁이 어떻게 이스라엘의 국가폭력으로 규정될 수 있는가? 필자는 2024년에 출판된 『폭력개념연구』에서 국가폭력을 '국가 또는 국가의 위임을 받은 주체가 정치적 목적을 달성하기 위해 개인이나 집단에 가하는 폭력 행위'라고 정의한 바 있다. 국가폭력은 폭력의 주체가 국가임을 고발하는 것이며 국가가 어떤 정치적 목적을 위해 수단과 방법을 가리지 않고 지배 대상에 신체적이고 구조적인 폭력을 가하는 것임을 고발한다. 문제는 추상적 개념인 국가가 어떻게 폭력을 자행할 수 있느냐이다. 국가 자체는 국민이라는 집단적 실체를 타 집단과 구별하기 위해 주조된 개념일 뿐, 그 자체로서 어떠한 물질적 함의를 지니고 있는 것이 아니기 때문이다. 그렇기 때문에 국가폭력은 '구체적인 행위자(identifiable actors)'를 반드시 필요로 한다. 구체적인 행위자는 단순히 정부가 될 수도 있지만, 국가라는 개념적 실체를 담아내는 제도와 문화, 그리고 국가 안의 구성원들을 통치하는 정책이 될 수도 있다. 따라서 행위자는 사람이 될 수도 있지만 인간 행위를 추동하는 구조적 실체가 될 수도 있다. 구조적인 실체가 부재한 일탈적 폭력은 국가폭력으로 부를 수 없다. 따라서 우리가 국가폭력이라고 부를 때 그것은 구조적 실체에 근거한 구체적 행위자의 폭력 행위임을 적극적으로 지칭하는 것이며 그것은 또한 '정부'의 위임을 받은 행위임을 뜻하는 것이다. 이러한 측면에서 이스라엘의 대(對)팔레스타인 정책은 필연적으로 국가폭력이다. 왜 그럴까? 아래의 개념들을 살펴보면 더 명확해진다.

### 1. 정착형 폭력

이스라엘이라는 국가의 등장은 팔레스타인에게는 위협이었다. 유대 국가 건설이라는 시온주의 비전은 이질적 집단과의 공존을 불허하므로 그것은 이념 형성의 초기부터 이미 폭력적 구상이었다. 그리고 이 이념은 서두에서 언급했듯이 땅의 신학에 기초하고 있다. 즉, 이스라엘 국가는 땅, 다시 말해 팔레스타인 영토 위에 건설되어야 했으며 그것은 영토에 대한 자기 정체성을 실현하는 것이었다. 이는 팔레스타인으로의 이주 과정에서 구체화되었는데, 이 과정에서 폭력이 발생했으니 이를 정착형 폭력이라고 부른다. 데이비드 웨이스버드(David Weisburd)는 정착형 폭력을 정착형 식민주의의 일환으로 이주민들이 원주민들에게 가하는 물리적·구조적·문화적·환경적 폭력으로 정의 내리고 있으며 정착형 폭력 중에서도 영토의 문제는 특히 중요하다고 주목한다. 대부분의 식민주의 국가에서 나타나는 이주민과 원주민들 사이의 공존은 사실상 이주민의 인위적인 침입에서 발생하였으며, 이 침입은 원주민들의 터전을 비집고 들어가 그들의 삶의 방식과 문화를 넘어 토지에 대한 권리와 소유권을 빼앗아 새롭게 정착하는 정착민들이 거기에서 삶을 영위하도록 설계하기 때문이다. 문제는 원주민들의 거처를 앗아 가는 것뿐만 아니라, 이들이 외려 정착민들에 의해 강제로 이주해야 하는 상황에 놓이게 된다는 것이다. 그리고 정착민들은 그들이 강제로 이주시킨 원주민들을 분리하여 통치하는 이른바 '아파르트헤이트(apartheid)'를 실행한다. 이와 같은 정착형 폭력은 미국·캐나다·호주·남아프리카 등에서 발생하며 정착한 정착민들과 그 정부가 원주민들에게 행하는 폭력적 정책에 기인한다. 이스라엘의 팔레스타인에 대한 지배 전략도 정착형 폭력의 대표적인 예다.

학자들은 1967년 6월에 벌어진 제3차 중동전쟁의 결과로 이스라엘이 팔레스타인으로부터 더 많은 영토를 빼앗은 후부터 점차 팔레스타인의 터전을 잠식하고 그들을 특정 공간으로 몰아넣어 게토화시킨 것을 정착형 폭력의 시작이라고 주장한다. 1967년의 전쟁에서 이스라엘은 서안 지구·가자 지구·동예루살렘 그리고 골란고원을 손에 넣어 지금까지 이스라엘 영토를 확장함과 동시에 팔레스타인을 고립시키는 축출 정책을 펴고 있다. 이스라엘은 1947년 이후 줄곧 팔레스타인인 거주 지역을 침범하여 전 세계에 흩어져 있는 유대인들을 그곳에 정착시켜 왔다. 그동안 이스라엘 정부는 불법적으로 팔레스타인 영토를 침범하고 그 영역을 확장하였지만 1992년에 들어선 이츠하크 라빈(Yitzhak Rabin) 총리가 이끄는 노동당 정부는 유일하게 영토를 확장하지 않았다. 심지어 라빈의 노동당 정부의 비확장 정책은 1993년의 '두 국가 해법'을 제시한 오슬로 합의가 비준되기도 전이었다. 2023년까지 팔레스타인 영토로 지정된 곳에 불법적으로 이주된 유대인은 대략 70만 명으로 추산되며, 유엔과 국제사법재판소는 이스라엘의 서안 지구와 동예루살렘으로의 이주 행위는 제4차 제네바 협약에 대한 위반으로서 이에 대해 경고해 왔다. 이곳에서 유대인들은 팔레스타인 사

<표 1> 정착적 폭력의 증가 추세

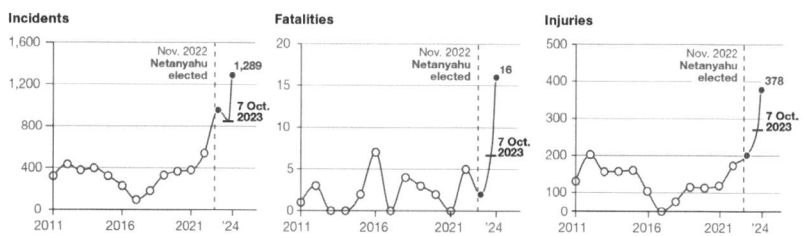

출처: International Crisis Group. 2024. "Stemming Israeli Settler Violence as Its Root" Middle East Report. Brussels. 41페이지에서 재인용.

람들의 생활 세계에 직접적으로 타격을 주고 있으며, 그들이 인간으로 살아가는 데 필요한 기본적인 요소, 즉 물·전기·자연·이동 수단 등을 물리적으로 차단하고 폭력적으로 점거하고 있다. 좀 더 구체적으로 이스라엘의 정착형 폭력은 〈그림 1〉에서 나타나듯이 꾸준히 증가하고 있다. 국제위기그룹은 2011년부터 2023년까지 이스라엘의 정착 행위가 증가하였고, 2023년 한 해 주택 지역 13,000여 곳이 건립되었으며 전초기지 26곳이 건설되었다고 보고한 바 있다. 특히 하마스의 공격 이후 이러한 행태는 급격하게 솟구쳤으며, 2024년부터는 서안 지구의 약 2,370헥타르에 이르는 영토에 대해 이스라엘은 국가소유권을 주장하고 있다.

2. 국가범죄

이스라엘의 행위를 국가폭력으로 취급하는 또 다른 대표적 관점은 국가범죄(State Crime)다. 우리나라 법학자 이재승의 『국가범죄』에 따르면 이 개념은 국가폭력의 대표적인 개념으로서 국가 행위자가 자국의 시민에게 대량 학살, 인종 청소, 또는 인도에 반한 범죄적 행위를 자행했다는 사법적 판단을 지칭한다. 이 범죄적 행위는 국가에 의해 '규정된 집단'에 대한 조직적이고 전면적인 차별과 제거를 목표로 한다. 미할로프스키(Raymond Michalowski)는 국가범죄가 전쟁이나 국가비상사태와 같은 기회를 통해 정부가 자국의 시민들에 대하여 행하는 범죄적 행위이지만, 많은 경우 광범위하고 일상적인 차원에서 규정된 집단들을 절멸하기 위해 만들어 낸 정책을 통해 발생한다고 주장한다. 국가는 규정된 집단을 악마화하고 이들을 제거할 명분을 만들어 그들에게 신체적·정신적·물질적 상해를 입히고 존엄성마저 말살시킨다. 국가범죄는 규모 면에서 대규모 집단학살이나 인도에 반한 범죄, 인종 청소의 형태로 나타나고, 단순히 소수 정치 엘리트가 직접적으로 관여하는 것보다 훨씬 복잡하고 광범위하게 일반 시민들의 특정 집단에게 폭력 가담·동조·무관심 등으로 비화되어 때로는 집단적 폭력으로 비화되기도 한다. 즉, 국가와 결탁한 집단이 반국가 개인들이나 집단에 가하는 무차별적 폭력 행위가 국가의 시민에 대한 폭력을 넘어, 시민과 시민 사이의 대결로도 비화된다. 따라서 국가범죄는 국가 행위자와 비국가 행위자가 모두 연루된 복합적 성격의 범죄다.

의심의 여지없이 이스라엘의 팔레스타인 민족에 대한 국가적 행위는 국가범죄의 양상을 보인다. 대다수의 학자들과 국제단체들은 10월 7일 이후 현재까지 벌어지고 있는 이스라엘-하마스 전쟁을 국가범죄로 규정한다. 비록 하마스의 이스라엘 본토 공격에 의해 시작되었지만 거시적 안목으로 보면 이스라엘의 장기적이고 체계적인 지배 전략이 구체화된 사건인 것이다. 하마스의 공격 이후로 오히려 이스라엘은 하마스에 대해 복수를 넘어 절멸을 추구하며, 이 기회를 통해 팔레스타인을 그들의 땅에서 완전히 몰

베들레헴 분리 장벽
출처: 필자 촬영 2011

아내려는 축출 행위를 자행하고 있음을 고발한다. 이스라엘의 행위는 더 이상 국제법 준행의 여부로 판단할 수 없으며, 그들은 서구 헤게모니 국가들로부터 암묵적 동의를 얻어 독단적으로 팔레스타인을 멸절하려는 범죄를 자행하고 있는 것이다.

많은 학자들 중 렌틴(Ronit Lentin)은 이스라엘의 국가범죄는 시온주의에 기반한 정착형 식민주의의 결과이며, 이는 이스라엘이 자국의 예외주의를 주장하면서 팔레스타인을 인종적으로 규정하고 지배하려는 지배 형태라고 주장한다. 1948년 나크바 이후 이스라엘은 줄곧 국제적으로 규탄받고 있는 와중에도 팔레스타인에 폭력과 범죄를 서슴지 않고 그들의 폭력을 인종적으로 정당화하였다. 렌틴에 따르면, 그것은 이스라엘이 유럽에서의 반유대주의와 온갖 멸시와 차별에서 얻은 피해자 의식을 시온주의로 승화시켜 인위적으로 만든 시온주의적 자아상을 팔레스타인을 압제하고 인종적으로 규정·지배함으로써 극복하려는 정치적 열망인 것이다. 따라서, 이스라엘의 국가폭력은 단순히 국가가 자국의 시민을 통제하려는 기계적 메커니즘에서 출현한 것이 아니라 20세기 내내 이스라엘이 겪은 피해자 의식에 대한 종말론적 극복 또는 자기실현을 추구한 것이라고 볼 수 있다.

## 3. 국가테러리즘

이스라엘의 국가폭력을 국가테러리즘으로 규정하는 최근의 시도도 함께 주목할 필요가 있다. 비판적 테러리즘 연구를 선도하고 있는 잭슨과 터너(Richard Jackson and Mandy Turner)는 2023년 10월 7일의 사건이 국제사회에 주는 영향을 고찰하면서, 하마스는 테러리즘 집단이며 이들의 공격은 테러리즘 그 자체라고 규정되는 반면, 왜 이스라엘의 가자에서의 행위는 테러리즘으로 규정되지 않으며 이스라엘 자체가 테러리즘 국가로 지목되지 않는지 반문한다. 이들은 '테러리즘'이라는 용어의 심미적인 의미를 추적하면서 테러리즘이란 어떤 특정 메시지를 전 세계에 전달하기 위해 개인이나 집단에 가하는 급진적 폭력으로 정의하고, 비단 일탈적인 개인과 집단만이 아니라 국가도 테러리즘의 행위를 가할 수 있다고 주장한다. 유엔을 위시한 대부분의 서구 행위자들은 테러리즘을 예외적인 비국가 행위자들에 의한 비정상적 행위로 규정하고 그들의 비정상성과 비이성성을 강조하고 낙인찍으려는 의도에서 테러리즘을 사용하였지만, 서구권 국가들 스스로에 대해서는 그러한 용어를 거의 사용하지 않았음을 비판하고 있다. 국가테러리즘의 관점에서 여러 매체들은 이스라엘의 행위를 묘사하고 전달하는 과정에서 그들의 명백한 테러리즘적 행태에도 불구하고 이스라엘을 테러리즘 국가로 호명하는 것을 애써 피하고 있다. 단순히, 가자 지구에서의 팔레스타인 사람들의 희생과 그 규모에만 초점을 맞추고 정작 폭력의 핵심인 그 원인과 동기는 그대로 둠으로써 이스라엘-하마스 전쟁 담론 형성에서 완전히 배제된 무고한 희생자들을 이용할 뿐인 것이다. 이러한 담론 형성은 국제사회의 시선을 이스라엘 국가테러리즘을 향한 비판보다는 가자 지구에 대한 인도주의적 개입으로 돌리는 회피 전략일 따름이다.

잭슨과 터너는 이스라엘이 가자 지구에 행한 공격은 핵무기 사용의 파급효과와도 견줄 만하며, 대부분의 피해자들이 무장을 하지 않은 민간인인 데다 여성과 어린이 희생자 수, 난민 등의 다층적 피해 규모를 가늠한다면, 이스라엘의 행위는 명백히 서구 세계가 정의한 테러리즘 행위에 부합한다고 담대히 주장한다. 물론, 이스라엘의 국가폭력을 국가범죄로 정의하는 것은 일견 타당한 면이 있으면서도 이 접근의 약점은 가자 지구에서 발생한 폭력이 이스라엘이 전쟁을 수행하는 동안 행한 부수적인 행위로 취급되고 있다는 데 있다. 다시 말해 기존의 용어들은 이스라엘이 더 큰 명분을 행사하기 위한 부수적인 행위로서 그러한 범죄들을 배태했다고 보는 것이다. 그러나 잭슨과 터너는 가자에서의 폭력은 결코 부수적 폭력이 아니라 완전한 의도성이 있는 구체적인 폭력이라는 점, 그리고 그 행위가 이스라엘 자국을 위한 것을 넘어 국제사회에 이스라엘 국가의 건재함과 팔레스타인의 축출이라는 메시지를 전하고 있다는 점에서 테러리즘으로 간주되어야 한다고 주장한다.

## 4. 양심적 병역거부자들에 대한 인권유린

마지막으로 살펴볼 국가폭력의 층위는 거의 주목되지 않지만 여전히 중요한 양심적 병역거부자들에 대한 국가폭력이다. 잘 알려져 있듯이, 이스라엘은 대한민국과 같이 의무복무제도를 시행하고 있다. 이스라엘 군대는 공식적으로 이스라엘 방위군이라고 불리며 이스라엘 성인 남녀는 특별한 사유를 제외하고 군복무를 수행해야 한다. 남성의 경우 30개월을 복무하고 여성의 경우는 24개월을 복무한다. 이스라엘 군대는 유대인 정체성 형성에 매우 중요한 역할을 하고 있는데, 전 세계 각지에 살고 있는 젊은 유대인들이 방학을 이용하여 군대 체험을 하기도 하며, 이스라엘 시민권을 소유하기 위해서는 일정 기간의 군복무를 마쳤다는 증명서를 제시해야 할 정도로 군복무를 중요하게 생각한다.

그러나 이러한 이스라엘 군복무에 대해서 양심적으로 병역을 거부하는 유대인들도 있다. 이들을 통상 리퓨즈닉(Refusenik)이라고 부르며, 양심적 병역거부자들의 수는 2023년 이스라엘-하마스 전쟁이 발발한 후부터 점점 더 늘어나고 있는 추세다. 영국에 본부를 두고 있는 평화서약연합(Peace Pledge Union)은 2024년 5월 양심적 병역거부자들이 현재 100여 명 이상이라고 보고하고 전쟁에 참여하길 거부하면 아주 강압적으로 양심적 거부에 대해 추궁받고 군교도소에 수감되어야 한다고 전했다. 이에 더해, 이들이 살고 있는 마을에서 추방되거나 정치적 낙인이 찍히는 등의 인권유린이 발생한다고 전했다. 즉, 이스라엘의 강압적 군복무 제도는 젊은 유

사격 연습을 하고 있는 이스라엘 군인들
출처: 위키미디어 커먼즈

대인들로 하여금 가자 전쟁에 참전하거나 사회·정치적으로 아웃사이더가 되어야 하는 이분법적 프레임으로 몰아넣고 있는 것이다.

양심적 병역거부자들에 대한 이스라엘의 인권유린은 명백한 국가폭력이다. 이들에 대한 사회·정치적 압박 및 기본권 박탈은 언론에 거의 노출되지 않는다. 그럼에도 불구하고 유럽과 미국 등지로 추방된 젊은 유대인들은 현재 네타냐후 정부가 가자에 대해 벌이는 전쟁은 인종주의에 기반한 아파르트헤이트이므로 정부를 규탄하고 하루빨리 전쟁을 중단하도록 촉구하는 연대운동을 계속하고 있다고 《알자지라(Al Jazeera)》는 전하고 있다.

## IV. 기억되지 않는 사람들

2023년 10월 7일의 하마스의 공격을 이스라엘-하마스 전쟁의 원인으로 규정하는 것은 이스라엘이 조직적으로 수행해 온 절멸의 정치를 은폐하려는 엄이도령(掩耳盜鈴)일 뿐이다. 한시적으로 드러난 사건을 역사적 이해 없이 정치적으로만 분석할 수 없다. 다시 힘주어 말하지만, 이 전쟁은 하마스의 일탈적 행위에 의해 촉발된 사건이 아니라 20세기 초반부터 디아스포라 유대인들이 자신들의 조상들이 살았던 땅 위에 다시 유대 국가를 건설하고 그곳에서 안전한 거처를 마련하여 민족적 정체성을 확장하려는 시온주의의 정치적 기획에서 시작되었다. 국가가 건설될 땅은 순수해야 하며, 이질적 문화와 인종이 자리 잡을 공간은 허락되지 않는다. 그러므로 이스라엘의 전략은 좁게는 가자, 넓게는 팔레스타인 민족을 지배하고 절멸하는 것이다.

이스라엘 국가폭력에 대한 거시적 안목이 이 전쟁의 전체적인 맥락을 파악하는 데 유용하지만 폭력의 구체적인 결과, 즉 희생된 민간인들을 기억하지 않으면 그것은 불완전한 분석일 수밖에 없다. 폭력은 언제나 구체적인 희생을 배태하기 때문이다. 물론 이스라엘 국가 형성 시기부터 지금까지의 민간인 피해 규모를 밝히는 일은 가능하지도 않을뿐더러 2023년 10월 사건 자체의 심각성을 희석할 우려도 있다. 이 글에서 필자는 줄곧 이스라엘-하마스 전쟁이 이스라엘 국가가 사용하는 지배 전략임을 주목했지만 그렇다고 해서 10월 7일 이후 희생된 민간인들의 죽음마저 그러한 거시적 안목으로 덮어 두자는 뜻은 아니다. 오히려 그 반대다. 국가폭력을 이해하는 것은 국가의 폭력성을 고발하는 것에 더하여 그것이 어떠한 희생을 가져왔는지, 그리고 그 폭력으로 인해 희생자들의 삶이 어떻게 파괴되고 있는지를 주목하자는 것이다. 국가폭력을 밝히는 일은 더 이상의 무고한 민간인 희생자들이 발생해서는 안 된다는 의미이기도 하다. 우리에게는 세계시민으로서 국가폭력에 의해 희생당한 기억되지 않은 사람들을 기억해야 할 도덕적 의무가 있다.

　우선, 유엔인도주의업무조정국(UNOCHA)은 2008년부터 2023년 10월 7일 전까지 이스라엘-팔레스타인 사이의 분쟁에 의해 희생당한 사람들의 데이터를 제공하고 있다. 2008년부터 전쟁 발발 전까지 가자 지구와 서안 지구에 거주하던 팔레스타인인들의 사망자 수와 부상자 수는 아래의 표와 같다.

〈표 2〉 2008~2023년 팔레스타인인/이스라엘인 희생자 수(*민간인 수)

|  | 팔레스타인인 | | 이스라엘인 |
|---|---|---|---|
|  | 가자 지구 | 서안 지구 |  |
| 사망자 | 5,365명 | 1,011명 | 314명 (*177명) |
| 부상자 | 62,909명 | 91,740명 | 6,407명 (*4,800명) |

*자료: UNOCHA가 제공하는 Data on Casualties를 토대로 필자가 재구성

　팔레스타인인 사망자와 부상자 수는 같은 시기 이스라엘인 희생 규모의 20배를 훌쩍 넘어선다. 가자 지구와 서안 지구의 희생 규모를 비교했을 때 가자 지구의 사망자가 수가 서안 지구의 5배가 넘지만 부상자 수는 서안 지구의 거주민들이 더 많다. 그것은 가자 지구와 서안 지구의 인구적 특성에 기인한다고 볼 수 있는데, 위에서 설명했듯이 서안 지구에서 정착하는 이스라엘인들과의 저강도 갈등의 결과라고 할 수 있다. 한편, 이스라엘인

의 경우 가자 지구에서의 사망자는 모두 이스라엘 방위군이지만 서안 지구에서의 사망자는 2/3가 민간인이다. 또한 부상자도 대부분 서안 지구에서 발생하며 민간인 비율이 압도적으로 높다. 이 데이터를 정리하면, 가자 지구의 경우 이스라엘 군인들의 희생이 많은 반면 서안 지구에서는 이스라엘과 팔레스타인 모두 민간인들의 희생이 많다. 이는 서안 지구에 정착한 이스라엘의 정착 과정에서 발생한 유혈 갈등의 증거라고 하겠다.

그렇다면 2023년 10월 7일 이후 희생자 수는 어떨까? 아직 이 전쟁이 종식되지 않았으므로 공식적인 집계는 어렵지만 일부 매체들과 유엔은 지난 14개월 동안 가자 지구에서 사망한 팔레스타인인의 수가 최소 45,000명 이상이라는 데 이견을 보이지 않는다. 《AP》 통신은 일제히 팔레스타인인 사망자 수의 공식 집계를 44,000~45,000명이라고 전한다. 더욱이, 가자 지구 내 소실된 주택은 160,000호 이상이며, 가자 지구 내에 강제 이주하게 된 사람들의 수는 1,400,000명 이상으로 이는 가자 지구 전체 인구의 60%에 해당한다. 반면, 이스라엘인 사망자 수는 1,600명 정도이며 이 중 1,200명 이상이 10월 7일 당일 이스라엘 영토 내에서 사망한 자들이다. 지난 14개월 동안 진행된 전쟁에서 사망한 이스라엘 군인은 380명 정도이다. 부상자의 수는 약 7,800명 이상이라고 보고된다.

인간의 죽음에는 국적이 없다. 죽음의 크기를 양적으로 비교하는 것은 무의미하다. 하지만 인간을 죽음에 이르게 하는 경로가 구조적인 부정의에 기인한다면 우리에게는 반드시 그것을 멈추게 할 도덕적 의무가 있다. 가자 지구에서의 팔레스타인 민간인들은 이스라엘의 지배 전략과 고도의 무기체계에 의해 절멸되고 있으며, 그중 가장 보호받아야 할 어린이와 여성들이 죽음에 가장 많이 노출되어 있다.

## V. 나가는 말: 평화 연대와 정치의 중요성

이 장에서 필자는 이스라엘-하마스 전쟁을 국가폭력의 관점에서 고찰하고, 그 폭력이 지니는 여러 층위와 결과를 분석하고자 하였다. 서두에서 언급한 바와 같이, 이 전쟁의 본질은 이스라엘의 팔레스타인에 대한 식민주의적 지배 전략의 일환이며, 시온주의를 기반으로 한 유대 국가를 건설하여 역사적 피해자 정체성을 극복하고 새로운 이스라엘을 구현하려는 국가적 야망과 연계된다. 이 과정에서 국가로서의 이스라엘과 디아스포라 유대 민족은 구별되어야 하며, 시온주의 국가라는 인위적 정체성이 형성되는 과정에서 공존해야 했던 팔레스타인 민족은 배제와 억압의 대상이 되어 왔다. 따라서 이스라엘-하마스 전쟁은 이러한 역사적 맥락 속에서 이해되어야 하며, 이스라엘의 식민주의적 지배 정책을 제어하지 않는 한, 단순한 전쟁 해결을 넘어 이스라엘과 팔레스타인의 지속 가능한 공존은 불가능할 것이다.

그렇다면, 우리는 무엇을 해야 하는가? 길들여지지 않는 이스라엘의 국가폭력을 '감폭력(減暴力)'의 방향으로 유도할 수 있는 방안은 무엇인가? 필자는 두 가지 방안을 강조하며 이 글을 마무리하고자 한다.

첫째, 평화 연대이다. 국제사회의 평화 연대는 장기적으로 이스라엘의 팔레스타인에 대한 폭력을 억제하는 데 중요한 역할을 할 수 있다. 여기에서 평화 연대란, 이스라엘의 폭력 행위를 국제적으로 규탄하고, 무기 수출을 중단하는 구체적 실천을 포함한다. 예를 들어, 한국의 '전쟁 없는 세상·아덱스 저항운동·참여연대' 등은 평화 연대의 일환으로 한국 정부의 이스라엘에 대한 무기 수출을 강력히 비판해 왔다. 무기 산업은 인간의 생명을 담보로 한 이윤 추구의 영역이므로, 국제사회가 연대하여 집단적으로 규탄해야만 팔레스타인에 대한 이스라엘의 폭력을 실질적으로 감소시킬 수 있다. 이러한 연대 활동은 이스라엘의 정책 결정자들에게 압력을 가할 수 있으며, 나아가 이 같은 활동이 지속적으로 이루어질 수 있도록 조건을 조성하고 역량을 강화하는 것도 중요한 과제이다.

둘째, 평화 정치이다. 구체적으로는 휴전을 넘어 장기적 평화 협상을 지속하는 것이다. 2024년 11월 27일, 이스라엘은 헤즈볼라와 휴전협정을 체결하였으며, 2025년 1월 17일에는 하마스와도 휴전협정을 맺었다. 그러나 장기적인 관점에서 팔레스타인 내에 평화가 지속될 수 있을지는 여전히 불확실하다. 특히, 이스라엘의 가자 지구에 대한 '절멸의 정치'가 종식될 가능성은 낮아 보인다. 그럼에도 불구하고 평화적 협상을 지속하는 것 외에는 현실적인 대안이 없다. 단기적으로는 평화협정을 복원하여 추가적인 인도적 피해를 방지하는 것이 가장 시급한 과제이다. 그러나 좀 더 장기적인 관점에서 볼 때, 이스라엘과 팔레스타인이 폭력 없이 공존할 수 있는 제도적 장치를 마련하는 것이 필수적이다. 이러한 목표는 평화적 정치 과정을 통해서만 실현될 수 있을 것이다.

# 제3부

한반도에서 보는
이스라엘-하마스 전쟁

**10장** — 이스라엘-하마스 전쟁에 대한 한국 사회의 여론
/ 서보혁

**11장** — 북한의 이스라엘-하마스 전쟁 인식과 한반도 함의
/ 박아름

# 10장

이스라엘-하마스 전쟁에 대한
한국 사회의 여론

서보혁

## Ⅰ. 한국 사회의 여론은 어떨까?

이 장에서는 한국인들이 이스라엘-하마스 전쟁에 대해 어떤 생각을 하는지를 살펴보고자 한다. 러시아-우크라이나 전쟁(이하 러-우 전쟁)과 이스라엘-하마스 전쟁은 각각 역내 인종과 종교를 주원인으로 한 적대적 역사를 배경으로 하는 공통점이 있다. 이 점이 두 전쟁을 사건으로 보기 어렵게 만들고, 전쟁을 장기화하며, 종전이 된다고 하더라도 분쟁의 재발 가능성을 높게 만들 수 있다.

러-우 전쟁에 비해 이스라엘-하마스 전쟁은 국내에서 상대적으로 관심을 덜 받고 있는 것 같다. 러-우 전쟁은 남북한이 직간접적으로 관여하고 있고, 러시아와 서유럽 국가들의 관계, 미-러 관계, 한-러 관계, 북-러 관계를 포함해 국제 질서는 물론 한반도 안보에도 큰 영향을 미칠 가능성이 있다. 러-우 전쟁에 북한은 무기 제공에 이어 파병까지 한 상황이고 한국이 우크라이나와 인접 국가들에 무기 수출을 늘릴 가능성도 있다. 거기에 트럼프 행정부 등장으로 러-우 전쟁은 새로운 국면, 즉 종전 협상이 진행되고 있어 한국의 관련 외교정책 방향을 둘러싸고 국내에서 논의가 뜨거워질 것이다.

그에 비해 이스라엘-하마스 전쟁이 국제 질서와 한반도에 미치는 영향은 상대적으로 적은 편이다. 가장 관심을 끄는 원유 공급 문제에서도 이란이 관여할 정도로 전쟁이 확대되지 않는 이상 큰 영향은 없을 것이다. 그럼에도 불구하고 이스라엘-하마스 전쟁은 중동 질서와 국제(인권)법 체제에 큰 영향을 미칠 것이 분명하고, 무엇보다 인류의 양심을 시험하는 미증유의 상황을 초래하고 있다. 이스라엘 민간인들을 향한 하마스의 10·7 테러와 이후 이스라엘의 거의 일방적이고 무차별적인 보복 공격은 반인도적 범죄, 전쟁범죄 혐의를 받기에 충분하다. 국제사회 일부에서는 하마스와 이스라엘 정부 책임자들을 이런 혐의로 비난하고, 일부 국가들과 관련 국제사법기구는 기소하거나 체포영장을 발부하기도 하였다. 그러나 이스라엘-하마스 전쟁에 대한 국내의 관심은 외신으로 간헐적으로 전해지는 팔레스타인 주민들의 고통과 희생에 연민의 감정을 가지는 정도이다. 여기서는 이스라엘-하마스 전쟁에 관해 한국인들이 어떤 인식과 판단을 하고 있는지를 좀 더 구체적으로 살펴보고자 한다. 그리고 국민 여론이 어떤 함의를 내포하는지도 생각해 보고자 한다.

　하마스의 10·7 테러와 그 직후 이스라엘-하마스 전쟁에 관한 국내 논의가 활발하지는 않았다. 10·7 테러 직후 대외경제정책연구원에서 발 빠르게 보고서가 나왔다. 벡술탄 자파(Bexultan Zhapar)라는 연구자가 2023년 10월「이스라엘-하마스 전쟁에 대한 서방의 반응과 한국에의 함의」라는 글을 대외경제정책연구원이 발간하는《전문가 오피니언》에 기고하였다. 그즈음 필자도 이때「이스라엘-하마스 사태와 외교·안보·대북 정책에의 함의」라는 제목의 보고서를 통일연구원의《온라인시리즈》(2023.10.13.)에 기고하였다. 필자는 이 보고서 말미에 향후 한국의 대외 정책, 시민사회의 동향 등을 논하기 위해 국민 여론을 파악할 필요가 있다고 지적하였다.

위와 같은 전쟁 초기 논의 이후 이 전쟁이 국제법, (한국의) 안보 정책 등에 주는 함의에 대한 논의가 활발하게 전개되었다.[1] 그럼에도 이 전쟁에 대한 한국인들의 반응, 즉 국내 여론에 대한 논의는 찾아보기 힘들다. 이스라엘-하마스 전쟁은 그 자체로 한국의 국가이익에 영향을 미칠 것이고, 전쟁과 평화에 관심이 높은 한국인들에게 적지 않은 관심사가 될 것이다. 그런 점에서 이 전쟁에 관한 한국인들의 여론을 살펴보는 일은 의미가 크다 하겠다.

이 글에서는 이스라엘-하마스 전쟁에 관한 한국인의 여론을 파악하기 위해서 직접 여론조사를 하지는 못하고, 언론 보도를 이용하기로 하였다. 구체적으로 전쟁 발발 이후부터 2024년 12월 말까지 두 신문의 사설과 칼럼 기사를 살펴보기로 하였다. 두 신문은《조선일보》와《한겨레》인데, 두 신문의 사설과 칼럼을 통해 이스라엘-하마스 전쟁에 관한 국민들의 여론 분포를 알 수 있을 것으로 기대한다.《한겨레》의 경우 사설 12개,《조선일보》의 경우 사설 2개와 '오피니언'으로 분류된 조선일보 기자나 논설위원들의 기사 6개를 논의 대상으로 삼았다. 물론 비교할 기사의 수를 맞출 수는 있지만,《조선일보》의 경우 외부 필진의 칼럼을 포함시켜야 하는데 그

---

1 강병근, "점령과 병합의 국제법적 효과-우크라이나 전쟁과 가자 전쟁을 중심으로,"『인권과 정의』, 제525호, 2024, pp. 64~87; 엄한진, "식민에서 제노사이드로: 이스라엘 가자학살의 기원",『경제와사회』, 제143호, 2024, pp. 156~187; 최정준, "현대전에서 대내외 여론전의 역할: 이스라엘-하마스 전쟁을 중심으로,"『한국동북아논총』, 제29권 제3호, 2024, pp. 69~91; 배일수 · 정희태, "인간안보 차원 이스라엘-하마스 전쟁과 안보정책적 함의", *The Journal of the Convergence on Culture Technology*, 제10권 제4호, 2024, pp. 17~22; 반길주, "전쟁의 시대 부상과 정의의 전쟁론: 신냉전과 이스라엘-하마스 전쟁",『평화연구』, 제32권 제1호, 2024, pp. 5~38; 홍성표, "이스라엘-하마스 전쟁이 한국안보에 주는 시사점",『군사논단』, 제116권, 2023, pp. 93~109.

릴 경우 그 칼럼이 《조선일보》의 입장을 대변하지 않을 수도 있는 문제가 발생한다. 또 서로 차이가 나는 기사 수를 그대로 드러내는 것도 이스라엘-하마스 전쟁에 대한 관심도의 차이를 보여주는 의미가 있다고 할 수 있다.

두 신문의 보도에서 공통점과 차이점을 발견할 수 있을 것이다. 공통점은 '국민적' 여론으로 간주할 만하고, 차이점은 이견을 보인 여론으로 간주할 수 있을 것이다. 각 기사의 분석과 두 신문의 비교 분석은 전쟁의 원인, 성격과 양상, 전망과 대책 등 세 측면에서 진행할 것이다.

## II. 《조선일보》의 논조

### 1. 전쟁의 원인

《조선일보》 사설이나 칼럼에 두드러지게 나타나는 특징은 이스라엘-하마스 전쟁의 원인이나 배경을 거의 다루지 않는다는 점이다. 전쟁의 원인이 가까운 원인[近因]과 먼 원인[遠因], 특정한 개별 원인과 구조적 원인, 그리고 역사, 이념, 정치, 경제적 원인 등 다양하겠지만 그런 데 관심을 두지 않는다. 오직 국가안보의 시각에서 전쟁의 양상과 대책에만 관심을 두고 있다. 아래에서 다루고 있는 몇 가지 측면의 논의는 《조선일보》의 사설과 칼럼을 최대한 분류해 본 결과이지, 이 신문의 논조가 전쟁의 원인을 제외하고 있다고 말할 수는 없을 것이다. 그럼에도 이 전쟁을 다룬 많지 않은 사설과 사내 칼럼들에서 이 전쟁의 원인을 언급하지 않은 것은 전쟁의 전망과 대책에 대한 논의에 한계가 있음을 의미할 수 있다.

## 2. 전쟁의 성격과 양상

　논의 대상으로 삼은 《조선일보》의 기사 중 전쟁의 성격으로 분류 가능한 기사는 한 건뿐이다. 2023년 10월 9일 자 사설, 「불시에 당한 '중동판 진주만 공습', 전쟁은 예고 없이 닥쳐온다」에서는 "러시아의 우크라이나 침략 전쟁이 장기화되는 가운데 이번 사태는 유가 급등과 세계경제 불안을 초래하고 우리 안보에도 좋지 않은 영향을 미칠 수 있다."고 지적한다. 그리고 "특히 우리가 주목해야 할 점은 이스라엘이 공격 정보를 사전에 파악하지 못한 것"이라면서 전쟁이 정보전의 성격을 띠고 있다고 말한다. 사설에서는 "이스라엘로선 아랍의 기습 공격에 대비하지 못한 1973년 제4차 중동전쟁 이후 최악의 정보 실패로, '이스라엘판 9·11 테러' '중동판 진주만 공습'이란 지적이 나온다."고 말한다. 다음의 사진은 이스라엘을 지지하는 해외에서의 집회 광경이지만 국내에서도 이스라엘을 지지하는 여론은 보수단체가 주최하는 시국 집회에서 어렵지 않게 볼 수 있다.

　전쟁의 양상에 관해서는 세 개의 칼럼 기사가 있다. 먼저 이스라엘-하마스 전쟁의 국제정치적 역학을 지적한 강천석의 칼럼(2023.11.11.)이다.

> 우크라이나에서 이스라엘·팔레스타인이 지척이고, 팔레스타인·이스라엘은 양안과 한반도와 연동(連動)되어 움직인다. 이스라엘-하마스 전쟁이 터지자 미국은 우크라이나로 보내려던 수십억 달러 군사 지원을 이스라엘로 돌렸다. 미국은 우크라이나에 전쟁을 '계속할' 무기를 보내고, 이스라엘엔 전쟁에서 '승리할' 무기를 보낸다.

이스라엘을 지지하는 해외에서의 집회
ⓒsraeli American Council, CC BY-SA 2.0, https://commons.wikimedia.org/wiki/File:Pro-Israel_rally_in_Los_Angeles.jpg

    또 다른 칼럼은 가자 지구 인근을 방문한 기자의 글이다. 이 칼럼은 전쟁 현장을 들어가 보지 못하고 포성으로 전쟁을 이해하는 기자의 입장을 전해 준다. 김나영 기자는 「이스라엘 가자 국경서 들은 소리」라는 제하의 칼럼(2024.11.27.)에서 "나치 홀로코스트를 다루는 영화 〈존 오브 인터레스트〉에서 중요한 건 사운드다."라고 환기시킨다. 이어 "복잡하게 얽힌 이스라엘·팔레스타인 현실을 두 눈으로 보겠단 의욕을 품고 갔다가 계속되는 청각과 시각의 불일치로 갈수록 심경이 복잡해졌다."고 토로한다. 그런데 이 칼럼은 전쟁 당사자 중 한쪽만 접촉해 현실에 대한 균형적 이해를 스스로 무너뜨린다. "이스라엘 국방부 산하 민간 협조관을 만났다. 가자 지구 내 사망자가 4만 명이 넘었다는 사실을 언급하자 그는 하마스가 운영하는 보건부의 집계를 믿을 수 없다고 잘라 말했다." 이에 대한 어떠한 평가도 없이 칼럼은 끝난다.

드론전에 주목하는 칼럼 기사도 있었다. 구체적으로 "전투 드론, 그중에서도 게임하듯 조종사가 목표물의 영상을 들여다보며 타격하는 일인칭 시점(FPV: first person view) 드론"을 주목한다. 김신영은 「서울 상공에서 북한 드론이 자폭하는 날」이라는 제목의 칼럼(2024.11.5.)에서 위 드론이 러-우 전쟁에서 본격적으로 쓰이고 있다고 말한다. 이어 드론전이 "북한과 비슷한, 가난하고 고립된 조직에 특히 유용하다."고 말하고 하마스와 후티를 대표적인 예로 꼽는다. 하마스는 10·7 대이스라엘 테러 공격 시 "민간 드론에 폭탄을 달아 통신탑·관제탑·무기고를 동시다발적으로 파괴하는 데 성공했다."고 평가한다. 이 칼럼 역시 안보를 강화할 필요성으로 끝을 맺는다.

### 3. 전쟁의 전망과 대책

앞서 이스라엘-하마스 전쟁의 국제정치적 역학 관계를 다룬 강천석 칼럼에서는 타협하기 어려운 양측의 입장을 들어 전쟁이 장기화될 가능성을 말한다. 그 입장이란 나라를 지키기 위해 전쟁을 하는 이스라엘인, 나라를 세우기 위해 싸우는 가자 지구 팔레스타인인들을 말한다. 칼럼은 거기서 그치지 않고 '더러운 평화가 전쟁보다 낫다'고 말한 야당 대표를 비판하고 있다.

또 다른 기명 칼럼에서는 '전 세계에서 강대국이 개입하는 군사적 충돌의 개연성과 가능성이 있는 곳' 네 군데 - 유럽·중동·양안·한반도 - 를 언급하며 미국의 운신의 폭이 제한됨을 지적한다. 김대중은 '우크라이나, 중동 이후 제3의 전선'을 제기하며 미 바이든 행정부가 "우크라이나와 중동, 이 두 곳의 전선도 감당하기 버거"워 하며 "아시아에서 제3의 전선이 형성되는 것을 우려하는 처지에 놓이게 됐다."고 평가한다.(2024.3.21.) 그런 상황에서 "북한의 기회주의적 움직임도 예의 주시하지 않을 수 없다.", "한국의 관점에서 볼 때 미국의 시선(視線)이 여러 곳으로 분산되는 것은 결코 한국에 이로울 수 없다."고 지적한다. 그러면서 위 강천석 칼럼과 같이, "이기는 전쟁보다 더러운 평화가 낫다."고 한 제일 야당 대표의 발언을 비난한다. 주한 미군이 철수할 가능성과 그 틈을 북한이 활용할 우려가 있기 때문에 "'더러운 평화'를 택하면 목숨[命]은 부지할는지 모르지만 그것은 살아 있는 목숨[生命]이 아니라 이미 죽은 목숨[死命]이다."라고 지적한다. 이 칼럼의 정치적 입장은 논외로 하더라도, 미국이 우려하고 한국의 안보에 악영향을 미칠 수도 있는 전선의 다변화에 대응할 방안은 제시하지 않고 있다. 물론 이 신문은 앞선 사설(2023.10.9.)에서 "김정은의 일거수일투족과 북한군의 움직임을 면밀히 감시하며 유사시 북한군 포탄이 단 한 발도 우리 땅에 떨어지지 않게 해야" 한다고 말하고 있기는 하다.

《조선일보》는 10·7 테러 이후 전개된 이스라엘-하마스 전쟁이 한국 안보에 주는 시사점을 일찌감치 강조하였다. 2023년 10월 10일 자 사설은 두 가지 큰 전제를 달고 있다. "이스라엘이 민병대 수준의 팔레스타인 무장 단체 하마스의 기습 공격에 속수무책으로 뚫린 것"과 "2018년 문재인 정부가 체결한 '9·19 남북 군사합의'는 우리 군의 대북 감시·방어 능력을 크게 제약하고 있다."는 판단이 그것이다. 그에 따라 사설은 "대북 방어 태세를 전반적으로 재점검하고 9·19 합의 역시 전면 재검토해야 한다."고 주장한다.

《조선일보》는 이스라엘-하마스 전쟁에 대한 시사점으로 안보 태세 강화, 국론 결집을 강조하고 있는데, 그 가운데 정부·여당의 안보 정책에 대한 평가 없이 제일 야당(대표)의 안보관을 비판하고 있다는 점이 눈에 띈다. 또 하마스의 10·7 테러 2주 후에 나온 '박정훈 칼럼'(2023.10.21.)에서는 이스라엘이 강렬하고 신속하고 결집된 대응을 하였다고 평가한다. 그 대신 칼럼은 대만이 안보 불감증과 국내 정치적 분열에 빠져 있다고 하면서 이스라엘과 대비시킨다. 이어 "한국 민주당이 보기에 이스라엘은 바보 같은 나라일 것이다."라고 야당을 겨냥한다.

이스라엘-하마스 전쟁에 관해 이스라엘 예찬은 (하마스 무시와 함께) 이 《조선일보》의 특징으로 꼽을 수도 있다. 정철환은 칼럼(2024.10.12.)에서 "물리적 힘을 투사하고 전략적 목표를 달성해 가는 과정에서 드러나는 집요함, 목표를 성공적으로 달성해 내는 군과 정보기관의 실행 능력, 무엇보다 국민의 단결력"을 이스라엘의 장점으로 꼽는다. 거기에 네타냐후 총리의 저돌적인 외교 지도력을 추가한다. 대신 인도주의, 국제법, 협상이 머물 자리는 없다. "인도주의와 윤리, 정치적 갈등·요구는 별개의 문제"이기 때문이다. 그러면서 "우리에게 이스라엘과 같은 상황이 닥친다면 과연 어떤 일이 벌어질 것인지, 미리 냉정하게 따져 봐야 한다."고 주장한다. 전체적으로 이 신문의 대책은 안보 의식 강화, 총화 단결이 대안이라는 것이다.

## III. 《한겨레》의 논조

### 1. 전쟁의 원인

전쟁의 원인에 관해 《한겨레》는 하마스의 10·7 대이스라엘 민간인 공격을 비난하면서도 이스라엘과 미국 정부를 주로 겨냥했다. 하마스의 10·7 공격 다음 날 《한겨레》는 사설(2023.10.8.)에서 "오랫동안 계속되어 온 이스라엘의 팔레스타인에 대한 비인도적 탄압에 반대하지만, 그럼에도 불구하고 이스라엘 민간인까지 잔혹하게 살해한 하마스의 이번 공격에는 동의할 수 없다."고 밝혔다. 3일 후 두 번째 사설(2023.10.11.)에서도 이 신문은 이스라엘-하마스 전쟁에 대한 입장을 재확인했는데 하마스의 10·7 공격에 대한 입장을 뚜렷하게 덧붙였다.

> 이스라엘이 지난 16년 동안 하마스가 통치하는 가자 지구를 봉쇄해 '세계 최대의 감옥'으로 만들고 서안 지역에서 유대인 정착촌을 폭력적으로 확대해 온 비인도적 점령 정책에 반대하지만, 하마스의 이번 잔혹한 민간인 학살과 인질극은 결코 용납될 수 없다. 하마스의 이런 행위는 팔레스타인 민간인들이 더 큰 고통을 겪게 하고, 이스라엘 내부에서도 큰 저항에 부딪혔던 네타냐후 극우 정부에 힘을 실어 주는 역설적인 상황을 만들어 내고 있다.

《한겨레》는 이스라엘-하마스 전쟁의 원인으로 이스라엘의 팔레스타인 지역 점령 정책과 미국의 이스라엘 지원을 꼽았다. 10월 8일 첫 사설에서 이 신문은 하마스의 10·7 공격에 따른 이스라엘 민간인 사망과 인질 발생이 "네타냐후가 이끄는 '극우 연정'이 출범한 이후 유대인 정착촌 확대와 알-아크사 사원에 대한 지배권 강화를 더욱 거칠게 추진하면서 팔레스타인과의 갈등을 악화시킨 결과"라고 하면서 네타냐후 정권을 지목하였다. 이어 이 사설은 '또 다른 중요 원인'으로 "미국이 중재하는 이스라엘과 아랍 국가들의 평화협정에 의해 팔레스타인이 '버려질 것'이라는 위기감"을 꼽았다. "이런 상황에서 하마스는 이번 공격으로 자신들의 존재감을 부각하고, 이스라엘과 사우디의 수교를 중단시키려는 위험한 도박에 나섰다."는 것이다.

전쟁이 1년여를 지나고 있는 2024년 9월 말부터는 이스라엘-헤즈볼라(레바논), 이스라엘-이란 전투로 확전의 우려가 일어났다. 특히 이란과 이스라엘이 전쟁에 돌입하면 이스라엘-하마스 전쟁은 제5차 중동전쟁으로 비화할 우려가 높아진다. 그런 상황에서 "급해진 조 바이든 미국 대통령은 이란 핵 시설에 대한 공격을 암시하는 이스라엘에 '비례적인 대응을 해야 한다'며 반대 입장을 밝혔다. 사태가 이렇게까지 악화된 가장 큰 책임은 '극우' 베냐민 네타냐후 이스라엘 총리의 호전성을 잘 알면서도 무기 지원을 이어 온 미국에 있다."고 《한겨레》는 사설(2014.10.3.)에서 주장했다. 앞선 입장과 비슷하게 이 사설은 이 전쟁의 주 책임을 미국과 함께 이스라엘에 돌렸다. 사설은 "지금까지 미국 등이 주도해 온 휴전 협상을 파탄 내고, '이란의 참전'을 끌어내려 악의적 도발을 일삼은 쪽은 이스라엘이었다."고 말하였다. 그 증거로 사설은 이스라엘이 새 이란 대통령 취임식에 참석하기 위해 테헤란을 찾은 하마스 최고 지도자인 이스마일 하니야 살해(2024.7.31.), 레바논 무장정파 헤즈볼라를 겨냥한 '삐삐 테러'(9.17.-18.), 새 헤즈볼라 최고 지도자인 하산 나스랄라 제거(9.27.) 등을 거론했다.

## 2. 전쟁의 성격과 양상

이스라엘-하마스 전쟁의 성격에 대해서 《한겨레》 사설 기사는 세 가지 입장을 표명하였다. 우선은 하마스의 10·7 공격을 '테러'로 규정하고, 그 이후 이스라엘의 보복 공격을 포함한 양측의 군사 충돌 전반을 '이스라엘-하마스 전쟁'이라 부르고, 그 과정에서 민간인 및 민간 시설에 대한 무차별 공격을 '전쟁범죄'라고 불렀다. 전쟁 성격에 대한 그런 언급은 전쟁이 복잡하고 전개 과정에서 그 성격이 변해 가고 있음을 암시해 준다.

하마스의 10·7 공격 다음 날 《한겨레》 사설(2023.10.8.)에서는 하마스의 "동시다발 공세는 '이스라엘판 9·11 테러'라 불릴 정도"라고 지적하였다. 이어 관련 두 번째 사설(2023.10.11.)에서는 "하마스 무장대원들이 이스라엘 마을에 들어가 아기들까지 잔혹하게 살해하고 가족들을 몰살한 정황(……)과 음악축제 행사장 주변에서 시신 260구가 발견"된 점 등을 언급했는데, 이런 언급은 이 신문이 10·7 공격을 테러라고 규정하는 이유를 말해 준다.

전쟁의 직접 이해 당사자를 제외하고 대부분의 국제사회, 특히 유엔과 많은 언론은 가자 지역에서 벌어지는 이스라엘과 하마스 간의 무력 충돌 양상에 주목해 이 전쟁을 '가자전쟁(War in Gaza)' 혹은 '이스라엘-하마스 전쟁'으로 불렀다. 《한겨레》 사설도 10·7 공격 이후 주로 가자 지역에서 벌어지는 이스라엘과 하마스 간의 군사 충돌을 전쟁으로 규정하였다.

그러면서도 하마스의 10·7 테러에 대한 이스라엘의 보복 공격이 분쟁 집단 간 전쟁을 넘어 대규모 민간인 및 민간 시설 공격을 동반한 '전쟁범죄'라고 판단하였다. 하마스의 10·7 공격 10여 일이 지나는 시점에서 《한겨레》 사설(2023.10.18.)에서는 "이번 전쟁이 하마스의 민간인 기습 공격에서 비롯됐다고는 하나, 가자 지구 민간인들이 애꿎은 보복을 당하고 있다."고 지적했다. 이 사설은 "이스라엘은 하마스의 공격을 응징한다면서, 가자 지구 전체의 물과 식량을 끊고 민간인들에게까지 무차별 공습을 가해, 이미 가자 지구 주민 3,000명 이상이 목숨을 잃고 600,000명이 피란길에 올랐다."고 말하고, "누구의 책임이든 이번 공격은 심각한 전쟁범죄"라고 평가했다. 또《한겨레》는 전쟁 1년이 경과하는 즈음에는 지역 분쟁으로 격화될 가능성도 있다고 보았다.

《한겨레》 사설에서는 전쟁의 양상에 대해서도 관심을 보였는데, 민간인 피해의 확대와 그 참상에 주목하였다. 하마스의 10·7 공격 이후 전쟁의 피해는 이스라엘군에 의한 팔레스타인 민간인 및 민간 시설 피해가 대부분이었다. 민간인 및 민간시설을 향한 공격 방식과 그 피해 범위의 확대가 양상의 대부분을 구성하였다. 이것이 '집단학살'과 '인도주의적 위기'가 거론되는 이유이다. 이 신문은 인도주의적 위기의 실상을 알리는 데 팔레스타인 기구는 물론 관련 국제기구를 동원해 위기의 보도에 신뢰성을 높이고자 하였다.

이스라엘의 보복 공격 개시 10일이 경과하는 시점에 "이스라엘은 안전보장 대피 통로 중 한 곳에 폭격을 가해 피란에 나선 주민 70여 명이 숨졌"는데, 이때《한겨레》 사설(2023.10.18.)에서는 세계보건기구(WHO)가 "가자 지구 북부 병원에서 치료 중인 환자 2천여 명에게 (이스라엘 측이) 피란을 요구하는 것은 '사형선고'라고 경고했다."고 말했다. 비슷한 시기 팔레스타인 보건부는 가자 지구 병원에 폭탄이 떨어져 민간인 500명 이상이 숨졌다고 밝혔다. 또 이 사설에서는 "이스라엘은 이미 전기·가스·식수를 모두 끊었다. … 더욱이 이스라엘군은 교전 규칙을 완화해 병사들이 적으로 의심되는 사람을 쏘기 전 확인 절차를 줄였다."고 전하며 민간인 피해의 증가를 우려했다. 하마스 테러 집단 색출을 명분으로 이스라엘이 병원까지 폭격하고 있음이 확인되면서 민간인 및 민간 시설 피해가 눈덩이처럼 커져 갈 우려가 높아졌다. 환자들에 대한 사형선고가 사형 집행으로 전환된 셈이다.

이어 2023년 12월 25일 자 《한겨레》 사설은 팔레스타인 중앙통계청을 인용해 개전 이후 12월 23일까지 가자 지구에서 사망자 20,561명, 그 가운데 어린이가 8,000명 이상이라고 보도했다. 또 국경 통제로 인도주의적 물품 전달이 필요량의 10% 수준에 그쳐 고통이 극한에 이르고 있으며, 식량·물·전기·생필품 등 모든 것이 부족하다고 전했다. 전쟁이 시작된 지 다섯 달이 지난 2024년 3월 11일 《한겨레》 사설은 팔레스타인 중앙통계청의 자료를 인용해, 개전 이후 가자 지구에서 숨진 이들은 무려 30,960명에 이른다고 보도했다. 이 보도에서 눈에 띄는 현상은 사망자 대부분의 사망 원인이 그동안에는 이스라엘 방위군의 무차별 공격이었는데, 얼마 전부터는 사람들이 굶어 죽기 시작했다는 것이다. 가자 지구 보건 당국의 아사자 집계는 2024년 2월 27일 시작되어 3월 8일 현재까지 20명으로 늘어났는데, 그중 17명이 어린이라는 것이다. 특히 외부의 지원 물자가 닿기 힘든 북부 지역 내 2세 미만 아기들의 16%가 급성 영양실조에 걸린 사실도 확인되었다. 이렇게 민간인 및 민간 시설 피해가 늘어 가는 이유는 이스라엘군 탱크가 민간인이 탄 승용차 공격, 터널 공격, 이스라엘 인질 구출 작전에서 수많은 민간인 공격 등 이스라엘군의 무차별 공격이 있었기 때문이라고 신문은 지적하였다.

이렇게 민간인 피해가 속출하는 가운데 국제사회의 대응에도 《한겨레》는 관심을 가졌다. 신문은 인도주의적 위기에 대응할 '인도주의적 지원' 논의를 다루면서 그를 둘러싸고 국가 및 국가 간 이해관계로 인해 지원에 한계가 나타난다고 지적하였다.

신문은 2023년 10월 15일 자 사설에서 개전 직후 토니 블링컨 미국 국무장관의 일련의 외교 행보를 언급하면서 미국이 '확전 방지'를 강조하면서도 "휴전을 제안하지 않고, 이스라엘의 지상전에도 뚜렷한 반대 목소리를 내지 않고 있다."고 비판했다. 또 이 사설은 미국이 '민간인 살상 방지'를 이야기할 뿐, 항공모함 파견 등으로 사실상 이스라엘의 대규모 보복을 돕는다고 지적하였다.

《한겨레》 사설은 국제기구의 대응도 다루었다. 2024년 1월 28일 자 사설은 국제사법재판소(ICJ)가 "(1월) 26일(현지 시각) 이스라엘에 자국 병사들이 집단학살을 저지르지 못하도록, 할 수 있는 모든 조처를 할 것과 팔레스타인 주민의 인도주의적 상황을 개선하기 위해 구호 물품이 시급히 반입되게 하도록 할 것 등을 명령"한 사실을 언급했다. 당시 판결은 '남아프리카공화국이 이스라엘의 팔레스타인 주민에 대한 집단학살을 제소한 데 따른 예비 판결'인데, 남아공이 요구한 '군사작전 즉각 중단'에 관한 사항은 판단에서 제외되었다. 사설은 이 판결에 대하여 "이스라엘이 이를 지키지 않아도 강제할 수단이 없다는 점에서 한계는 명확하다."고 말하면서, "베냐민 네타냐후 이스라엘 총리는 즉각 반발했고, 미국도 판결을 인정하지 않았다."며 판결의 한계를 지적했다. 위 사설은 또 "폴커 튀르크 유엔인권최고대표의 발언을 언급하면서 전쟁범죄 및 반인도적 범죄 혐의에 대한 국제기구의 역할을 언급했다.

이스라엘-하마스 전쟁에서 팔레스타인을 지지하는 국내 집회 광경 (ⓒ장경태 2025)

《한겨레》는 2024년 9월 19일 사설에서 이스라엘의 무차별 보복 공격과 전쟁의 장기화에 "하마스의 기습 공격을 막지 못한 베냐민 네타냐후 이스라엘 총리"가 "정치적 책임을 지고 사임해야 할 처지"에 있다고 평가했다. 이 사설은 "(네타냐후 총리가) 이런 상황을 피하기 위해 미국 등이 주도하는 휴전 협상에 어깃장을 놓고 '숙적'인 이란을 계속 자극하고 있다는 분석이 끊이지 않는다."고 지적하였다.

## 3. 전쟁의 전망과 대책

《한겨레》는 이스라엘-하마스 전쟁에 대한 향후 전망과 그 대책에 관해서는 '인도주의적 휴전', '즉각 휴전' 등을 내놓으면서도 낙관적인 전망을 하지는 않았다.

개전 초,《한겨레》는 이스라엘이 보복 공격을 하기 위해 가자 지구에 지상군을 투입한 것을 거론하며 팔레스타인 민간인들의 엄청난 피해를 예상하며 확전을 우려하였다. 이 신문은 연이은 사설(2023.10.15., 10.18.)에서 "더 늦기 전에 예고된 인도주의적 참사를 중단"시키고, "당장 가자 지구 민간인에 대한 공격을 멈추고 생필품을 공급해야 한다."고 촉구했다. 그러나 미국 바이든 행정부가 이스라엘의 '보복'을 묵인하고, 그 대신 유엔과 유럽연합(EU)은 하마스의 '테러 행위'를 비판하면서도 이스라엘의 가자 지구 봉쇄에 우려를 표하는 모습을 보이고 있다고 지적하였다.(2023.10.11.) 국제사회의 이런 분열된 반응이 이스라엘-하마스 전쟁을 낙관적으로 전망하지 못하는 배경으로 작용하였다. 2023년 10월 31일 자《한겨레》사설은 그 주원인으로 인도주의적 교전 중지를 촉구하는 국제 여론에도 불구하고 이스라엘을 두둔하며 반대하는 미국 바이든 행정부의 태도를 지목하였다. 미국은 2023년 10월 하순 유엔 안보리의 교전 중지 결의안에 반대하였고, 12월 하순 가까스로 통과된 가자 지구로의 인도주의적 지원 확대 결의안에 담긴 적대 행위 중단 조항에 반대하였다. 신문의 사설(2023.12.25.)은 "국제사회는 계속해서 휴전을 촉구하고 있으나, 미국은 앞서 안보리에서 제기된 두 차례 휴전 촉구 결의안에도 거부권을 행사해 채택을 무산시킨 바 있다."고 지적하였다.

이스라엘의 보복 공격으로 민간인 피해가 눈덩이처럼 커져가자, 2024년 들어 국제사회는 구호품 전달 및 그 지역에 대한 민간인 접근 허용과 같은 '최소한의 원칙' 합의에 주력하였다. 2024년 6월 들어서《한겨레》사설(2024.6.11.)은 "이스라엘과 하마스 양쪽 모두 더는 전쟁을 이어 갈 명분을 잃었다. 남은 선택지는 '즉각 휴전'밖에 없다."고 호소한다.

  그런 호소가 근거 없는 것은 아니었다. "유엔 안보리는 (6월) 10일 이스라엘과 하마스 양쪽 모두에 '지체하지 않고 무조건', 앞서 지난달 31일 조 바이든 미국 대통령이 제시한 3단계 휴전안을 '완전히 이행할 것'을 요구했"기 때문이다. "미국과 대립해 온 러시아도 거부권 행사 대신 기권으로 이번 결정을 사실상 승인했다."(2024.6.11. 자 사설). 3단계 휴전안은 1단계, 6주간 휴전하고 이때 이스라엘군의 일부 지역 철수와 하마스의 일부 이스라엘 인질 석방, 2단계, 모든 적대 행위 중지와 모든 생존 인질 석방과 이스라엘군의 완전 철수, 3단계, 가자 지구 재건이다. 이 휴전안을 골자로 한 안보리 결의가 2024년 6월 10일 채택되었다. 그러나 이 휴전 결의는 이행되지 못하고 휴지 조각이 되어 버렸다.

  한편, 《한겨레》 사설(2023.10.8.)은 이스라엘-하마스 전쟁이 한국과 한반도에 미치는 영향과 그 대책에 대해서는 구체적인 대안을 제시하지 않았다. 개전 초기 이 신문 사설은 확전을 우려하면서 "한반도의 평화를 지키려면 한국의 외교·안보 전략도 더욱 깊고 신중해져야 한다."고 지적했지만, 그 내용은 제시하지 않았다. 또 개전 10개월이 지난 2024년 8월 6일 자 사설에서는 "이란과 이스라엘이 본격 대결을 시작하면 중동 전체가 전쟁터로 변할 … 경우 중동과 동아시아를 잇는 '원유 운송로'의 안전이 크게 위협받게 된다."고 우려하였다. 그러면서 "정부는 국내 정치의 힘겨루기에 몰두할 때가 아니라 바깥에서 몰려오는 파도에 대비해야 할 때다."라고 추상적으로 언급하는 데 그쳤다.

## IV. 두 신문의 논조 비교와 평가

이상 두 신문의 기사에 나타난 이스라엘-하마스 전쟁에 대한 시각 차이는 크다. 우선, 이 전쟁을 사설에서 다룬 횟수를 놓고 볼 때 《한겨레》가 《조선일보》에 비해 이 전쟁에 훨씬 높은 관심을 보였다. 이 전쟁을 보는 기본 시각에서는 《한겨레》가 보편 가치를 중시하는 반면에, 《조선일보》는 국가이익을 중시하고 있어 분명한 대조를 보여주었다.

다음으로 위에서 다룬 세 가지 측면에서 두 신문의 논조를 비교해 보자. 첫째 이스라엘-하마스 전쟁의 원인에 대해 두 신문은 뚜렷한 차이를 보인다. 《조선일보》는 구체적인 논의를 하지 않고 있는 데 비해, 《한겨레》는 구체적으로 언급하고 있다. 이 장에서 다룬 보도 기사를 통해서 볼 때 《조선일보》가 전쟁의 원인을 다루지 않은 이유를 찾기는 힘들다. 《한겨레》는 이 전쟁의 가까운 원인으로 이스라엘 민간인을 향한 하마스의 10·7 테러를 꼽았고, 먼 원인(혹은 구조적 원인)으로 이스라엘의 팔레스타인 지역 점령 정책과 미국의 이스라엘 지원을 꼽았다.

둘째, 전쟁의 성격과 양상에 관해서도 두 신문은 대조를 보였다. 전쟁의 성격에 관해 《조선일보》는 정보전에 주목한 데 비해, 《한겨레》는 전쟁 양상의 변화를 반영해 테러·전쟁·전쟁범죄 등 다양하게 논의하였다. 전쟁의 양상에 관해서 두 신문은 국가 중심의 위로부터의 접근, 대중 중심의 아래로부터의 접근으로 서로 차이를 보였다. 《조선일보》는 전쟁의 양상에 국제정치적 역학과 드론전 등 국가안보의 시각에 섰다. 그중 국제정치적 역학에서 이스라엘-하마스 전쟁이 러-우 전쟁, 양안과 한반도 등 다른 지역 분쟁과의 연계 가능성에 관심을 나타내기도 하였다. 그에 비해 《한겨레》

는 민간인 피해의 확대와 그 참상과 같은 대중의 시각에 섰다. 그에 따라 하마스의 10·7 테러 공격 이후 전개되는 이스라엘군의 보복 공격이 무차별적이고 민간인 피해가 계속해서 발생하는 데 주목하였다. 《한겨레》는 이 전쟁이 전쟁범죄를 낳고 있다는 주장까지 하고 나섰다. 이런 측면에 대해 《조선일보》는 특별한 언급을 하지 않고 있다.

셋째, 전쟁에 대한 전망과 관련 대책에 대해서도 두 신문은 하나를 제외하고 차이를 보였다. 그 하나가 이 전쟁이 장기화될 가능성이 높다는 전망이다. 《조선일보》는 이스라엘과 하마스 양측의 비타협적 입장을 들어 전쟁이 장기화될 가능성이 높다고 보았다. 《한겨레》도 비관적 전망을 내놓으며 '인도주의적 휴전'이 이루어지지 않는 현실을 개탄하였다.

그러나 두 신문은 이 전쟁이 미치는 영향과 그 대책에 대해 분명한 차이를 드러냈다. 《조선일보》는 중동에서 벌어진 이 전쟁이 한반도에 큰 영향을 줄 것이라고 보고, 대북 억지, 안보 태세 및 의식 강화, 국론 결집을 대책으로 제시하였다. 그러면서 남북이 기존에 맺은 평화 합의와 그것을 지지하는 야당을 비판하였다. 반면에 《한겨레》는 이스라엘과 미국이 전쟁을 격화·장기화시킨다고 비판하면서 민간인에 대한 무차별 공격 중단과 민간인들의 생존에 필수적인 식수·의약품 지원 등을 위해 '인도주의적 휴전'을 대책으로 제시하였다. 《한겨레》 사설은 이 전쟁이 한반도에 미치는 영향이 없다고 판단하는지 그에 관한 대책은 언급하지 않았다.

한국에는 많은 일간지가 있고 그중에는 정치적 성향이 뚜렷하게 나타나는 신문도 있다. 특히 한국 사회의 정치적 양극화를 반영해 통칭 보수와 진보 성향을 대변하는 신문으로 《조선일보》와 《한겨레》를 꼽는 데 무리는 없을 것이다. 이스라엘-하마스 전쟁에 대한 국내 여론을 이해하는 이 글에서도 두 신문을 선정하였다. 이 글에서는 전쟁에 관한 두 신문의 사설과 신문사 소속 기명 칼럼을 논의 대상으로 삼아 두 신문의 입장을 비교하였다. 그 결과 전쟁의 원인, 성격과 양상, 전망과 대책 등 세 측면에 걸쳐 두 신문은 뚜렷한 입장 차이를 보였다. 다만, 전쟁이 장기화될 가능성에 대해서는 두 신문이 같은 입장을 보였다. 그런 차이는 전쟁에 대한 근본적인 시각 차이를 배경으로 하는 것이 아닌가 생각한다. 전쟁을 국가이익을 달성하기 위해 선택하는 국가의 불가피한 수단으로 보느냐, 아니면 대중의 존엄과 생존의 관점에서 예방하거나 종식시켜야 할 악으로 보느냐의 차이 말이다. 나아가 전망 및 대책과 관련해 이스라엘-하마스 전쟁을 한반도 분쟁과 국내 정치에 연계시키느냐의 여부는 전쟁 일반에 대한 시각과 이 전쟁을 바라보는 특정 시점의 국내 여론이 결합한 결과에 달려 있다고 할 수 있다.

물론 이 글에서 다루고 있는 두 신문이 이스라엘-하마스 전쟁에 대한 한국 사회의 여론을 대변한다고 단정할 수는 없다. 이 전쟁에 관한 한국인들의 평균 여론은 두 신문이 보여주는 대조적인 입장 사이의 어느 지점에 있을 것이다. 그 구체적인 내용은 더 많은 언론들의 기사 분석과 과학적 여론조사로 확인할 일이다. 이 글은 이 전쟁에 관한 국내 여론의 지형 범위를 보여주는 방식으로 향후 논의에 일조하는 의의가 있다 하겠다.

# 11장

## 북한의 이스라엘-하마스 전쟁 인식과 한반도 함의

박아름

## I. 북한의 입장은 어떻게 알 수 있을까?

　북한에서 '팔레스티나'라고 부르는 팔레스타인은 한국과는 미수교 국가이다. 한국과 수교하지 않고 북한과만 수교한 국가는 전 세계에 팔레스타인과 시리아 두 곳이다.(2024.12. 기준) 북한은 1966년 4월에 팔레스타인(팔레스타인해방조직)과 외교 관계를 맺은 것으로 기록하고 있으며, 《로동신문》에서 '팔레스티나'라는 단어가 담긴 제목의 기사가 처음 검색된 것은 1947년이다. 이후에는 0건 또는 한 자리 수의 기사가 등장하다가 1964년 이후부터 현재(2024)까지는 매해 몇십 건에서 200여 건까지의 기사가 발견된다. 조선중앙통신사에서 매해 발간하는 『조선중앙년감』의 국제편에서 전 세계 각국의 개황을 정리하여 수록하는데, 팔레스타인은 아시아 지역으로 분류되어 항상 이스라엘과 함께 나란히 소개된다. 순서는 팔레스타인 먼저, 그리고 이스라엘이다. 매해 새로운 내용이 추가되지만, 변하지 않는 맥락은 이스라엘은 '침략자'고 팔레스타인은 독립국가를 창건하기 위해 '투쟁' 중인 국가라는 것이다.

　그렇다면, 2023년 10월부터 현재까지 진행 중인 이스라엘-하마스 전쟁에 대해 북한은 어떤 인식을 보이며, 어떤 입장을 표명했을까? 그동안 『조선중앙년감』에 기록된 대로 이스라엘을 비판하고 팔레스타인을 옹호하는 이스라엘군과 팔레스타인 이슬람교항쟁운동(하마스) 사이에 터진 유혈적인 무장분쟁이 1개월째 계속되고있다.

가자지대에 대한 공격을 개시한이래 이스라엘군은 이 지역에 1만여개의 폭탄을 투하하였으며 그 량은 2만 5 000t정도에 달한다.

이것은 1㎢당 약 70t의 폭탄을 떨군것과 같다고 외신들은 전하였다.

11월 6일 현재 이스라엘군의 야만적인 살륙만행으로 팔레스타인인사망자수는 1만명을 넘어섰다.

사망자들중 4 100여명이 어린이고 2 640여명이 녀성들이다.

또한 2만 5 400여명이 부상을 입었다. 2 350이 행방불명되였으며 그중 약 1 300명은 어린이이라고 한다.

유엔아동기금 대변인은 이스라엘군이 공격을 강화하고있는 가자지대가 어린이들의 무덤으로 화하고있다고 개탄하였다.

6일 가자지대 보건당국이 밝힌데 의하면 단 몇시간동안에만도 이스라엘군은 19차례의 공격을 단행하여 250여명을 무참히 살해하였다.

가자지대는 인간살륙장으로 변하였으며 이스라엘의 무차별적인 폭격은 끊임없이 계속되고있다.

지금 이스라엘호전분자들은 가자지대를 완전포위하다싶이 하면서 곧 하마스를 피멸시키기 위해 지상작전에 돌입할것이라고 떠벌이고있다.

1만여명의 시체를 쌓아놓고도 모자라서 이 지역을 팔레스타인들의 완전한 무덤으로 만들려는 이스라엘우태북고주의자들의 대양살륙계획에 국제사회가 분노의 치를 떨고있다.

중동사태가 이렇듯 악화되고있는것은 불는 불에 키질하며 이스라엘을 아수적인 살륙전에로 내몰고있는 미국의 무분별한 책동에 기인된다.

지난 3일 미국무장관 블링컨이 분쟁이 일어난이래 네번째로 이스라엘에 날아들어 살인적인 모의를 하였다. 이어 154흐의 《토마호크》 순항미싸일을 탑재할수 있는 미국의 《오하이오》급유도미싸일잠수함이 중동수역에 기어들어 사태를 더욱 위험한 지경에로 몰아가고있다.

앞서 미국은 미해군 항공모함 《제랄드 아르. 포드》와 이스라엘군의 폭격은 끊임없이 지원함선들을 지중해동부수역에 파견하며 이스라엘에 대한 군사적지원에 열을 올렸다.

이스라엘에 대한 미국의 비호와 지원책동은 자유와 독립에 대한 팔레스타인들의 념원을 여지없이 짓밟고 중동에 대한 패권적지위를 유지해보려는 야망의 뚜렷한 발로이다.

메바논애국력항조직인 히즈볼라흐 총비서는 미국가 가자지대에서의 전쟁을 지휘하고있으며 이스라엘에 대한 국제적인 규탄을 방해하고있다고 폭로단죄하였다.

그는 미행정부가 가자지대에서의 정화를 가로막고있으며 이번 범죄행위의 전적인 책임은 미국에 있다고 말하였다.

유엔주재 로씨야상임대표는 미국과 그 동맹국들이 이스라엘의 《자위권》에 대해 운운하면서 가자지대의 참상 즉 병원을 비롯한 민간대상들이 공격을 받고 수천명의 어린이들이 숨지고있으며 평화적주민들이 전면봉쇄속에서 고통을 겪는데 대해 침묵을 지키고있다고 단죄하였다.

그는 팔레스티나-이스라엘분쟁에서 이스라엘에는 《자위권》이라는 것이 없다. 그것은 이스라엘이 강점자이기때문이다고 강조하였다.

여러 나라에서 가자지대에서의 정화를 실현하고 이스라엘과 미국을 징벌할것을 요구하는 시위가 벌어지고있다.

뛰르끼예의 이스탄불과 앙까라에서 광범한 군중이 《대학살음모자인 블링컨은 뛰르끼예에서 물러가라!》, 《이스라엘이 병원을 폭격하도록 바이든이 부추기고있다!》라고 쓴 프랑카드를 들고 시위를 벌렸다.

미국의 워싱톤에서 수천명이 팔레스타나기발을 들고 시위에 나섰다.

그들은 《바이든, 너에게는 있을 곳이 없다. 너는 대학살명령에 수표하였다.》라고 주장하면서 백악관과 가까운 곳까지 행진하였다.

시위자들은 이스라엘을 지지하는 미국대통령 바이든을 비난하면서 《너의 손에는 피가 묻었다.》고 해쳤다.

【조선중앙통신】

### 가자지대에서 계속되는 이스라엘군의 야만적인 살륙만행
1개월동안에 1만여명의 팔레스타인 살해

출처: https://n.news.naver.com/mnews/article/056/0011599164
Copyright ⓒ KBS. All rights reserved.

입장을 반복했을까? 북한의 조선로동당에서 매일 발행하는 《로동신문》을 통해 북한의 인식을 살펴보고자 한다.

《로동신문》은 조선로동당의 기관지로서 당의 노선과 입장을 밝히고 정책을 홍보하며 대중을 교양하기 위해 발행된다. '당-국가 체제'인 북한에서, 《로동신문》은 북한 정권과 당의 입장을 가장 권위 있게 표현하는 매체로 평가받고 있다.[1] 따라서 《로동신문》 기사를 통해 다음 질문에 대한 답

---

[1] 고유환, "로동신문을 통해 본 북한 변화의 이해", 고유환 엮음, 『로동신문을 통해 본

을 유추해 보고자 한다. 첫째, 이스라엘-하마스 전쟁 발생 원인에 대해 북한은 반미 입장을 반복하고 있는가? 둘째, 북한은 이스라엘-하마스 전쟁을 통해 국제 정세의 변화를 어떻게 인식하고 있는가? 셋째, 이스라엘-하마스 전쟁에서 북한이 얻은 교훈은 무엇이며 한반도에 주는 함의는 무엇인가?

## II. 이스라엘-하마스 전쟁을 통해 북한이 바라본 국제 정세는?

### 1. 이스라엘-하마스 전쟁의 발발

가자 전쟁(이스라엘-하마스 전쟁을 의미)이 시작되고 10월 8일 《로동신문》은 전날 있었던 팔레스타인의 공격에 대해서는 보도하지 않고, 5일에 있었던 '이스라엘'의 공격만을 언급한다. 10월 10일에도 가자 전쟁에 대한 행위자를 구체적으로 지칭하여 '팔레스티나의 이슬람교항쟁운동(하마스)'과 '이스라엘' 사이에 '대규모 무력 충돌'이 발생했다는 사실만 반복하였다.

10월 25일 기사에서는 가자 지구에서 발생한 갈등의 역사적 맥락을 소개하면서, '이스라엘'에 대해서 '이스라엘유태복고주의자들'이라는 명칭을 사용하고(이후 '이스라엘'과 혼용), 10월 7일부터 대규모 무력 충돌이 발생한 것으로 보도하기 시작한다. 11월 4일 기사에서도 '지난 10월 7일 중동 사태 발생 후 현재까지'라는 표현을 통해 가자 전쟁의 시점을 10월 7일로 공식 보도한다. 이후 12월 5일 및 8일 기사에서 "10월 7일 이래 수천 명의 팔

북한 변화』, 서울: 선인, 2006, pp. 24~26.

레스티나 어린이가 죽었다."그리고 '중동 사태가 발발한 10월 7일 이래 항공 폭탄 15,000여 발과 155mm 포탄 57,000여 발을 비롯'이라는 표현을 통해 가자 전쟁의 발발을 10월 7일로 일관되게 전달한다. 2024년 2월 1일 기사에서는 하마스의 '공격' 사실도 언급한다. 2024년 3월 1일, 《로동신문》은 전쟁이 지속되고 있는 이유에 대해, 유태인 대학살 사건에 대한 이스라엘의 역사적 상흔에 대해서도 언급하지만, 그런 피해의 역사를 지닌 이스라엘이 가해자로 되는 것은 옳지 못하다고 결론 내린다. 2024년 8월 13일 《로동신문》은 가자 전쟁에서 '총사망자 수의 근 40%가 어린이들'이라고 보도하고, '〈세계상식〉《제노사이드》라는 말의 유래'라는 제목의 기사(2024.9.12.)를 통해 '가자 지대에서 감행되고 있는 이스라엘의 대량살륙만행이 제노사이드로 규정'되어야 하다는 세계 여론을 소개하고 동의를 표한다.

따라서 북한은 2023년 10월에 발생한 가자 전쟁이 팔레스타인의 공격으로 증폭된 사실을 인지하고 있으며, 이를 일관적으로 기술하면서도 이스라엘의 대응을 '반인륜적 대량 살상'으로 비난하고 있다.

## 2. 이스라엘-하마스 전쟁의 원인

북한은 가자 전쟁 발발 직후 전쟁의 발생 원인을 이스라엘의 공격으로 단정했지만, 얼마 후 '이스라엘을 하수인으로 조종하는 미국'을 직접 원인으로 지목하기 시작한다. 흥미로운 것은 미국이 이스라엘을 적극 '비호'하는 '가해 집단'이라는 주장은 지속되지만, 시간이 지나면서 보도가 구체화되는 양상을 보인다는 것이다. 역사적 맥락에 대한 분석을 바탕으로 미국의 중동 전략을 지적하며, 미국을 하나의 행위자가 아닌 미국의 정치를 조종하는 유태인 집단과 군수업체들로 세분화하여 비판한다.

1) 이스라엘을 비호하는 미국

가자 전쟁 발생 직후, 《로동신문》은 전쟁 발발 원인을 '이스라엘군의 거듭되는 살인 만행', '이스라엘의 끊임없는 범죄행위의 결과'로 분석하지만, 10월 23일 기사에서는 처음으로 '중동사는 전적으로 미국에 의해 빚어진 비극이라는 것이 국제사회의 한결같은 목소리'라며 '독선적이고 이중 기준적인 미국의 대외 정책'을 주요 원인으로 지적한다. 또한 10월 18일 유엔안보리 이사회에서 미국이 거부권을 행사한 것과 함께, 유럽동맹들이 '줏대'도 없이 미국에 동의한 사실도 전한다. 이러한 인식은 10월 23일 발표된 외무성 첫 공식 담화에서도 확인할 수 있다. 외무성 국제기구국장 조철수는 미국이 현재 이스라엘의 자위권을 보호하기 위해 '지역과 세계의 평화와 안전을 파괴하고 민간인 대학살과 인도주의 대참사를 묵인 조장'한다고 지적한다. 10월 27일, 조선중앙통신사 기자의 질문에 대해 외무성 대변인은 '이스라엘의 이러한 범죄행위가 미국의 로골적인 비호 밑에 뻐젓이 감행된 것'이라고 답변하고, '세계 평화의 파괴자, 정의의 교살자 미국은 팔레스티나 인민을 무참히 살육한 이스라엘의 특대형전범죄를 묵인 조장한 책임에서 절대로 벗어날 수 없다'고 강조한다.

2023년 12월 4일, 북한은 '1947년 11월 유엔총회 제2차 회의에서 팔레스티나를 분할하여 아랍인 국가와 유태인 국가를 세울 것에 대한 결정을 채택하게 함으로써 중동 평화 파괴의 온상을 만들어 놓은 것도, 비법적인 유태 국가를 제일 먼저 승인해 준 것도 미국이라고 강조한다. 12월 11일 조선 외무성 국제기구담당은 12월 8일 가자 전쟁의 정전을 요구하는 유엔안 전보장이사회 회의에서 미국이 거부권을 행사한 것에 대해 강력히 규탄하였으며, "미국은 비록 제 손에 팔레스티나인들의 피를 직접 묻히지 않았지만 그 끔찍한 피의 사태를 빚어낸 책임에서 절대로 벗어날수 없다."고 지적한다. 특히 북한은 유엔에서 미국이 거부권을 계속 행사한 데 대해 '미국은 중동 평화〈중재자〉의 면사포를 완전히 벗어던지고 저들이 팔레스티나인들에 대한 대량살륙전의 명실상부한〈참전국〉임을 전 세계 앞에 보여주었다'고 일축한다. 《로동신문》은 '미 국회는 인간 백정을 찬미하는 무대인가'라는 제목의 기사(2024.6.10.)에서, 미 상하원이 이스라엘의 네타냐후(Benjamin Netanyahu) 수상을 초청한 사실을 보도하면서, 미국은 가자 전쟁을 종식하기 위해 이스라엘에 무기 공급을 중단하거나 압력을 가할 생각이 전혀 없다고 비판한다. 나아가 《로동신문》은 '미국이 있는 한 중동 평화는 있을 수 없다'라는 제목의 기사(2024.8.24.)를 통해 가자 전쟁이 종식되지 않는 원인은 미국에 있다고 못 박고 있다.

## 2) 중동 지역의 역사적 맥락과 미국의 전략

10월 30일, 《로동신문》은 "미국의 책동에 의해 중동 사태는 더욱 험악한 상황으로 치닫고 있지만, 중동 사태의 근원이 어디에 있는가는 팔레스티나와 이스라엘 사이의 분쟁 력사를 통해 고찰해 보아야 한다."며 장문의 글을 보도한다. 이 기사에서 중동 사태의 근원에 대해 김수진 기자는 1947년 유엔총회에서 이스라엘 국가가 팔레스타인과 공존하게 된 사례부터 이후 발생한 여러 차례의 중동전쟁을 언급하면서, 중동이 전 세계 원유 매장량의 4분의 3을 차지하는 중요 지역으로, 미국이 영국의 약화를 틈타 이스라엘을 통해 이익을 얻으려는 흑심을 발현했던 것으로 분석한다. 2024년 1월 18일, 은정철 기자는 중동 지역의 역사에 대해 16세기 오스만제국의 통치하에 있던 팔레스타인을 언급하고, 1915년부터 일어난 영국의 이중 정책을 살펴본다. 제1차 세계대전 중 영국이 아랍인들에게 협력의 대가로 팔레스타인을 넘겨주겠다고 제안한 '맥마흔선언(McMahon-Hussein Correspondence)'과 1917년 유태 국가 창건을 지지한다는 '밸푸어 선언(Balfour Declaration)'을 통해 팔레스타인 지역이 유혈 충돌의 장으로 되었다고 지적한다. 또한 4차례의 중동전쟁 외에 1993년에 체결한 '오슬로 협정(Oslo Accords)'을 이스라엘이 무시하고, 2020년 미국이 '중동평화계획'을 발표하여 양측의 대결을 부추긴 결과 2023년 전쟁이 발생한 것으로, 이 모든 것은 미국의 '침략적인 중동 지배 전략'의 '필연적 결과물'이라고 결론 내린다.

2024년 2월 11일, 박진향 기자는 미국의 중동 전략은 원유 확보를 통해 '군사적 패권을 유지'하기 위한 것이라고 보도한다. 미국은 확장한 영토와 시장을 유지하기 위해 군사적 전략자원으로 원유가 필요했고, 그것이 바로 중동 지역을 장악한 이유라는 것이다. 나아가 장철 기자는 미국이 세계 제패를 실현하기 위해 30년간 수차례의 중동전쟁을 사촉했으며, 1980년대 이란-이라크 전쟁으로 어부지리를 얻었고 1990년대 걸프 전쟁을 통하여 중동 지역에 더욱 깊숙이 관여하게 된 것으로 분석한다.

역사적 맥락과 미국의 전략을 통해 북한은 팔레스타인과 이스라엘의 분쟁이 영토를 둘러싼 모순이 아니라 미국의 대중동 전략의 직접적인 산물이라고 주장하며, 앞으로도 미국의 중동 전략이 달라지지 않는 한 중동 지역의 평화는 불가능하며, 더 심각한 사태가 초래될 것으로 전망하고 있다.

《로동신문》은 '격화되는 중동 정세는 무엇을 보여주는가'라는 제목의 기사(2024.7.31.)에서 '미국이 이스라엘을 잃는다는 것은 곧 중동 지배 전략이 파탄된다는 것을 의미하는 것으로서 절대로 방관시할 수 없는 사태'라고 일축한다.

### 3) 유태 국가 미국

이스라엘에 대해 '유태복구주의자들'이라는 표현을 혼용하던 북한은 조선중앙통신사 논평(2023.12.13.)을 통해 '보다 중요하게는 미국 자체가 〈유태 국가〉'라고 언급한다. 구체적으로 현재 미국의 정계와 경제계, 언론계 등 여러 분야의 실권이 유태인들과 친이스라엘파들에게 장악되어 있기 때문에, 친이스라엘 일변도 정책은 미국 자체의 본능적 요구라고 설명한다. 즉 이스라엘의 안전이 곧 '유태 국가' 미국의 안전과 안보라고 덧붙인다. 또한 가자 전쟁을 통해 현재 쇠퇴 몰락에 다다른 미국이 '유태 국가'로서의 사명에 언제까지 충실할 수 있는지에 대해 의문을 제시한다.

### 4) 미국 정치의 조종자 군수 독점 재벌

북한은 가자 전쟁에서 미국이 '이스라엘을 돌격대로 내세워 지역을 지배하려는 대중동 정책을 펼치고 있'다고 언급하면서, 미국이 이스라엘뿐만 아니라 타 국가에 무기를 팔아 막대한 이익을 얻고 있다고 주장한다. 2023년 11월 10일, 리학남 기자는 2022년에도 미국은 세계에서 40%의 무기 판매량을 차지했으며, 과거 베트남·유고슬라비아·아프가니스탄·이라크·리비아·시리아·우크라이나 등의 모든 전쟁 위기에서도 직접적인 이익을 얻은 '특등전쟁상인', '전쟁상습범'이라고 설명한다.

김수진 기자는 미국 경제의 기본은 군수 경제이며 미국 정치의 실제적인 조종자는 정치인들이 아니라 '막대한 자금을 틀어쥐고 있는 군수 독점 재벌들'이라고 지적한다. 미국의 이런 상황으로 인하여 미국에서는 군수 경제가 약화되면 경제의 뿌리가 흔들리고, 무엇보다 군수 독점 재벌에게 잘못 보이면, 고위 정치인들도 거품처럼 사라질 수 있는 현실이라고 설명한다. 결국 미국의 정치인들은 전쟁을 유지하는 정책을 지지하여 군수 독점체들에게 판로를 확보해 주면서 권력을 유지한다고 한다. 록히드 마틴(Lockheed Martin Corporation)·레이디온(Raytheon)·보잉(Boeing) 등의 군수 독점체들은 지구상의 전쟁이 지속되길 바라고 있기 때문에 현재의 우크라이나 전쟁과 가자 전쟁이 날로 악화되고 있다고 전한다.

은정철 기자는 '만성적인 경제 위기에 허덕이고 있는 미국에서 지금 군수 독점체들만은 전례 없는 호경기를 누리고 있'다고 전하면서 회사별 판매액과 미 국무성 자료를 구체적으로 제시한다. 그리고 회사들이 폭리를 본 지난해 4/4분기는 가자 전쟁과 시점상 동일하다고 분석한다. 김수진 기자와 은정철 기자에 이어 박진향 기자도 가자 전쟁의 원인을 미국의 군수 독점 재벌이라고 고발한다. 박진향 기자는 미국이 역사적으로 수많은 전쟁을 거치면서 경제 자체가 군사화되고, 군수 업체들이 정치에 큰 영향을 미치게 되었다고 설명하면서, 군수산업체들의 지원금에 따라 대통령과 국회의원의 당선이 결정된다고 비판한다.

### 3. 이스라엘-하마스 전쟁과 국제 정세 변화

북한은 가자 전쟁의 원인을 미국으로 지목하였지만, 중동 지역에서 미국의 패권이 약해지고, 중동의 국가들이 미국의 간섭에 저항하고 협력을 추구하고 있는 것으로 정세를 파악한다. 나아가, 제2차 세계대전 이후 미국이 만들어 놓은 세계 질서가 유엔과 함께 붕괴되고 있으며 세계는 단극 세계에서 다극 세계로 재편되는 상황인데 미국이 이를 받아들이지 못하는 것으로 평가하고 있다.

### 1) 중동 지역에서 미국의 패권 약화

《로동신문》은 중동 지역에서 미국의 패권이 약화되고 있다고 주장하면서 그 근거로 세 가지를 제시한다. 첫째, 미국의 무기 판매 증가, 둘째, 중동 국가들의 연대(사우디-이란, 시리아의 아랍국가연맹 성원국 지위 회복), 셋째, 중동 내 친미 성향 국가들의 이탈이다.

첫째, 서광명 기자는 가자 전쟁에서 미국이 이스라엘에 제공한 무기를 언급하면서, 미국의 무기들이 영국·호주·캐나다·일본과 대만에도 공급되는 사실을 전한다. 이러한 '무기 장사'는 또한 '세계 최대 열점 지역으로 화한 조선반도와 지역 정세에'도 위험하다고 덧붙였다. 흥미로운 점은 미국의 장사 행위를 미국의 패권 약화로 해석하는 부분이다. 미국의 무기 판매는 '결코 돈벌이를 위한 데만 목적이 있는 것이 아니며, 첨단 살인 장비들로 대리전쟁의 하수인, 추종사들을 더욱 철저히 무장시켜 세계 패권 전략 실현의 돌격대로 내모는 한편 잠재적 〈적수〉들을 고립 약화시켜 무너져 가는 패권적 지위를 어떻게라도 유지해 보려는' 속셈이라고 설명한다. 박진향도 미국의 무기 수출이 단순한 경제적 이득이 아닌 '수입국들에 대한 군사적 예속을 실현하고 해당 나라들 특히는 동맹국들에 대한 통제권을 장악하자는 데 중요한 목적을 두고 있'다고 분석했다. 끝으로 다른 나라들이 국방에서 자위를 실현하는 것은 미국의 세계 지배 전략과 배치된다고 덧붙인다.

둘째, 허영민 기자는 2023년 11월 11일 사우디아라비아의 수도 리야드에서 열린 아랍·이슬람 합동 특별 정상회의를 언급하면서, 회의에서 아랍 및 이슬람교 나라들이 단결하여 가자 전쟁의 해결을 요구하였으며 특히 이란과 사우디아라비아가 한자리에 앉은 점을 지역 문제에 공동 입장과 공동 대응을 한 것으로 높게 평가한다. 다음 날도 《로동신문》은 가자 전쟁으로 인해 결국 '〈중재자〉로 자처하던 미국의 위선적인 정체가 밝혀지고, 지역 나라들의 단합된 움직임을 고조시키는 계기'가 되었다고 보도한다. 12월 박진향 기자는 미국이 적대시하던 시리아가 아랍연맹에 회복한 것, 이란과 사우디아라비아가 7년간의 적대 관계를 끝내고 외교 관계를 재개한 것, 이란이 아랍에미리트와 바레인과 관계를 개선한 것, 심지어 수십 년간 단절했던 이집트와 관계 정상화를 추구하는 것 모두가 미국을 불안하게 만들고 있는 '새로운 정치 기류 변화'라고 보도한다. 또한 여러 나라 분석가들이 중동의 이러한 변화를 미국이 이 지역에서 패권적 지위를 잃고 있는 것으로 평한다고 전한다.

셋째, 2024년 1월 은정철 기자는 홍해에서 예멘 무장 단체의 공격을 막기 위해 미국이 해상연합작전을 진행하는데, 사우디아라비아와 아랍에미리트가 작전에 참가하지 않는 것을 중대한 변화로 보도한다. 즉 친미 경향의 나라들이 대미 추종 정책에서 벗어나고 있다고 의미를 부여한다. 이전부터 사우디아라비아와 아랍에미리트는 원유 정책에 대해 미국이 간섭하여 불협화음이 증가하고 있었으며, 이번 우크라이나 전쟁 발발 후 미국이 원유 생산량 증대를 강요하자 이를 정면으로 거절하였다고 설명한다. 결국 미국의 대중동 정책은 실패한다는 것이다. 은정철 기자는 2월에도 중동 지역에서 친서방 정책을 견지하던 국가들이 반미 자주적인 나라들과 선린 우호 관계를 맺고 있다고 보도한다. 나아가 2024년 3월 14일, 장철 기자는 중동 지역에서 반미 자주화를 지향하는 지역의 민심이 미국을 거부하고 있으며, 미국 자체가 힘의 쇠퇴에 직면하고 있기 때문에 가자 전쟁에 매달리고 있다고 분석한다.

2) 단극 세계에서 다극 세계로 전환

《로동신문》은 가자 전쟁을 통해 '서방 소수파와 세계 다수파'라는 도식을 적용하여 전 세계가 단극 세계에서 벗어나 다극 세계를 지향 및 실천하고 있는 것으로 파악한다. 그 근거로 첫째, 유엔총회의 투표 흐름에 나타나는 국제사회의 민심 변화, 둘째, 제3세계 국가들의 연대와 실천을 언급한다.

첫째, 《로동신문》은 2023년 12월 24일 러시아 외무상의 연설을 인용하면서 가자 전쟁과 우크라이나 전쟁 등의 위기와 관련하여 '표면화된 서방 소수파와 세계 다수파 사이의 견해상 차이로 세계가 운명의 갈림길에 서 있'다고 보도한다. 운명의 갈림길이란 '서방 소수파가 지향하는 미국과 이전 식민지 종주국들이 저들의 〈규정〉과 리기적인 의정을 계속 강요하는 흐름과 세계 다수파가 지향하는 공정하고 민주주의적인 세계 질서가 부상하는 흐름'이라고 구분한다. 며칠 후 북한은 가자 전쟁에 대한 유엔 내의 표 대결이 달라진 점에서 국제사회의 민심이 변화된 것으로 강조한다. 《로동신문》은 2023년 12월 12일 유엔총회에서 가자 지구에 즉각적인 인도주의적 휴전을 요구하는 결의안이 압도적인 찬성표를 얻으며 채택된 것을 주목한다. 총회에서 27개 유럽연합 내에 17개 국가가 찬성하고, 2개 국가가 반대, 8개 국가가 기권한 것은 10월 총회에서 8개 국가 찬성, 4개 국가 반대, 15개 국가가 기권하였던 것과 뚜렷이 대조된다는 것이다. 이러한 결과는 국제사회의 민심이 반영된 것으로 미국의 동맹국들도 미국을 비난하여, 미국이 가자 전쟁과 관련하여 점점 고립되고 있다고 보도한다. 북한은 2024년 5월 13일 '조선민주주의인민공화국 외무성 대변인 담화'를 발표하여, 지난 5월 10일 유엔총회 제10차 긴급특별회의에서 미국이 팔레스타인의 유엔 가입을 반대한 데 대해 성원국들이 우려를 표시하고 팔레스타인에 유엔 성원국과 동등한 자격과 권리를 부여하는 데 대한 결의가 채택된 내용을 전하였다. 그리고 조선민주주의인민공화국은 '현 상황에서 상기 결의 채택이 매우 시기적절한 조치가 된다고 인정하면서 전적으로 지지 찬동한'다고 밝히고, 끝으로 '이스라엘의 비법 강점을 끝장내고 자주독립국가를 건설하려는 팔레스타나 인민의 정의로운 위업에 전적인 지지와 련대성을 표시하며 팔레스티나 인민의 리익에 맞게 중동 지역에 평화와 안정을 이룩하려는 정의로운 국제사회의 노력에 적극 합류해 나갈 것'이라고 결론지었다. 이후《로동신문》은 '높아 가는 팔레스티나에 대한 국제적 지지'라는 제목의 기사(2024.6.5.)에서 '에스빠냐(스페인)와 노르웨이, 아일랜드가 팔레스티나를 국가로 공식 인정'하였으며, '이번에 팔레스티나를 국가로 인정하는 나라들의 대렬에 유럽 나라들까지 합세한 것은 가자 사태를 저들의 령토 팽창, 패권 유지 야망 실현에 악용하려는 이스라엘과 미국에 있어서 커다란 타격'이라고 결론 내렸다.

둘째, 북한은 브릭스(BRICS)와 비동맹운동, 지역 연합체들의 부상을 통해 달러화의 약화와 함께 다극 세계라는 새로운 사회가 시작되고 있다고 분석한다.《로동신문》은 2023년 12월 5일, 브릭스 정상회담에서 러시아·중국·브라질·이집트 및 여러 나라의 주요 인물들이 이스라엘의 민간인 공격을 규탄하고, 팔레스타인에 대한 지원을 강화하려는 의지를 표명한 사실을 보도한다. 또한 제19차 비동맹 정상회담과 제3차 개발도상국 정상회의를 통해 북한은 '서방 주도의 낡은 국제 질서'를 타파하고 '공정한 국제 질서'를 수립하려는 것을 시대의 지향으로 평가한다. 특히 국제정치 분야에서 공정한 질서를 세우기 위해 유엔에 대한 개혁이 요구되는 현상을 '의미심장한 움직임'으로 강조한다. 유엔은 제2차 세계대전 이후 평화 체계를 수립하려는 목적으로 설립되었지만, 미국 등 일부 국가에서 타국의 자주권을 유린하는 수단으로 전락되면서, 본래의 기능을 상실한 것으로 간주한다. 특히 현재 가자 전쟁에 대한 유엔의 대응을 근거로, 많은 발전도상 나라들이 개혁을 요구한다고 전한다. 북한은 미국 달라에 의존할 수밖에 없는 불합리한 국제금융 체제가 약화되는 현상을 '지역의 일체화, 다극화 추세'의 구체적인 예시로 제시한다. 브릭스 국가들 간의 무역 거래에서 달러의 비중이 축소되고, 민족 화폐 이용률이 높아지는 현상을 통해 '미국의 화폐금융, 기술·문화적 지배에 기초하여 세워진 세계화가 파산되고 있는 것'으로 주장하는 외신들의 의견에 동의하면서 '미국 주도하의 지배주의 시대는 종말을 고한'다고 결론 내린다. 북한은 120여 개의 국가가 가입되어 있는 비동맹 운동이 남남협조를 강화하여 협력을 실현한다면, '정의롭고 공평한 국제 질서'를 수립할 수 있을 것으로 전망한다.

## 4. 이스라엘-하마스 전쟁으로 얻은 북한의 교훈

북한은 가자 전쟁에서 발견한 이스라엘과 팔레스타인에 대한 국제사회의 차별 정책을 빌려, 70여 년간 북한이 받아 온 '이중 잣대'의 불합리성을 고발한다. 또한 가자 전쟁의 발생과 지속의 근본적인 원인을 '미국을 중심으로 한 제국주의의 본성'으로 해석하고, 이는 변하지 않는 본성이기 때문에 현재의 국제 정세가 매우 위험하다고 강조한다. 그리고 이에 대처하기 위한 북한의 '반제 반미 의식 고취'와 '무장력 강화' 행위의 정당성을 주장하고, 자신들의 대응을 국제사회의 모범으로 선전한다.

### 1) '이중 잣대'의 불합리성과 북한

북한은 가자 전쟁에서 미국이 '이중 기준'을 통해 이스라엘을 비호하고 팔레스타인의 희생을 극대화한다고 비난하면서, 역사적으로 북한에도 미국의 불합리한 이중 기준이 적용되었다고 강조한다. 북한이 말하는 이중 기준은 '자위권'·'민간인 보호'·안전보장이사회의 '거부권'·'인권' 등이다.

첫째, '자위권'에 대한 적용이다. 북한은 2023년 10월 7일 하마스가 이스라엘을 기습 공격한 사실을 부인하거나 옹호하지는 않는다. 북한이 강조하는 것은 가자 전쟁에서 미국이 팔레스타인의 행동은 '테로 행위'로 규정하고, 동맹국인 이스라엘의 행동은 '자위권 행사'로 정당화한다는 점이다. 2024년 3월 20일, 은정철 기자는 이러한 미국의 이중 기준이 유엔안보리 결의를 거부하는 실천으로 옮겨져 가자 전쟁에서 팔레스타인 인민의 희생을 더욱 부추기는 문제를 초래한다고 지적한다. 2023년 10월 24일, 《로동신문》은 한국전쟁 시기 남한에 대한 북한의 침략에 대해서도, '자위권'으로 설명한다. 미국이 유엔을 통해 '국제 평화와 안전에 대한 위협'으로 정의하고 유엔군을 파병한 사실을 북한이 겪은 '자위권'에 대한 이중 기준이라는 것이다.

둘째, '민간인 보호'에 대한 적용이다. 북한은 미국이 우크라이나 전쟁에서는 우크라이나 인민의 피해에 대해 '민간이 보호'와 '인도주의 참사'를 강조하면서, 팔레스타인의 피해에 대해서는 '함구무언'하는 행위를 이중 기준의 극치라고 비판한다. 2024년 2월 8일, 조선-아랍 협회 서기장이라 밝힌 양명성은 가자 전쟁에서 펼쳐진 이중 기준으로 인해 '민주주의'와 '인권'이 퇴색되고 있으며, 미국을 포함한 서방의 이중 기준이 종식되어야, 중동 사태가 해결될 수 있다고 주장한다.

셋째, 안전보장이사회의 '거부권' 행사이다. 2023년 12월 11일, 북한은 미국이 가자 전쟁에서 즉시 정전을 요구하는 결의안에 이스라엘의 '자위권 인정'에 대한 문구가 없다는 이유로 거부권을 행사한 점을 이중 기준이라고 비판한다. 북한은 '대북 제재 결의안에는 왜 조선민주주의인민공화국의 자위권 인정에 대한 문구가 없는지 물어야 한'다고 주장한다. 그리고 왜 "아무 나라에도 위해를 주지 않는 주권국가의 위성 발사와 같은 조선민주주의인민공화국의 자위권 행사가 유엔안전보장이사회에서 '불법'으로 취급되어야 하는지" 답을 요청한다. 결론적으로 북한은 유엔 성원국들의 행위에 대한 적법성 여부가 '자주적인 주권국가인가, 예속적인 친미 국가인가에 따라 판별되'고 있다면서, 유엔헌장 대신 미국헌법을, 유엔안전보장이사회 대신 미국안전보장회의를 하라고 불만을 토로한다.

넷째, '인권'의 도구성이다. 북한은 인권이 타 국가의 내정을 간섭하는데 하나의 도구로서 사용되고 있다고 주장한다. 2024년 3월 22일, 박진향은 '국제법을 전혀 존중, 준수하지 않는 미국을 포함한 서방 국가들이 걸핏하면 다른 나라들의 인권 문제를 통해 내정간섭과 주권 침해 행위를 지속한'다고 비판한다. 즉 서방에서 주장하는 인권은 '참다운 인권' 보장과는 아무런 관련이 없으며, 현재 가자 전쟁에서도 이를 확인할 수 있다는 것이다. 《로동신문》은 팔레스타인의 극심한 피해 상황에 대해 이스라엘이 인권 보장과 관련한 국제법과 관련 조약을 준수하였는지를 조사해야 하는 상황에서 '인권 재판관' 행세를 하던 미국이 아무 말도 하지 않고 있다고 지적한다. 대상을 직접 언급하지는 않았지만, '조선민주주의인민공화국에 대해서는 날조된 모략 자료를 가지고 인권 결의를 채택하거나, 제재를 가하거나, 국제사법재판소에 회부한다고 하면서 왜 이스라엘의 인권유린 범죄에는 침묵을 지키는지' 묻고 있다. 그리고 결국은 '친미인가, 반미인가에 따라 기준과 대처가 달라지는 이중적인 미국식 인권은 패권 정책 실현의 수단이며 침략과 내정간섭의 도구일 뿐'이라고 주장한다.

### 2) 변하지 않는 제국주의의 본성

2024년 2월 27일, 북한은 가자 전쟁에서 미국이 팔레스타인의 피해를 묵과하는 것을 '제국주의의 본성'으로 분석한다. 북한은 제국주의의 본성을 침략과 약탈로 정의하면서 미국을 제국주의의 '우두머리'인 '전쟁 상인'으로 규정한다. 그리고 19세기 프레더릭 잭슨 터너(Frederick Jackson Turner)가 쓴 「미국사에 있어서 변경의 의의(The Significance of the Frontier in American History)」(1893)까지 언급하면서 미국의 팽창역사를 제시한다. 알래스카·하와이·필리핀·쿠바를 나열하고 미국이 국가 형성 이래 140년 동안 114차의 크고 작은 전쟁을 치르고, 8,900여 차의 군사적 간섭으로 영토를 10배 확장하였다고 설명한다. 북한은 영토의 크기, 인구수, 사회경제 발전의 수준이 각이한 모든 나라들 사이에 주권이 존중되고 관계가 평등하여야 국제적인 평화와 안전이 보장될 수 있다고 주장한다. 하지만 가자 전쟁에서도 확인할 수 있듯이 미국은 유엔 체계에서 군주처럼 행세하며 지배와 예속, 침략과 전쟁을 지속한다고 지적한다. 덧붙여 미국이 착취와 약탈을 지속하면서 지배를 유지할 수 있는 비법은 '불공평한 국제 분업 체계'와 '낡은 국제금융통화제도'라고 분석한다. 하지만 미국을 중심으로 한 제국주의 질서가 약화되고 있다고 강조한다. 《로동신문》은 '자주와 정의에로 향한 력사의 격류는 되돌려 세울 수 없다'라는 제목의 기사(2024.8.29.)에서 이제는 '제국주의가 살판 치던 시대는 구시대로 되고 있으며, 제국주의에 비해 자주력량이 결정적으로 우세해지고 있는 현실은 자주적이고 정의로운 새 시대가 펼쳐지고 있음을 확증해 주고 있'다고 강조한다. 북한의 이런 주장은 가자 전쟁을 다루는 여러 기사에서 반복되고 있다.

따라서 북한은 제국주의는 약화되고 있지만, 제국주의자들의 침략과 전쟁 책동으로 인해 이스라엘-하마스 전쟁이 중동에서 확대될 가능성이 높아지고, 동북아시아의 환경도 위태로워지고 있다고 분석한다. 이에 대한 대안으로 북한은 타 국가들이 절대 제국주의자들에게 평화를 '구걸'하지 말고, 견결하게 반제 투쟁을 지속해야 한다고 주장한다. 《로동신문》은 2024년 3월 24일, '빌붙은 대상에게는 더욱 포악해지지만 초강경 자세로 대적해 나서는 상대에게는 비굴해지는 것이' 제국주의자들이라고 강조한다.

### 3) 반제 반미 의식과 자위적 국방력

북한은 이스라엘-하마스 전쟁에서 확인되고 있는 미국을 중심으로 한 서방의 '이중 잣대'와 제국주의의 변하지 않는 침략과 약탈의 본성으로부터 반제 반미 의식으로 인민을 무장시키고 자위적 국방력을 더욱 강화하는 것이 세계 자주화의 실현에서 북한의 역할이라고 주장한다. 첫째, 미국은 '평화'와 '인권 수호', '민주주의 보장'과 같은 담론으로 사상 의식을 혼란에 빠뜨린 후, 침략과 전쟁을 수행하기 때문에 인민을 반제 반미 의식으로 무장하여야 한다고 주장한다. 일례로 북한이 한국전쟁에서 미국에게 승리하고 70여 년 동안 미국과의 총포 없는 전쟁을 성과적으로 이룰 수 있는 것은 오직 '반제 반미 계급의식'으로 철저하게 무장되었기 때문이라고 설명한다.

둘째, 의식에 더해 무장력도 강해야 한다고 주장한다. 2024년 2월 24일, 외무성 김선경 국제기구 담당 부상은 100일간 계속된 팔레스타인 인민의 피해를 보며, '북한은 어떤 국제기구나 외부의 도움이 아닌 오직 자기 스스로를 지킬 수 있는 정당방위력이 중요하'다고 발표했다. 즉 북한은 '반제 반미의 기치 높이 강대강으로 맞서 나갈 때만이 나라와 인민을 수호할 수 있'다는 것이다. 역사적 교훈에서 힘이 약하면 제국주의자들의 침략을 억제하거나 전쟁을 피할 수 없기 때문에 군사력이 강해야 '주권 사수'와 '평화 수호'의 힘도 강해질 수 있다는 논리이다. 2024년 2월 22일, 북한은 '자국이 주권 또는 자위력을 지키지 못했다면 팔레스타나인들과 같은 불행을 면치 못했을 것'이라고 언급하면서, 자주권과 힘에 의해 담보되지 않는 인권은 '한낱 사상루각에 불과'하다고, '인권은 곧 국권'이라는 북한의 주장이 정당하다고 강조한다. 따라서 앞으로도 미국을 비롯한 타국이 북한의 인권 문제를 거론하는 것에 대해 '주권에 대한 란폭한 침해'와 '엄중한 도전'으로 간주하고 단호히 대처할 것이라고 경고한다.

셋째, 북한의 '반제 반미 의식' 강화와 '자위적 국방력' 강화를 자국의 이익을 넘는 세계 평화에서의 중요한 역할로 해석한다. 현재 북한은 군사 강국의 전열에 있으며, 그 목적은 '평화적 환경에서 살고 싶어 하는 인민의 염원을 실현하고, 야만적인 세계 지배 질서를 갈아엎기 위해서'라는 것이다. 즉, 북한의 군사 강국적 지위는 세계 자주화를 실현하기 위한 투쟁에서 '중대한 사명과 역할'을 수행하고 있는 것으로 설명한다. "자주·자립·자위를 초석으로 세계적인 강국을 일떠세운 북한은 주권 사수·국익 수호를 위해 투쟁하는 나라들에 커다란 힘과 고무를 안겨 주고 있다."고 주장한다.

## Ⅲ. 한반도는 괜찮을까

지금까지 가자 전쟁에 대한 북한의 《로동신문》 보도를 살펴보았다. 먼저 앞에서 제시한 세 가지 질문에 대한 답변 형식으로 내용을 정리한 후 한반도에 대한 평화적 함의를 제안하고자 한다.

첫째, 북한은 이스라엘-하마스 전쟁에 대해 이스라엘의 공격을 비난하는 일관된 입장에서, 구체적으로 이스라엘을 하수인으로 두는 미국을 전쟁의 직접 원인으로 분석한다. 또한 이스라엘과 팔레스타인의 갈등을 역사적 맥락에서 살펴보고, 미국의 대중동 정책의 영향을 비판적으로 검토하며, 미국이라는 행위자를 세부화하기도 했다. 미국 내에 존재하는 유대인이 미국의 정계를 좌우하는 것으로, 미국의 군수 독점 업체들이 정치인들을 장악하여 전쟁 특수 이익을 누리고 있는 것으로 설명했다.

둘째, 북한은 이스라엘-하마스 전쟁을 통해 중동 지역에서 미국의 패권이 약화되고 있고, 국제사회가 단극 세계에서 다극 세계로 전환되고 있다고 분석했다. 미국의 패권 약화와 관련해서는 미국의 무기 판매 증가, 중동 국가들의 연대(사우디-이란, 시리아 아랍국가연맹 성원국 지위 회복), 중동 내 친미 성향 국가들의 이탈을 근거로 제시했다. 다극 세계로의 전환에 대해서는 '서방 소수파와 세계 다수파'라는 표현을 사용하며 유엔총회에서 투표 흐름의 변화를 주목하고, 제3세계 국가들의 지역 협의체와 연대가 증대되는 상황을 설명했다.

셋째, 이스라엘-하마스 전쟁에서 북한이 얻은 교훈은 제국주의의 본성은 변하지 않는다는 것이며 국제사회의 위기가 확대될 것이라는 점이다. 북한은 자신이 받아 온 이중 잣대의 불합리성을 다시 한번 강조하면서, 인민에게 반제 반미의 의식을 고취시키고, 자체적인 무장력을 키워 온 정당성을 주장하였으며, 인권에 대한 간섭은 단호히 배격할 것이라고 경고한다.

이스라엘-하마스 전쟁에 대한 북한의 《로동신문》 보도는 비록 아직 종결되지 않은 한 사건에 대한 분석이지만, 한반도에 주는 함의는 다양하며 우리의 경각심을 일깨운다. 첫째, 북한의 무장력 강화가 지속되고 주민에 대한 통제가 증폭될 수 있다. 북한은 가자 전쟁의 근본 배경을 제국주의의 본성이 발현된 것으로 분석하면서, 중요한 것은 제국주의가 변하지 않을 것이기 때문에, 인민을 반제 반미 의식으로 무장시키고 자체적인 무장력을 강화하는 정권의 결정이 정당하다고 주장한다. 일례로 《로동신문》은 '힘이 약하면 나라와 민족의 미래가 무참히 짓밟힌다'라는 제목의 기사(2024.6.1.)에서 '세계가 공인하는 바와 같이 팔레스티나의 가자 지대는

〈아동무덤〉으로 변하고 있'다고 보도하면서 '후대들을 위해서라도 강해야 한다. 우선 강해지고 봐야 한다. 그래야 더욱 확고하고 더욱 완비되고 더욱 강해진 전략적 힘으로 우리 조국과 인민의 안전, 어린이들의 밝은 미래를 더 굳건히 지킬 수 있다. 이것은 우리 인민의 철석같은 의지이며 신념'이라고 주장한다. 무장력을 키우지 않았다면, 자신들도 팔레스타인 인민들과 같은 처지가 되었을 것이란 기사에서도 짐작할 수 있듯, 북한은 참혹한 가자 전쟁의 참상을 하나의 명분으로 무장력을 강화하고, 주민들을 통제하는 데 활용할 수 있다.

둘째, 북한은 유엔 중심의 국제 질서와 통제를 서서히 벗어날 수 있다. 북한은 2000년대 이후 어느 정도 국제사회와 소통하면서 국제 질서에 순응하려는 모습을 보여 왔다. 하지만 미국과의 협상이 결렬된 이후, 러시아와의 관계를 강화하면서 자신들의 핵 보유를 인정받기 위해 국제 질서에서 이탈하려는 움직임을 보이고 있다. 우크라이나 전쟁과 가자 전쟁은 북한의 이런 움직임을 정당화하는 좋은 구실이 될 수 있다. 북한은 가자 전쟁과 관련한 유엔의 결의가 미국의 거부권으로 작동되지 못하는 현실을 근거로 유엔을 '미국을 위한 제국주의 실현의 도구'라고 비판한다. 《로동신문》은 '유엔은 미국의 독주 무대가 아니다'라는 제목의 기사(2024.5.28.)에서도 '미국이라는 일개 나라가 유엔을 저들의 정치적 리권 보장과 세계 제패를 위한 전용 도구로 악용하고 있'다고 보도한다. 또한 '가자 지대에서의 정화 실시와 팔레스타나의 유엔 가입 문제를 둘러싸고 조성된 복잡한 사태는 미국이 어떻게 유엔을 자기의 리익 실현을 위해 도용하고 있는가 하는 것을 보여주는 뚜렷한' 실례라고 덧붙인다. 즉 북한은 제국주의·미국·국제 질서를 등식화시켜 국제 질서의 이탈을 정당화할 수 있다.

셋째, 북한은 대화가 아닌 대결의 전략을 지속할 수 있다. 북한은 단극 세계가 다극 세계로 변화하는 시점에서, 본인들은 '정의로운 국제사회'의 일원이자 '세계 다수파'에 속한 것으로 간주하고 있으며, 다극 세계를 건설하는 데 주력할 것을 일관되게 주장한다. 하지만 미국이라는 존재가 사라지지 않는 한 가자 전쟁과 같은 전쟁이 지속되고, 인류의 평화가 불가능하다는 점도 명확히 주지하고 있다. 따라서 북한은 기존의 북미 대화, 남북 대화, 6자 회담 형식의 대화를 통한 협상은 지양하고 비동맹 국가들, 제3세계 국가들과 연대를 통해 '제국 대 반제국'의 긴장을 유지하려 할 수 있다.

이스라엘-하마스 전쟁을 통해 살펴보았듯이, 북한 정권은 내부적으로 주민 통치를 강화하고 자체 무장화를 지속하며, 국제 질서로부터 이탈하려는 움직임을 보이고 있다. 무엇보다 대화를 통한 협상이 아닌 '제국 대 반제국'이라는 구도의 대결 정책을 장기 전략으로 삼을 가능성이 높다. 따라서 전쟁의 종식은 물론이며, 한반도 차원에서 단기적인 안정을 넘어 현재 김정은 정권이 국제 정세를 어떻게 인식하고 있는가를 염두에 둔 장기적인 평화 정책을 모색할 필요가 있다.

**[ 맺음말 ]**

# 약자를 편들며 입체적으로 분석하다

이찬수

## 불행한 역사, 끝나지 않을 분쟁

 이스라엘-팔레스타인 분쟁은 유럽의 시온주의자들이 영국 등의 지원에 힘입어 팔레스타인을 자신들의 향토로 삼으려던 데서 비롯되었다. 특히 국가가 없던 유대인들이 국경도 설정하지 않은 채 이미 사람이 살고 있던 팔레스타인에 이스라엘 국가를 선포하고(1948년) 미국, 소련 등이 승인하면서 이 지역은 분쟁의 소용돌이에 휘말리게 되었다. 이미 이천 년 동안 팔레스타인 주민들이 살아온 지역에 어떻게 엉뚱한 나라가 세워질 수 있었을까.
 제2장에서 구체적으로 밝히고 있듯이, 불합리한 이 상황은 이스라엘이 독자적으로 만든 것이 아니다. 거기에는 기본적으로 유럽 제국주의의 그늘이 드리워져 있다. 오스만제국의 몰락 이후 서아시아에 대한 지배권을 넘겨받은 영국이 점령지인 팔레스타인에 유대인과 아랍인 모두에게 통일국가를 만들도록 지원하겠다며 양쪽을 이용하면서 벌어진 일이다. 영국이 팔레스타인에 아랍 통일국가의 건립을 지원한다는 것은 사실상 수단

이었고, 실제로는 친영 국가 이스라엘의 건국이 더 중요한 목표였다. 팔레스타인의 판도는 강대국 영국의 지원으로 진작부터 이스라엘 중심적으로 형성되었다. 팔레스타인 원주민들이 외지인들에게 땅을 뺏기고 난민처럼 되어 버린 상황은 누가 보아도 불합리하다.

국제사회, 주변국에서 개입해 조정을 해야 할 것 같지만, 주변국, 특히 인종과 종교를 같이 하는 서아시아의 국가들도 팔레스타인을 둘러싸고 이해관계가 얽혀 있다 보니 갈등과 분쟁을 완화시키지 못했다. 이런 상황이 짧게 잡아도 1948년 이후 지금까지 80여 년 계속되다 보니, 이런 분쟁은 이 지역의 문화나 시스템처럼 되어 버렸고, 불합리와 불공정이 만성화되면서 팔레스타인은 으레 그런 곳이라는 이미지마저 형성되었다.

### 약자에 더 공감하다

여러 연구자들이 이 책을 쓰게 된 직접적 동기는 2023년 10월 7일 가자지구의 군사 정당인 하마스가 이스라엘에 대규모 로켓 공격을 감행한 사건에서 비롯되었다. 이 공격으로 이스라엘인과 일부 외국인을 포함해 모두 1,200명이 사망하고, 하마스는 이스라엘인 239명을 인질로 잡아갔다. 잡아간 이스라엘인 인질과 이스라엘에 수감 중인 팔레스타인인의 교환을 통해 수세적 국면을 전환하려는 의도의 일환이었다.

이것만 보면 전쟁의 직접적인 원인은 하마스가 제공한 것처럼 보인다. 이에 대해 이스라엘은 물론 외부자의 비판도 이어졌다. 안토니우 구테흐스 유엔 사무총장도 하마스의 공격을 즉각 비판했다. 그러면서도 구테흐스는 "하마스의 공격이 진공상태에서 일어나지 않았다는 것을 인지하는 것 또한 중요하다"며, 그동안 팔레스타인이 이스라엘에게 당했던 무고한 고난과 희생을 상기시켰다. 이 책의 필자들도 한편에서는 하마스의 선제공격으로 본격 촉발된 전쟁의 실상과 의미를 포함해 그 대책까지 종합적으로 제시하고자 했다. 그러면서 그 저변에서는 상대적 약자인 팔레스타인의 아픔에 공감하면서 약자가 겪은 상처의 치유에 더 관심을 기울였다. 평화 지향적 필자들의 인지상정이라고 할 수 있다.

이와 관련해 북한《로동신문》에서 보도하고 있는 이스라엘과 팔레스타인에 대한 기사들을 정리한 제11장은 한편에서는 북한의 반미·반이스라엘적 성향을 전형적으로 보여주면서도, 다른 한편에서는 북한도 약자에 대한 우선적 공감이라는 보편적 정서를 가지고 있다는 사실까지 우회적으로 보여준다. 한국의 진보와 보수 언론을 대변하는《한겨레》와《조선일보》의 보도 태도를 다루는 제10장에서도 이런 경향을 읽을 수 있다. 비록《조선일보》는 이 전쟁을 현실주의적으로 분석하면서《한겨레》에 비해 약자에 대한 공감은 상대적으로 적었지만, 그렇다고 전혀 없지는 않았다. 이 지역의 평화를 세계평화와 연결지으려는 시도 자체는 의미가 적지 않았다.

### 이스라엘에 대해 더 비판적이다

이 책은 가자 주민의 '학살'이라고 해도 과언이 아닌, 이스라엘의 무자비한 반격에 대한 비판적 관점을 견지하고 있다. 알려져 있다시피 이스라엘은 하마스의 선제공격이 도리어 기회라도 되는 양 가자지구 전체를 더 공격적으로 점령하며 민간인에 대한 사실상의 학살을 자행해 왔다. 그 결과 전쟁이 벌어진 일 년여 사이에 가자지구에서만 팔레스타인인 44,249명 이상 사망했고 106,962명이 부상을 당했다.(2024.11.26. 기준, 가자지구 전체 인구의 2%) 이에 대해서는 제1장에서 잘 밝히고 있다. 불과 일 년 만에 그 좁은 땅에서 사망한 숫자도 엄청나지만, 이 중 어린이가 17,581명, 여성이 12,048명이라는 사실은 더 충격적이다. 군인이 아닌 사실상 팔레스타인 자체가 이스라엘의 파괴의 대상이었다는 뜻이다. 제5장에서 정리하고 있듯이, 이스라엘은 첨단 무기, 특히 AI 등을 활용해 인간을 사물화시키며 죽음을 사물의 파괴 정도로 생각하는 잔인함을 보여주고 있다.

가자에서만 희생자가 나오는 것이 아니다. 가자 전쟁의 연장으로 서안지구에서도 팔레스타인인 718명이 살해되었고, 5,700명이 부상을 당했으며,(2024.9.26. 기준) 이스라엘군도 1,139명 이상 사망하고, 8,730명이 부상당했다.(2024.9.26. 기준) 인질을 협상의 대상으로 삼으려던 하마스의 의도를 비웃기라도 하듯, 이스라엘은 자국의 인질을 희생시켜서라도 이 기회에 가자지구를 더 확실히 점령하겠다는 속내를 강하게 드러내 왔다. 제9장에서는 '절멸의 정치'라는 개념으로 팔레스타인 주민을 궤멸시켜 가는 이스라엘의 강경책에 대해 비판적으로 분석한다.

### 상처에 더 집중하다

제3장에서 자세히 분석하고 있듯이, 특히 가자지구의 여성은 단순히 총과 폭탄에 의한 피해는 물론, 전쟁을 빌미로 그간 문화화 되어 온 성차별이 더 노골화하면서 더 큰 피해를 겪고 있다. 제4장에서 밝히듯이, 가자지구 생태계가 거의 파괴되어 온 것도 전쟁의 실상이자 안타까운 결과이다.

이런 와중에 2025년 1월, 미국의 트럼프가 다시 대통령이 되면서 이스라엘과 하마스는 휴전에 합의했다는 소식도 들려왔지만, 지난 80여 년간 그래왔듯이, 휴전의 구체적인 조건들에 대한 자기중심적 해석으로 합의는 사실상 찢어진 종이처럼 변했고, 이스라엘은 서안지구까지 공격했다. 서로 인질 일부를 석방했지만, 소극적 합의와 적극적 파기로 점철되어 온 저간의 갈등 패턴은 여전히 반복되고 있다. 그 핵심에는 '땅' 문제와 민족 정체성의 문제가 놓여 있다. 명시적이든 암묵적이든 이 책 대부분의 글에서 제기하고 있는 이 지역의 근본적인 문제이다.

### 땅의 원주민을 생각하다

시온주의에 입각해 유대인들이 팔레스타인으로 이주해 온 역사는 바꾸어 놓고 보면, 유대인들의 이주 이전부터 그곳에는 사람들이 살고 있었다는 뜻이기도 하다. 가령 유대교의 경전인 타나크(사무엘서)에는 고대 이스라엘이 가나안에 들어가기 전 예루살렘 지역(오늘의 팔레스타인의 일부)에 이미 살고 있던 여부스 족 이야기가 나오는데, 현재의 팔레스타인 사람들은 자기들이 그 여부스 족의 후손이라고 생각한다. 유대교의 경전도 사실상 팔레스타인의 원주민은 오늘 고통을 당하고 있는 그 팔레스타인인이라는 사실을 본의 아니게 인정하고 있는 셈이다.

팔레스타인에는 유대인도 수백 년에 걸쳐 살았지만, 이 지역은 유대인보다는 비유대인의 통치 기간이 더 길었고, 7세기 이후만 치면 아랍계 내지는 이슬람계가 땅의 실질적인 주인이었다. 더욱이 주인들이 바뀌는 과정에 많은 침략과 전쟁, 정착과 이주의 역사가 반복되었고, 인구 구성원도

혼재되었다. 이러한 혼합 과정을 고려하면 이스라엘만이 이곳의 소유자라고 할 수 없고, 누가 진짜 원주민인지 특정하기도 쉽지 않다. 그런 마당에 팔레스타인에 대한 이스라엘의 소유권 주장은 이스라엘이 팔레스타인의 실질적인 침략자라는 사실을 반증하는 셈이 되는 것이다.

물론 처음부터 노골적인 침략자였던 것은 아니다. 초기의 유대인 정착민과 팔레스타인 사람은 사이가 괜찮았다. 국경이나 국가적 주권 개념이 없던 시절, 사람들이 국가 개념 없이 서로 섞이는 것은 자연스럽기도 했다. 팔레스타인 사람 중에는 유대인에게 거처를 제공하고 농사짓는 방법을 가르치던 이들도 제법 많았다. 팔레스타인의 주류 종교인 이슬람은 다른 민족이나 종교에 대한 포용성이 상대적으로 컸다. 이슬람에서 신의 말씀 자체로 여기는 『쿠란』에서는 이렇게 말한다: "종교에는 강제가 없다. 무엇이 악이고 무엇이 진실인지는 저절로 밝혀질 것이다."(2:256) "우리(이슬람-필자)의 하나님과 너희(유대인과 그리스도인 - 필자)의 하나님은 같은 하나님이니 우리는 그분께 순종한다."(29:46). 이슬람이 권력화된 지역에서는 인두세와 토지세를 더 납부하면 다른 종교와 문화적 전통을 보장하곤 했고, 노골적으로 억압한 사례는 별로 없다. 이스라엘 정착민들이 사실은 이 지역을 정복하려고 온 것이라는 사실을 깨달으면서 이슬람권 팔레스타인의 저항이 시작된 것이다.

### 절망을 희망으로 바꾸려는 이들

그동안 이런 문제들을 해결하기 위한 국제사회의 노력이 없던 것은 아니다. 제7장에서 국제사회의 중개에 입각한 이스라엘-하마스 전쟁의 종전 가능성에 대해 정리하고 있는 것은 그 이론적 사례들을 잘 보여준다. 무엇보다 이 지역에 대한 국제사회의 가장 구체적인 개입은 남아공이 가자지구에 대한 이스라엘의 학살을 혐의로 유엔 국제사법재판소(ICJ)에 제소한 사건이다. 남아공은 ICJ에 이스라엘의 학살 행위를 당장 멈추게 해달라는 긴급 요청도 네 번이나 제기했다. ICJ는 그중 일부를 인용하기도 했지만, 지금까지 그래왔듯이, 그 뒤에도 가자지구를 둘러싼 상황은 크게 달라지지 않았다. 그럼에도 불구하고 국제사회가 이스라엘의 물리적 폭력과 인종차별적 행위에 대해 경고의 목소리를 계속 내는 일은 중요하다. 이에 대해서는 제6장에서 상세히 분석하고 있다.

국제사회의 개입만이 아니라, 이스라엘과 팔레스타인의 화해를 위한 시민사회의 노력도 계속되어 왔다. 제8장에서 소개하고 있듯이, 전쟁 중단을 위한 종교인들의 노력도 있어 왔다. 무슬림과 유대인이 민족적이고 종교적인 이유로 싸우고 있다는 일반적인 선입견과는 달리, 전쟁을 중단하고 상처를 치유하기 위한 종교 간 대화와 교류도 지속되고 있다. 이스라엘과 팔레스타인 사람들이 벌이고 있는 종교 간 대화의 운동은 비록 현실적 효과는 크지 않지만, 이 지역의 평화운동과 관련해 적지 않은 의미가 있다.

## 평화가 임하기를

이 책의 필자들은 팔레스타인에 평화가 임하기를 한결같이 염원하고 있다. 그 마음의 농도도 거의 같다. 하지만 안타깝게도 전쟁은 계속되고 있고, 어느 한쪽이 다른 한 쪽을 계속 몰아부치는 양상이 이어지고 있다. 국제사회는 이 참상을 끝낼 의지와 역량이 턱없이 부족하다. 한국의 경우는 이 전쟁의 원인에 대한 이해가 모자라고, 연구도 일천하다. 가자에서 벌어지는 일들에 대한 논문은 나오고 있지만, 대중의 손에까지 도달하기에는 거리가 너무 멀다. 이책의 필자들은 이런 현실에 마음이 불편해, 딱히 연구비도 없이 자발적으로 전쟁의 양상을 종합적으로 조명하는 작업에 나섰다.

이 책은 이스라엘-하마스 전쟁의 배경, 의미, 상황, 종전을 위한 대안 등을 정치, 사회, 종교, 역사, 법률, 생태, 젠더 등 대부분의 영역을 망라해 다룬, 적어도 한국에서는 선구적인 책이지 않을까 싶다. 이 책이 이스라엘-하마스 전쟁에 대한 균형 잡힌 지침서가 되기를 바라마지 않는다. 모든 필자가 평화 지향적 연구자들이라는 점에서 상대적 약자이자 이 전쟁에서 더 큰 피해를 입고 있는 팔레스타인 주민의 아픔에 대한 공감이 더 크게 나타나고 있는 것은 어쩌면 이 책의 한계일지도 모른다. '객관적'으로 평가하고 소개하기를 바라는 이스라엘 입장에서는 불공정하다고 할지도 모른다. 그러나 평화학의 근간이 그렇듯이, 평화는 더 큰 희생을 당하고 있는 약자의 상처를 더 많이 치유하는 데서 만들어진다. 이 책에서는 그런 의미에서 약자의 아픔에 더 공감하면서 전쟁을 멈추고 공존의 길로 나아가는 상상을 더 많이 한다. 동일한 전쟁을 다루면서 피해가 더 큰 쪽에 더 관심을 기울이는 자세는 집필의 한계라기 보다는 평화를 위한 필연적인 선택이라고 할 수 있다.

# 부록

1. 유엔 안전보장이사회 결의(2024.06.10)

2. 유엔 총회 결의(2024.09.18)

3. 이스라엘과 하마스 간에 체결된 인질-휴전 합의(2025.01.15)
   * 이상 세 문서는 큐알코드에 수록

4. 이스라엘-하마스 전쟁 주요 일지

### 4. 이스라엘-하마스 전쟁 주요 일지

| 연도 | 일자 | 내용 |
|---|---|---|
| 2023 | 10.7. | 하마스의 기습공격으로 2023 이스라엘-하마스 전쟁 발발 |
| | 10.8. | • 이스라엘, 하마스 향해 전쟁상태 선포<br>• 레바논 헤즈볼라, 하마스 지지 선언 및 이스라엘 북부 셰바 팜스 공격 |
| | 10.9. | 이스라엘, 가자지구 전면 봉쇄 |
| | 10.10. | • 이스라엘, 전쟁 발발 72시간만에 이스라엘 남부 통제권 확보<br>• 서안지구 교전 발생 |
| | 10.11. | 이스라엘 전시내각 구성 합의 |
| | 10.12. | 이스라엘, 시리아 다마스쿠스·알레포 공항 공격 |
| | 10.13. | 이스라엘, 가자시 주민 대피령 발동 |
| | 10.16. | 레바논 헤즈볼라-이스라엘간 교전 발생 |
| | 10.17. | • 하마스, 이스라엘 텔아비브·예루살렘 공격<br>• 가자지구 알아흘리 병원 미상 공격 |
| | 10.19. | 예멘 후티 반군, 홍해상 이스라엘 공격 지속 |
| | 10.21. | 하마스, 카타르와 교섭 후 국제적십자사에 인질 2명 석방 |
| | 10.23. | 하마스, 이집트·카타르와 교섭 후 국제적십자사에 인질 2명 석방 |
| | 10.27. | • 이스라엘, 가자지구 북부 지상공격 개시<br>• 유엔 총회, '즉각적인 인도주의적 휴전 요구' 결의(A/RES/ES-10/21) 채택 |
| | 10.31. | • 예멘 후티 반군, 이스라엘 공격 시인 및 전쟁개입 선포<br>• 이스라엘, 자발리아 난민캠프 공격 |
| | 11.12. | 이스라엘, 하마스 전초기지 11곳 장악 |
| | 11.15. | 이스라엘, 가자지구 최대 규모의 알시파 병원 공격 |
| | 11.22. | 카타르·이집트·미국 중개 하 이스라엘·하마스, 휴전 합의 |
| | 11.24. | 휴전 발효 |
| | 11.27. | 이스라엘·하마스, 휴전 2일 연장 합의 |
| | 11.30. | 이스라엘·하마스, 휴전 1일 연장 합의 |
| | 12.1. | 하마스의 휴전협정 위반 및 휴전 종료 |
| | 12.3. | 이스라엘, 가자지구 남부 지상공격 개시 |

|  |  |  |
|---|---|---|
|  | 12.12. | 유엔 총회, '즉각적인 인도주의적 휴전 요구' 결의(A/RES/ES-10/22) 채택 |
|  | 12.15. | 이스라엘군 사격으로 이스라엘 인질 3명 사망 |
|  | 12.22. | 유엔 안보리, '가자지구 인도적 지원' 결의(S/RES/2720) 채택 |
|  | 12.24. | 이스라엘, 알마와지 난민캠프 공격 |
|  | 12.29. | 남아공화국, 국제사법재판소에 집단학살 혐의로 이스라엘 제소 |
| 2024 | 1.1. | 이스라엘-하마스간 칸유니스, 데이르 알 발라 전투 발발 |
|  | 1.2. | 하마스 지도자 살레흐 알아루리 사망 |
|  | 1.11. | • 국제사법재판소, 이스라엘의 혐의에 관한 심리 개시<br>• 미국·영국 연합군, 예멘 전역 공격 |
|  | 1.26. | • 국제사법재판소, 잠정처분 명령<br>• 유엔 팔레스타인 난민구호기구(UNRWA), 하마스의 기습공격에 연루된 직원 해고 |
|  | 2.12. | 이스라엘 인질 2명 구출 |
|  | 2.21. | 이스라엘, 가자지구 남부 국경도시 라파 공격 |
|  | 2.29. | 이스라엘, 구호품 차량에 몰려든 가자지구 민간인 공격 |
|  | 3.25. | 유엔 안보리, '즉각적인 휴전 및 인질석방 촉구' 결의(S/RES/2728) 채택 |
|  | 4.1. | 이스라엘, 시리아 주재 이란 대사관 공격 |
|  | 4.13. | 이란, 이스라엘 골란고원 보복공격 |
|  | 4.18. | 사상 최초 이스라엘의 이란 본토 이스파한 공격 |
|  | 5.6. | 이스라엘, 라파 국경 장악 |
|  | 5.20. | 국제형사재판소, 베냐민 네타냐후·요아브 갈란트·야히야 신와르·모하메드 데이프·이스마일 하니예 체포영장 청구 |
|  | 5.24. | 국제사법재판소, 이스라엘의 라파 공격 중지 명령 |
|  | 5.26. | 이스라엘, 라파 난민캠프 공격 |
|  | 5.29. | 이스라엘, 필라델피아 회랑 장악 |
|  | 6.5. | 이스라엘, 레바논 남부 공격 |
|  | 6.8. | 이스라엘, 인질 4명 구출 |
|  | 6.10. | 유엔 안보리, '미국 주도 3단계 휴전안 지지' 결의(S/RES/2735) 채택 |
|  | 7.2. | 이스라엘, 칸유니스 및 라파 주민 대피령 발동 |
|  | 7.13. | 이스라엘, 하마스 사령관 여단 수장 모하메드 데이프 암살 발표 |
|  | 7.19. | 국제사법재판소, 이스라엘의 팔레스타인 점령 불법 판단 |
|  | 7.23. | 파타·하마스 임시통합정부구성 선언 |
|  | 7.27. | 헤즈볼라, 이스라엘 골란고원 마즈달 샴스 공격 |
|  | 7.30. | 이스라엘, 베이루트 보복공격 |
|  | 7.31. | 이스라엘, 테헤란에서 하마스 지도자 이스마일 하니예 암살 |
|  | 8.9. | 이스라엘, 칸유니스 지상공격 개시 |

| | 8.25. | • 이스라엘, 헤즈볼라 선제타격<br>• 헤즈볼라, 이스라엘 대규모 공격 |
|---|---|---|
| | 8.27. | 이스라엘 인질 1명 구출 |
| | 8.28. | • 가자지구 내 소아마비 백신 예방접종을 위한 일시 전투중단<br>• 이스라엘, 서안지구 지상공격 개시 |
| | 8.31. | 하마스에 의해 처형된 이스라엘 인질 6명 시신 발견 및 회수 |
| | 9.17. | 레바논·시리아 통신기기 폭발사건 발생 |
| | 9.18. | 유엔 총회, '이스라엘의 팔레스타인 철수 요구' 결의(A/RES/ES-10/24) 채택 |
| | 9.20. | 이스라엘, 헤즈볼라 사령관 이브라힘 아킬 암살 |
| | 9.25. | 헤즈볼라, 이스라엘 텔아비브 공격 |
| | 9.27. | 이스라엘, 베이루트 헤즈볼라 본부 공격 및 사무총장 하산 나스랄라 암살 |
| | 9.30. | • 이스라엘, 레바논 남부 지상공격 개시<br>• 이스라엘-하마스간 라파 교전 발생 |
| | 10.1. | 이란 혁명수비대, 이스라엘 중·남부 대규모 공격 |
| | 10.7. | 하마스·헤즈볼라·후티 반군, 이스라엘 합동공격 |
| | 10.10. | 이스라엘, 레바논 UN 평화유지군 기지 공격 |
| | 10.16. | 이스라엘, 하마스 지도자 야히야 신와르 암살 |
| | 10.21. | 이스라엘, 시리아 수도 다마스쿠스 표적공격 |
| | 10.24. | 헤즈볼라, 이스라엘 공격 |
| | 10.26. | 이스라엘, 이란 내 최소 13개 지역의 군사시설 보복공격 |
| | 11.5. | 이스라엘, UNRWA 활동에 관한 협정 탈퇴 |
| | 11.21. | 국제형사재판소, 베냐민 네타냐후·요아브 갈란트·모하메드 데이프 체포영장 발부 |
| | 11.26. | 이스라엘·헤즈볼라 60일간 일시휴전 합의 |
| | 12.29. | 이스라엘, 가자 북부 마지막 의료시설 카말 아드완 병원 공격 |
| 2025 | 1.15. | 카타르·이집트·미국 중재 하 이스라엘·하마스 휴전 합의 |
| | 1.16. | 이스라엘 가자 공격 |
| | 1.19-<br>4.17 | 휴전 합의 이후 1,891명 사망, 42만여명의 신규 난민 발생. 가자지역의 70%가 강제 소개 및 이스라엘 점령하에 놓임 |

참고문헌

집필진 소개

찾아보기

【 참고문헌 】

### 1장 가자·서안에서의 인도주의적 재앙 / 니달 아부줄루프

「뉴시스」. 2022년 8월 29일.
Amnesty International. "Israel's Apartheid against Palestinians: Cruel System of Domination and Crime against Humanity." 2022.
B'Tselem. "Apartheid." https://www.btselem.org/topic/apartheid (검색일: 2024년 12월 10일).
Din, Yesh. "The Occupation of the West Bank and the Crime of Apartheid: Legal Opinion." 2020. https://www.yesh-din.org/en/the-occupation-of-the-west-bank-and-the-crime-of-apartheid-legal-opinion/ (검색일: 2024년 12월 10일).
Human Rights Watch. "A Threshold Crossed Israeli Authorities and the Crimes of Apartheid and Persecution." 2021.
The Israeli Committee against House Demolition: ICAHD. "Statistics on House, Structure Demolitions, November 1947- December 2024." https://icahd.org/2021/04/26/statistics-on-house-structure-demolitions-november-1947/ (검색일: 2024년 12월 12일).

### 2장 시온주의, 신화적 정체성, 그리고 가자의 게토화 / 이찬수

\* 이 글은 『경계연구』 3집 2호(2024), pp.112-153에 게재된 같은 제목의 논문을 축소하며 보완한 글이다.

〈단행본〉
노암 촘스키. 유달승 역. 『숙명의 트라이앵글: 미국-이스라엘-팔레스타인』. 서울: 이후, 2001.
도브 왁스만. 장정문 역. 『우리가 알아야 할 이스라엘-팔레스타인 분쟁의 모든 것』. 용인:

소우주, 2024.
로빈 코헨. 유영민 역.『글로벌 디아스포라』. 서울: 민속원, 2017.
에밀 졸라. 유기환 역.『나는 고발한다』. 서울: 책세상, 2020.
이희수.『인류본사: 오리엔트-중동의 눈으로 본 1만2,000년 인류사』. 서울: 휴머니스트, 2022.
일란 파페. 백선 역.『이스라엘에 대한 열 가지 신화』. 고양: 틈새책방, 2024.
일란 파페. 유강은 역.『팔레스타인 종족 청소: 이스라엘의 탄생과 팔레스타인의 눈물』. 파주: 교유서가, 2024.
정환빈.『팔레스타인, 100년 분쟁의 원인: 이분법적 사고를 넘어서』. 서울: 인세50, 2023.
테오도르 헤르츨. 이신철 역.『유대 국가: 유대인 문제의 현대적 해결 시도』. 서울: 도서출판b, 2012.
폴 존슨. 김한성 역.『유대인의 역사』. 서울: 포이에마, 2014.
홍미정.『중동현대사: 무엇이 문제인가』. 서울: 서경문화사, 2024.
홍미정·마흐디 압둘 하디.『팔레스타인 현대사: 무엇이 문제인가』. 서울: 서경문화사, 2018.

Frenz, Horst. ed.. Nobel Lectures, Literature 1901-1967. Amsterdam: Elsevier Publishing Company, 1969.
Himmelfarb, Gertrude. *The People of the Book: Philosemitism in England, From Crowmwell to Churchill*. New York: Encounter Books, 2011.
Schneer, Jonathan. *The Balfour Declaration: The Origins of the Arab-Israeli Conflict*. London: Bloomsbury Publishing PLC., 2011.
Shimoni, Gideon. *The Zionist Ideology*. Hanover: Brandies University Press, 1995.
Smith, Charles. "The Arab-Israeli Conflict". Louise Fawcett. *International Relations in the Middle East*. Oxford : Oxford University Press, 2016.

〈인터넷 자료〉
"Hussein-Mcmahon Correspondence", *Encyclopedai Britannica*
〈https://www.britannica.com/topic/Husayn-McMahon-correspondence〉(검색일: 2025년 2월 8일)
Israel Ministry of Foreign Affairs(Israel)
〈https://www.gov.il/en/pages/signatories-of-the-declaration-of-the-establishment-of-the-state〉(검색일: 2025년 2월 8일)
"Sykes-Picot Agreement", *Encyclopedia Britannica*
〈https://www.britannica.com/event/Sykes-Picot-Agreement〉(검색일: 2025년 2월 8일)

## 3장 젠더폭력의 관점에서 이스라엘-하마스 전쟁 이해하기 / 허지영

* 이 글은 "분쟁관련 여성폭력: 이스라엘·하마스 전쟁과 미얀마의 로힝야 제노사이드를 중심으로", 『지역과 세계』 49집 1호(2025)에 실린 글을 수정·보완한 것이다.

〈단행본〉

Swaine, Aisling. *Conflict-Related Violence Against Women: Transforming Transition*. Cambridge: Cambridge University Press, 2018.

〈논문〉

서보혁. "폭력연속체." 서보혁·이성용·허지영 편. 『폭력개념연구』. 서울: 모시는사람들, 2024.

Giacaman, Rita, Neil Arya and Derek Summerfield. "Establishing a Mental Health System in the Occupied Palestinian Territories." *International Psychiatry* vol. 2, no. 9 (2005), pp. 16-18.

〈기타〉

국제엠네스티한국지부. "우크라이나: 러시아의 전면 침공 2년-여성들이 심각한 위기에 직면해있다." 2023년 3월 17일.

아디. "선을 넘는 팔레스타인 여성들." 서울: 아디인권보고서, 2021.

현윤경. "이·팔 반목여론 확산…"가자전쟁 계속해야" vs "하마스 지지"" 『연합뉴스』. 2023년 12월 14일.

Haaretz. "A Third of Israeli Female Soldiers Were Sexually Harassed in 2021, Reports Says." Nov 28, 2022; https://www.haaretz.com/israel-news/2022-11-28/ty-article/.premium/a-third-of-israeli-female-soldiers-were-sexually-harassed-in-2021-report-says/00000184-bee1-d136-affd-fff5ac590000〉 (2024년 12월 1일)

International Criminal Court(ICC), Office of The Prosecutor. "Policy on Gender-Based Crimes: Crimes involving sexual, reproductive, and other gender-based violence." 2023.

Independent International Commission of Inquiry on the Occupied Palestine Territory, including East Jerusalem and Israel. "Detailed findings on the military operations and attacks carried out in the Occupied Palestinian Territory from 7 October to 31 December 2023." 2024.

New York Times. "Israeli hostage says she was sexually assaulted and tortured in Gaza."

March 26, 2024

OHCA (Office for the Coordination of Humanitarian Affairs). Hostilities in the Gaza Strip and Israel." Flash Update #44. 2023.

OHCA (Office for the Coordination of Humanitarian Affairs). "Reported Casualties." 2024; 〈https://www.ochaopt.org/content/reported-impact-snapshot-gaza-strip-10-december-2024〉 (2024년 10월 16일)

OHCHR (UN, Office of High Commissioners for Human Rights). "Report of the Special Rapporteur on violence against women, its causes and consequences, on her mission to the Occupied Palestinian Territory/State of Palestine." A/HRC/35/30/Add.2, 2017. (2024년 10월 5일)

Oxfam International. "Babies dying from preventable causes in besieged Gaza." 2023.

Political Settlements Research Programme(PSRP). "Understanding and Addressing Conflict-Related Violence Against Women." Briefing Paper 2018.

Reuters. "Israeli soldiers play with Gaza Women's underwear in online posts." March 28, 2024; 〈https://www.reuters.com/world/middle-east/israeli-soldiers-play-with-gaza-womens-underwear-online-posts-2024-03-28/〉 (2024년 9월 9일)

Salem, Nora. "War against Women, A Feminist Perspective on ICJ Order South Africa vs Israel." Volkerrechtsblog. 2024; 〈https://voelkerrechtsblog.org/war-against-women/〉 (2024년 9월 25일)

Sultana, Razia. "Witness to horror: Rohingya women speak out about Myanmar Army rape and other atrocities in Maungdaw." Kaladan Press Network. 2017.

UN. "Report of the Special Rapporteur on Violence against Women, Its Causes and Consequences" April 13, 2005.

UN. "Interview: 5,500 women in Gaza set to give birth in race against death." UN News: Global perspective Human Stories 2023; 〈https://news.un.org/en/interview/2023/11/1143327〉 (2024년 9월 25일)

UNFPA (United Nations Sexual and Reproductive Health Agency). "Gender-based Violence."; 〈https://palestine.unfpa.org/en/gender-based-violence〉 (2024년 11월 19일)

UN Women. "Women, War, Peace: The Independent Experts' Assessment on the Armed Conflict on Women and Women's Role in Peace-Building." 2002.

UN Women. "The Gendered Impact of he Crisis in Gaza. UN Women Regional Office for the Arab States." 2024.

World Health Organization (WHO). "Women and newborns bearing the brunt of the conflict in Gaza, UN agencies warn." 2023.

## 4장 가자에서의 생태폭력 / 이나미

〈단행본〉

이나미. "생태폭력". 서보혁, 이성용, 허지영 엮음, 『폭력 개념 연구』. 서울: 모시는사람들, 2024.

조효제. 『침묵의 범죄 에코사이드』. 파주: 창비, 2022.

Homer-Dixon, Thomas F. *Environment, Scarcity, and Violence*, Princeton: Princeton University Press, 1999.

Stoett, Peter & Omrow, Delon Alain, *Spheres of Transnational Ecoviolence*, Cham: Palgrave Macmillan, 2021.

Zierler, David, *The Invention of Ecocide*, Georgia: The University of Georgia Press, 2011.

〈논문〉

Barca, Stefania, "Telling the Right Story: Environmental Violence and Liberation Narratives" *Environment and History* 20 (2014).

Buheji, Mohamed, Al-Muhannadi, Khawla, "Mitigating Risks of Environmental Impacts on Gaza," *International Journal of Advanced Research in Engineering and Technology*, Vol. 14, Issue 07 (2023).

Fuchs, Ido. "The Doomsday Economy: Colonial Violence, Environmental Catastrophe, and Burning Tires in Palestine." *Praktyka Teoretyczna* 1(51) (2024), pp. 23-50.

Gordon, Neve, Haddad, Muna, "The Road to Famine in Gaza" *The New York Review of Books*, March 30, 2024.

Hassoun A, Al-Muhannadi K, Hassan HF, Hamad A, Khwaldia K, Buheji M and AlJawaldeh A, "From acute food insecurity to famine: how the 2023/2024 war on Gaza has dramatically set back sustainable development goal 2 to end hunger" *Front. Sustain. Food Syst.* 8:1402150 (2024). doi: 10.3389/fsufs.2024.1402150.

Hughes, Sara Salazar, Velednitsky, Stepha, Green, Amelia Arden, "Greenwashing in Palestine/Israel: Settler colonialism and environmental injustice in the age of climate catastrophe," *EPE: Nature and Space* Vol6(1) (2023), pp. 495-513.

Kool, Richard, "Violence, Environmental Violence, and Pro-environmental Action" *Clearing* (Sep. 2019).

London, Leslie et al., "A call from 40 public health scientists for an end to the continuing humanitarian and environmental catastrophe in Gaza" *Environmental Health* 23:59 (2024), https://doi.org/10.1186/s12940-024-01097-9

Mason, Michael, Zeitoun, Mark, and El Sheikh, Rebhy, "Conflict and social vulnerability to climate change: lessons from Gaza" *Climate and Development*, 3(4) (2011).

Nemer, Maysaa, "Gendered Impacts of Environmental and Social Transformations in the Jordan Valley" *Jerusalem Quarterly* 95 (2023).

Olumba, Ezenwa E., et al., "Conceptualising Eco-Violence: moving beyond the multiple labelling of water and agricultural resource conflicts in the Sahel" *Third World Quarterly*, Vol 43, No. 9, (2022).

Pace, M., & Yacobi, H., "Settler Colonialism (Without Settlers) and Slow Violence in the Gaza Strip," *Partecipazione e Conflitto*, 14(3) (2021), pp. 1221-1237. https://doi.org/10.1285/i20356609v14i3p1221

〈기타〉

*The Guardian*, March 29, 2024.

## 5장 전쟁의 참상과 인공지능 / 황용하

〈단행본〉

앤터니 로엔스틴 저. 유강은 역. 『팔레스타인 실험실: 이스라엘은 어떻게 점령 기술을 세계 곳곳에 수출하고 있는가』. 서울: 소소의책, 2023.

Coker, Christopher. *Warrior Geeks: How 21st-Century Technology is Changing the Way We Fight and Think About War*. Oxford: Oxford University Press, 2013.

〈논문〉

김송죽. "인공지능(AI) 기반 무기체계가 이스라엘-하마스 전쟁(2023)에 미치는 영향". 『통일문제연구』 제36권 2호, 2024.

〈기타〉

송태은. "신기술 무기의 안보적 효과와 주요 쟁점." 「IFANS」 주요국제문제분석 2021-31, 국립외교원 외교안보연구소, 2021.

Abraham, Yuval. "A Mass Assassination Factory: Inside Israel's Calculated Bombing of Gaza." +972 Magazine. (2023); 〈https://www.972mag.com/mass-assassination-factory-israel-calculated-bombing-gaza/〉 (검색일: 2024년 11월 3일).

Abraham, Yuval. "Lavender AI and the Israeli Army in Gaza." +972 Magazine. (2024); 〈https://www.972mag.com/lavender-ai-israeli-army-gaza/〉 (검색일: 2024년 11월 3일)

Kwet, Michael. "How US Big Tech Supports Israel's AI-Powered Genocide and Apartheid." Al jazeera. (2024). ⟨https://www.aljazeera.com/opinions/2024/5/12/how-us-big-tech-supports-israels-ai-powered-genocide-and-apartheid⟩(검색일: 2024년 10월 26일)

Masters, Jonathan and Merrow, Will. "U.S. Aid to Israel in Four Charts." Council on Foreign Relations. (2024); ⟨https://www.cfr.org/article/us-aid-israel-four-charts⟩(검색일: 2024년 10월 22일)

McKernan, Bethan and Davies, Harry. "'The Machine Did It Coldly': Israel Used AI to Identify 37,000 Hamas Targets." the Guardian. (2024);
⟨https://www.theguardian.com/world/2024/apr/03/israel-gaza-ai-database-hamas-airstrikes⟩(검색일: 2024년 11월 1일)

Moench, Mallory. "Nearly 70% of Gaza war dead women and children - UN." BBC (2024);
⟨https://www.bbc.com/news/articles/cn5wel11pgdo⟩ (검색일: 2025년 1월 12일)

Robins-Early, Nick. "How Israel Uses Facial-Recognition Systems in Gaza and Beyond." the Guardian. (2024);
⟨https://www.theguardian.com/technology/2024/apr/19/idf-facial-recognition-surveillance-palestinians⟩(검색일: 2024년 11월 1일)

Serhan, Yasmeen. "How Israel Uses AI in Gaza - And What It Might Mean for the Future of Warfare." TIME. (2024); ⟨https://time.com/7202584/gaza-ukraine-ai-warfare/⟩(검색일: 2024년 12월 20일)

Stone, Mike and Singh, Kanishka. "US plans $8 billion arms sale to Israel." Reuters. (2025);
⟨https://www.reuters.com/business/aerospace-defense/us-plans-8-billion-arms-sale-israel-axios-reports-2025-01-04/⟩(검색일: 2025년 1월 6일)

U.S. Department of State. "U.S. Security Cooperation with Israel." (2023); ⟨https://www.state.gov/u-s-security-cooperation-with-israel/⟩(검색일: 2024년 10월 22일)

## 6장 가자 제노사이드에 대한 국제사법기구와 한국 평화운동의 대응 / 임재성

* 이 글은 "가자 학살에 대한 국제재판소의 대응", 『경계연구』 제3집 2호 (2025)를 일부 수정·보완한 것이다.

⟨단행본⟩
김기준. 『국제형사법』. 서울: 박영사, 2017.
김영석. 『국제인도법』. 서울: 박영사, 2012.

〈논문〉

남승현. "최근 국제분쟁에 대한 ICJ와 ICC의 사법적 대응." 2024년 한국인권학회·인권법학회·대한적십자사 인도법연구소·이화여자대학교 법학연구소 공동학술대회 "국제분쟁과 현 국제질서: 인권과 인도주의의 위기와 과제" 발표문, 2024.

이혜영. "국제사법체계를 통한 국제분쟁 대응." 2024년 한국인권학회·인권법학회·대한적십자사 인도법연구소·이화여자대학교 법학연구소 공동학술대회 "국제분쟁과 현 국제질서: 인권과 인도주의의 위기와 과제" 토론문, 2024.

최지현. "국제사법재판소 잠정조치 명령의 이행강제". 『국제법학회논총』 제56권 제2호, 2011.

〈기타〉

ICJ. Application of the Convention on the Prevention and Punishment of the Crime of Genocide in the Gaza Strip(South Africa v. Israel).

ICJ. Order of 26 January 2024. "192 - Application of the Convention on the Prevention and Punishment of the Crime of Genocide in the Gaza Strip (South Africa v. Israel)", "REQUEST FOR THE INDICATION OF PROVISIONAL MEASURES", 2024.

ICJ. Order of 28 Mars 2024. "192 - Application of the Convention on the Prevention and Punishment of the Crime of Genocide in the Gaza Strip (South Africa v. Israel)", "REQUEST FOR THE MODIFICATION OF THE ORDER OF 26 JANUARY 2024 INDICATING PROVISIONAL MEASURES", 2024.

ICJ. Order 24 May 2024, "192 - Application of the Convention on the Prevention and Punishment of the Crime of Genocide in the Gaza Strip (South Africa v. Israel)", "REQUEST FOR THE MODIFICATION OF THE ORDER OF 28 MARCH 2024", 2024.

UN DOC. A/HRC/55/73. "Anatomy of a Genocide: Report of the Special Rapporteur on the situation of human rights in the Palestinian territories occupied since 1967, Francesca Albanese", 2024.

## 7장 제3자 개입과 '중개' / 김진주

〈단행본〉

김대순. 『국제법론』. 서울: 삼영사, 2019.
본투비역사연구소. 『세계의 화약고 중동 전쟁, 이스라엘-아랍 전쟁』. 본투비, 2023.
최창모. 『중동의 미래, 이스라엘과 팔레스타인』. 서울: 푸른사상, 2015.

Achcar, Gilbert 저. 팔레스타인 평화 연대 역. 『이스라엘의 가자 학살』. 고양: 리시올, 2024.

〈논문〉
손경한. "분쟁해결합의에 관한 일반적 고찰". 『법조』 제61권 제12호, 2012.
이서희. "국제법상 중개를 통한 분쟁의 해결: 이스라엘·레바논 해양분쟁을 중심으로". 『법학연구』 제34권 제1호, 2024.
임형백. "이스라엘과 하마스 전쟁의 역사적 배경". 『다문화와 평화』 제17집 3호, 2023.
최태현. "외교적 방식에 의한 영토분쟁의 해결". 『법학논총』 제24권 제4호, 2007.
Żakowska, Marzena. "Mediation in Armed Conflict." Security and Defence Quarterly, vol. 17, no. 4, 2017.

〈기타〉
외교부. "[기본규범]국제연합 헌장(UN Charter)." 2011년 4월 25일; 〈https://www.mofa.go.kr/www/brd/m_24969/view.do?seq=333138&srchFr=&srchTo=&srchWord=&srchTp=&multi_itm_seq=0&itm_seq_1=0&itm_seq_2=0&company_cd=&company_nm=〉 (검색일: 2025년 1월 25일).
Bercovitch, Jacob. "Summary of "Mediation in Internatinoal Conflict An Overview of Theory, A Review of Practice." (n.d.); 〈https://www.beyondintractability.org/artsum/bercovitch-mediation〉 (검색일: 2024년 12월 29일).
Jensehaugen, Jørgen. "Excluded Palestinians: Mediator Gatekeeping in the Israeli-Palestinian Conflict." 『FAIR Case Brief』 vol. 2 (2022) 〈https://www.prio.org/publications/12951〉 (검색일: 2025년 1월 3일).
Trump, Donald J.. Truth. 2024년 12월 3일; 〈https://truthsocial.com/@realDonaldTrump/posts/113584730902816413〉 (검색일: 2025년 1월 26일).
جميع الحقوق محفوظة لحركة حماس (Palestinian Islamic Resistance Movement). "تصريح صحفي حول حل عقبات اتفاق وقف إطلاق النار (Press Statement on Resolving the Obstacles to the Ceasefire Agreement)." 2025년 1월 17일; 〈https://hamasinfo.info/2025/01/17/5089/〉 (검색일: 2025년 1월 24일).

## 8장 전쟁의 수렁에 평화를 일구는 종교 간 대화 / 차승주

\* 이 글은 차승주(2025), "전쟁의 수렁에서 벗어나 평화에 이르는 길, 종교 간 대화: 이스라엘-팔레스타인 갈등을 중심으로", 『문화와 정치』 제12권 제1호, pp.167-196의 내용

을 수정 및 보완한 것이다.

〈단행본〉
데이비드 봄. 강혜정 역. 『대화란 무엇인가』. 서울: 에이지21, 2021.
도브 와스만. 장정문 역. 『우리가 알아야 할 이스라엘-팔레스타인 분쟁의 모든 것』. 용인: 소우주, 2024.
시어도어 젤딘. 문희경 역. 『대화에 대하여』. 서울: 어크로스, 2019.

〈논문〉
김화종. "종교협력운동의 지속성 요인에 대한 연구: 한국종교인평화회의(KCRP)를 중심으로". 『원불교사상과 종교문화』 52집, 2012.
박광수. "종교협력운동의 세계적 동향과 과제". 『종교연구』 제31집, 2003.
변진흥. "한국사회의 종교 공존과 종교협력운동: 한국종교인평화회의(KCRP)의 활동을 중심으로". 『종교연구』 56집, 2009.
석창훈. "종교간 대화의 원리와 실제 - TCRP를 중심으로 -". 『철학연구』 제93집, 2005.
신정훈. "교황청 문헌에 드러난 종교 간의 대화". 『가톨릭신학』 제21호, 2012.
황경훈. "아시아의 평화와 종교 간 대화: FABC의 대화노력을 중심으로". 『신학전망』 제189호, 2015.

〈기타〉
조운찬. "가톨릭 영성의 뿌리, 유럽 수도원을 가다:(하) 무소유 실천 '유럽의 예수' 빈자를 위해 다 버리다." 『경향신문』. 2011년 12월 1일; 〈https://www.khan.co.kr/article/201112012123275〉 (검색일: 2024년 12월 29일).
"필리핀 '민다나오 종교지도자협의회' 설립…"종교간 대화 박차"". 『가톨릭신문』. 2024년 10월 19일; 〈https://www.catholictimes.org/article/20241019500040〉 (검색일: 2024년 12월 31일).
Bishops-Ulama Conference 페이스북 〈https://www.facebook.com/padayonBUC/〉 (검색일: 2024년 12월 30일).
FABC Offices 홈페이지 〈http://www.fabc.org〉 (검색일: 2024년 12월 30일).
Gianluca Pacchiani. "At interfaith Ramadan iftar in Jerusalem, breaking fast under the shadow of war." 『The Times of Israel』. 2024년 4월 8일; 〈https://www.timesofisrael.com/at-interfaith-ramadan-iftar-in-jerusalem-breaking-fast-under-the-shadow-of-war/〉 (검색일: 2025년 1월 2일).
IEA 홈페이지 〈https://interfaith-encounter.org/en/〉 (검색일: 2025년 1월 2일).
IEA 페이스북 〈https://www.facebook.com/interfaithea/〉 (검색일: 2025년 1월 2일).

Interfaith Encounter Association,. Data Sheets 2023 〈https://interfaith-encounter.org/en/our-activity/〉 (검색일: 2025년 1월 2일).

KCRP 홈페이지 〈https://kcrp.or.kr/〉 (검색일: 2024년 12월 31일).

MARC SCHNEIER. "Ramadan and Passover: Amid the violence, a sign of hope - opinion." 『The Jerusalem Post』. 2024년 4월 18일; 〈https://www.jpost.com/opinion/article-797602〉 (검색일: 2025년 1월 2일).

Parliament of The World's Religions 홈페이지 〈https://parliamentofreligions.org/〉 (검색일: 2024년 12월 30일).

PCFF 홈페이지 〈https://www.theparentscircle.org/en/homepage-en/〉 (검색일: 2025년 1월 3일).

PCFF 페이스북 〈https://www.facebook.com/theparentscircle.org?ref=embed_page〉 (검색일: 2025년 1월 3일).

The Bishop-Ulama Conference 홈페이지 〈https://bishop-ulma.page.tl/〉 (검색일: 2024년 12월 30일).

TROY O. FRITZHAND. "Education Ministry bans Israeli-Palestinian parents group from schools." 『The Jerusalem Post』. 2023년 8월 2일; 〈https://www.jpost.com/israelnews/ article-753434〉 (검색일: 2025년 1월 2일).

## 9장 절멸의 정치 / 강혁민

〈단행본〉

강혁민. "국가폭력", 서보혁. 이성용. 허지영 역. 『폭력개념연구: 열 가지 사나운 힘의 해부』. 서울: 모시는사람들, 2024.

이재승. 『국가 범죄』. 서울: 앨피, 2004.

월터 브루그만, 류호준. 류호영 역. 『구약신학』. 서울: 기독교문서선교회, 2003.

홍미정. 『중동현대사: 무엇이 문제인가』. 서울: 서경문화사, 2024.

Amir, Menachem. "Organized Crime in Israel" in *Crime and Criminal Justice in Israel: Assessing the Knowledge Base towards the Twenty-First Century*. Robert R. Friedmann. New York: State University of New York Press. 1998. pp. 121-137.

Michalowski, Raymond. "In Search of 'state and crime' in state crime studies" in Chambliss, William J., Raymond Michalowski., and Ronald C. Kramer (Eds.) *State Crime in the Global Age*. New York: Routledge, 2010.

Weiburd, David. Jewish Settler Violence: *Deviance as Social Reaction*. Pennsylvania: Penn State University Press, 1990.

Wilson, Tim. "State Terrorism" in *the Oxford Handbook of Terrorism*. Oxford: Oxford University Press, 2019.

〈논문〉

Jackson, Richard. "The Ghost of State Terror: Knowledge, Politics, and Terrorism studies" *Critical Studies on Terrorism,* vol. 1, no. 3 (2008), pp. 377-392.

Lentin, Ronit. "Palestine/Israel and State Criminality: Exception, Settler Colonialism and Racialization" *State Crime Journal,* vol. 5, no. 1 (2016), pp. 32-50.

〈기타〉

International Crisis Group. "Stemming Israeli Settler Violence as Its Root" *Middle East Report.* Brussels. 2024

https://www.ppu.org.uk/news/israeli-refusenik-calls-end-persecution-conscientious-objectors-worldwide (2024년 11월 20일).

https://www.aljazeera.com/features/2024/3/1/in-new-york-israeli-conscientious-objectors-find-community-after-ostracism (2024년 12월 29일).

https://www.ochaopt.org/data/casualties (검색일 2025년 1월 8일).

https://www.ochaopt.org (검색일 2025년 1월 8일).

https://apnews.com/article/israel-palestinians-hamas-war-lebanon-hezbollah-iran-news-11-20-2024-5da3ce43df8662fe9eeab4ad804bdc0f (2025년 1월 3일).

## 10장 이스라엘-하마스 전쟁에 대한 한국 사회의 여론 / 서보혁

〈논문〉

강병근. "점령과 병합의 국제법적 효과 - 우크라이나 전쟁과 가자 전쟁을 중심으로". 『인권과 정의』 제525호, 2024.

반길주. "전쟁의 시대 부상과 정의의 전쟁론: 신냉전과 이스라엘-하마스 전쟁". 『평화연구』, 제32권 제1호, 2024.

배일수·정희태. "인간안보 차원 이스라엘-하마스 전쟁과 안보정책적 함의." *The Journal of the Convergence on Culture Technology*, 제10권 제4호, 2024.

엄한진. "식민에서 제노사이드로: 이스라엘 가자학살의 기원". 『경제와사회』 제143호, 2024.

최정준. "현대전에서 대내외 여론전의 역할: 이스라엘-하마스전쟁을 중심으로". 『한국동북아논총』 제29권 제3호, 2024.

홍성표. "이스라엘-하마스 전쟁이 한국안보에 주는 시점". 『군사논단』 제116권, 2023.

〈기타〉

김나영. "이스라엘 가자 국경서 들은 소리." 『조선일보』. 2024년 11월 27일.
김대중. "우크라이나, 중동 이후 제3의 전선은?" 『조선일보』. 2024년 3월 21일.
김신영. "서울 상공에서 북한 드론이 자폭하는 날." 『조선일보』. 2024년 11월 5일.
박정훈. "이스라엘은 왜 '더러운 평화'를 거부했나." 『조선일보』. 2023년 10월 21일.
"사설: 가자지구 병원 폭격, 민간인 거냥한 전쟁 당장 멈춰야." 『한겨레』. 2023년 10월 18일.
"사설: 고비에 선 '이스라엘-하마스 전쟁', 확전만은 막아야 한다." 『한겨레』. 2024년 10월 3일.
"사설: 레바논 삐삐 폭발, 이스라엘의 '국가 테러' 아닌가." 『한겨레』. 2024년 9월 19일.
"사설: 미 경기침체와 5차 중동전쟁, 복합 위기 직면한 한국 경제." 『한겨레』. 2024년 8월 6일.
"사설: 불시에 당한 '중동판 진주만 공습', 전쟁은 예고 없이 닥쳐온다." 『조선일보』. 2023년 10월 9일.
"사설: 사망 1만명 가자지구, 휴전 없이 어떻게 비극 막나." 『한겨레』. 2023년 10월 31일.
"사설: 예고된 민간인 참사, 이스라엘 지상군 투입 중단해야." 『한겨레』. 2023년 10월 15일.
"사설: 원시적 공격에 무력화된 첨단 방어망, 한반도에서 벌어질 수도." 『조선일보』. 2023년 10월 10일.
"사설: 이스라엘, '가자 집단학살 말라' ICJ 판결 준수해야." 『한겨레』. 2024년 1월 28일.
"사설: 이스라엘·하마스 "전쟁 멈추라"는 안보리 결의 받아야." 『한겨레』. 2024년 6월 11일.
"사설: '집단 아사' 문앞에 선 가자지구, 아이들을 살려야 한다." 『한겨레』. 2024년 3월 11일.
"사설: 크리스마스 사라진 베들레헴, 예수도 난민이었다." 『한겨레』. 2023년 12월 25일.
"사설: 하마스 공격에 이스라엘 '박멸 전쟁', 혼돈의 국제질서." 『한겨레』. 2023년 10월 8일.
"사설: 하마스-이스라엘 '보복', 왜 어린아이를 겨누는가." 『한겨레』. 2023년 10월 11일.
정철환. "우리는 이스라엘처럼 할 수 있나." 『조선일보』. 2024년 10월 12일.

## 11장 북한의 이스라엘-하마스 전쟁 인식과 한반도 함의 / 박아름

〈단행본〉

고유환 엮음. 『로동신문을 통해 본 북한 변화』. 서울: 선인, 2006.
조선중앙통신사. 『조선중앙년감 1985』. 평양: 조선중앙통신사, 1985.

〈기타〉

"유엔총회 팔레스티나 문제토의에 유태인 참가문제 타협안을 제출." 『함북로동신문』. 1947년 5월 13일.
"팔레스티나와 이스라엘사이의 대규모 무장충돌 발생." 『로동신문』. 2023년 10월 10일.
『로동신문』. 1966년 4월 23일. 1975년 5월 8일. 2023년 10월 10일. 2023년 10월 23일. 2023년 10월 24일. 2023년 10월 25일. 2023년 10월 27일. 2023년 10월 30일. 2023년 10월 8일. 2023년 11월 10일. 2023년 11월 19일. 2023년 11월 20일. 2023년 11월 4일. 2023년 12월 11일. 2023년 12월 12일. 2023년 12월 13일. 2023년 12월 15일. 2023년 12월 23일. 2023년 12월 24일. 2023년 12월 28일. 2023년 12월 4일. 2023년 12월 5일. 2023년 12월 5일. 2023년 12월 8일. 2024년 1월 18일. 2024년 1월 6일. 2024년 2월 11일. 2024년 2월 15일. 2024년 2월 19일. 2024년 2월 1일. 2024년 2월 22일. 2024년 2월 24일. 2024년 2월 27일. 2024년 2월 29일. 2024년 2월 4일. 2024년 2월 8일. 2024년 2월 8일. 2024년 3월 14일. 2024년 3월 1일. 2024년 3월 20일. 2024년 3월 22일. 2024년 3월 24일. 2024년 3월 31일. 2024년 5월 13일. 2024년 5월 28일. 2024년 6월 10일. 2024년 6월 1일. 2024년 6월 5일. 2024년 7월 31일. 2024년 8월 13일. 2024년 8월 24일. 2024년 8월 29일. 2024년 9월 12일.
『외교부』. "외교관계 수립현황". https://www.mofa.go.kr/www/wpge/m_4181/contents.do (검색일: 2024년 11월 4일).

【 집필진 소개 】

서보혁  정치학 박사를 취득(2003)하고, 국가인권위원회 전문위원, 이화여대와 서울대 연구교수를 거쳐 현재 통일연구원 선임연구위원으로 근무하고 있다. 국제 분쟁·평화연구를 해오면서 평화로운 한반도를 수립하는 길을 궁리하고 있다. 근래 저서로『군사주의』,『폭력개념 연구』(공편),『북한주민의 군대생활』(연구책임) 등이 있다.

허지영  베를린 자유대학교에서 정치학 박사를 취득하고 현재 강원대학교 통일강원연구원에서 연구교수로 재직하고 있다. 평화분쟁 이론 및 사례, 한반도 평화구축 등을 연구하고 국제정치, 유럽정치, 분쟁과 평화 등을 강의하고 있으며 최근 저서로는『폭력개념연구』(공편)가 있다.

니달 아부줄루프(Nidal Abuzuluf)  40여년 간 팔레스타인의 자치와 이스라엘과 팔레스타인의 공존을 위해 헌신해온 평화운동가로서, 그 과정에서 다섯 차례에 걸쳐 이스라엘 당국에 의해 구금된 바 있다. 그동안 팔레스타인 에큐메니칼청년운동 및 팔레스타인 기독학생운동 조직을 설립하고, 동예루살렘YMCA·팔레스타인YWCA 공동행동 사무총장, 팔레스타인 어린이보호기구 이사, 전국기독교단체연합 코디네이터, 팔레스타인 대안정보센터 이사, 점령 팔레스타인 및 골란고원 옹호 이니셔티브 멤버 등으로 활동해 왔다. 현재는 팔레스타인 기독교 이니셔티브 집행위원, 팔레스타인 카이로스문서그룹 멤버로 활동하고 있다.

이찬수 서강대 종교학과에서 박사학위를 받았고, 강남대 교수, 서울대 통일평화연구원 HK연구교수, 보훈교육연구원장 등을 지냈다. 『평화와 평화들』, 『메이지의 그늘』, 『세계의 분쟁』(공저), 『세계평화개념사』(공저) 등 95권의 단행본을 출판했으며, 가톨릭대에서 평화학을 강의하고 있다.

이나미 고려대학교 대학원에서 정치학 박사학위를 취득하고 현재 동아대학교 융합지식과사회연구소 전임연구원, 경희사이버대학교 후마니타스학과 외래교수로 근무하고 있다. 정치이념, 한국근현대정치사상, 생태사상을 연구해 왔다. 주요 저서로는 『한국 자유주의의 기원』, 『한국의 보수와 수구』, 『이념과 학살』, 『한국시민사회사: 국가형성기』, 『생태시민으로 살아가기』 등이 있다.

황용하 군비통제/군축 분야 NGO 평화네트워크의 연구원이다. 영국 에든버러대학교 국제관계학 석사과정을 졸업했고 동북아시아 군비통제 및 핵 군축을 주로 연구해 오고 있다. 최근 논문으로 "Out of Fire into the Frying Pan? The Ripple Effect of the Russia-Ukraine War on

Korean Denuclearization"(공저)가 있다.

임재성 　서울대학교에서 사회학 박사학위(법사회학 전공)을 취득하고, 2019년부터 연세대학교 사회학과 겸임교수로 재직하며 법사회학, 범죄사회학을 강의하고 있다. 또한 법무법인 해마루 구성원 변호사로 베트남전 민간인학살, 일제시기 강제동원 제주4·3 사건 재심 등 과거사, 국가폭력 관련 사건을 다뤄왔다. 2024년에는 가자 제노사이드를 저지른 이스라엘 총리 등을 한국 수사기관에 고발하는 운동에서 고발인들의 대리인 역할을 수행했다.

김진주 　영국 브래드포드 대학(University of Bradford)에서 평화학 학사, 서울대학교 국제대학원에서 국제학 석사를 취득하고, 평화·갈등이론에 주된 연구적 관심을 두고 있다.

차승주 　서울대학교에서 교육학 박사를 취득하고 천주교 서울대교구 민족화해위원회 부설 평화나눔연구소 연구위원, 통일부 장관 정책보좌관을 거쳐 현재 강원대학교 통일강원연구원 객원연구원으로 공주교대, 경인교대 등에서 강의하고 있다. 북한교육, 통일교육, 평화교육을 주로 연구해 왔고,『분쟁의 평화적 전환과 한반도: 비교평화연구의 이론과 실제』(공저),『평화는 왜 오지 않는가: 평화를 위한 종교적 투쟁』(공저) 등의 단행본과 20여 편의 논문을 출판했다.

강혁민 뉴질랜드 오타고 대학교 국립평화분쟁연구소에서 평화학 박사학위를 취득(2021)하고 강원대학교와 이화여대에서 박사후연구원을 거쳐 현재 경희대학교 국제학부 아시아학과 조교수로 재직하고 있다. 주요 연구 분야로는 이행기 정의, 분쟁 후 화해, 평화구축, 그리고 경합주의 이론이 있다. 필자의 최근 논문들은 *Peacebuilding*, *Peace Review*, 또는 *Peace and Conflict*에 게재되었다.

박아름 동국대학교에서 북한학 박사를 취득하고, 강원대학교 통일강원연구원 선임연구원을 거쳐 현재 연세대학교 빈곤문제국제개발연구원 전임연구원으로 근무하고 있다. 냉전시기 북한의 외교사를 주로 연구해 왔고, 근래 논문으로 「김정은의 서신을 통해 본 북-러 관계」, 「냉전의 주변부: 1986년 북한과 동독의 정상회담 연구」, 「데탕트의 압력과 북한의 대응: 북한과 유고슬라비아의 관계전환을 중심으로」 등이 있다.

【 찾아보기 】

[ㄱ]

가스펠 120
가자의 게토화 64
가자의 중개자 177
가자 제노사이드 138, 146, 148, 153, 162
가자 지구 24, 25, 36, 65, 91, 93, 105, 175, 228, 283, 284
가정폭력 79
가정폭력법 84
갈등 106
감폭력 230
거부권 273
게토 44, 47
게토화 46, 65
고발운동 158
고발장 157, 158
고엽제 91
공통된 가치 209
교섭 168, 174, 185
구금 25
구조적 생태폭력 106
구조적 폭력 108, 111
국가범죄 220, 221, 222
국가안보 254
국가연합 66
국가테러리즘 223, 224

국가폭력 215, 217, 225, 228, 230
국가 형성 213
국제기구 250
국제범죄 139, 147
국제법 39, 40
국제분쟁 166
국제사법재판소 138, 139, 140, 145, 146, 161, 170
국제사회 37, 40, 41, 42
국제 인권 단체 142
국제인권법 124
국제인도법 37, 124
국제조정위원회 170
국제형사재판소 138, 147, 148, 152, 161
군사용 AI 123, 131
군사원조 129
군수산업체 266
그린워싱 109
기독교 51
기반 시설 96

[ㄴ]

나크바 32, 60, 61
난민 32
남아공 141, 142, 143, 144
네트워크 204
농경지 파괴 97
느린 폭력 108, 111

## [ㄷ]

다극 세계 269, 270
다비드 벤 구리온 60
다층적 전환 84, 85
단극 세계 269
대결 280
대기오염 98
대량 살상 261
대화 191, 204, 205, 208, 209
대화 그룹 202
도구성 273
도덕적 의무 229
두 국가 해법 41
드 라자브 재단 160
드레퓌스 사건 47
디아스포라 45, 57
땅(에레츠) 213, 214, 285

## [ㄹ]

라벤더 120, 121
라파 군사 공격 중단 명령 143
러시아-우크라이나 전쟁 71, 162, 236
「레히법」 129
렌틴 222
《로동신문》 259, 268, 269, 270, 275, 278
「로마규정」 147, 148, 154
리퓨즈닉 225

## [ㅁ]

마이클 크웨트 130
만들어진 유대인 62
맥마흔-후사인 협상 53
무기 105, 111, 267
무기 거래 128
무기 수출 129, 267
무기체계 229
무장력 276, 278
무장봉기 34
무장투쟁 33
문화적 생태폭력 108, 109
물 부족 99
미국 128, 129, 131, 177, 179, 245, 246, 252, 261, 262, 263, 264, 265, 267
민간인 255
민간인 보호 273
민주평화 110
민주평화론 112
「민족국가법」 38

## [ㅂ]

반제 반미 의식 275, 277
반유대주의 47
반인도적 범죄 37, 149
방위산업 132
백린탄 104, 111
밸푸어 선언 54, 212

베냐민 네타냐후 151
보수적 전통 86
보편적 관할권 153, 154, 155, 160
부모 모임-가족 포럼 205
「부재자 재산법」 61
북한 258, 260, 261, 262, 271, 272, 273, 275, 277, 278, 279
분쟁 88, 190, 193, 282
분쟁 관련 여성폭력 71
분쟁 예방 193

[ㅅ]

사단법인 아디 155
사법재판 170, 176
사법적 해결 167
사이크스-피코 협정 54
살상 120
상호 이해 192
생명 112
생명평화 110
생명평화론 112
생체 인식 기술 120
생태폭력 90, 91, 92, 95, 96, 100, 103, 110, 112
생태학살 90, 91, 95, 110, 111
서안 지구 24, 27, 228, 284
성폭력 72
세계보건기구 80
「세계윤리선언」 195

세계종교의회 194
세계종교인평화회의 195
「세계 평화와 더불어 사는 삶을 위한 인간의 형제애에 관한 문서」 196
수질오염 99
슈무엘 아그논 62
시민고발인 156
시민사회 287
시온주의 44, 48, 50, 51, 56, 58, 59, 190, 212, 216, 227, 285
시온주의 국가 230
시온주의 운동 44, 56, 59
시온주의자 54
식량 100
식물학살 97
식민주의 109, 111, 212
식민지화 프로젝트 51
신냉전 162
신뢰 192
신화적 정체성 58
심 존 34

[ㅇ]

아랍 56
아랍민족주의 52
아랍 민족주의자 54
아래로부터의 평화 구축 209
아시아종교평화학회 200
아시아주교회의연합회 196

아파르트헤이트 35, 37, 38, 219
안보 243
안보 의식 강화 244
안전보장이사회의 273
알고리즘 127
알프레드 드레퓌스 47
앤터니 로엔스틴 114
야히야 신와르 182
양심적 병역거부자 225
얼굴 인식 시스템 119
에코사이드 91
여론 238
여성 72, 73, 74, 86
여성 군인 76
여성 차별 77
여성폭력 70, 71, 72, 76, 80, 81, 82, 83, 84, 88
연대 210
연합 운동 68
영구정전 165
영구휴전 165
영국 52, 53, 55, 57
영토 218
예루살렘 40
오슬로 협정 33, 34, 66, 173
오용 127
오판 127
오폐수 97
온라인 플랫폼 203
온실가스 105
외상 후 스트레스 장애(PTSD) 31

웨얼스대디 120, 122
유대 민족의식 58
유대인 44, 45, 46, 54, 55, 59, 225, 285
유대인 해방 45, 47
유엔 60, 61, 63, 66, 105, 271, 279
유엔개발계획(UNDP) 30
유엔 국제사법재판소(ICJ) 287
유엔여성기구 71
유엔 인도주의업무조정국 72
유엔총회 117
「유엔헌장」 139
유태 국가 265
유태복구주의자들 265
윤리성 131
의료 서비스 75
의료적 돌봄 75
이스라엘 27, 29, 32, 37, 40, 45, 58, 60, 61, 64, 65, 66, 87, 93, 94, 95, 100, 107, 108, 111, 118, 128, 142, 164, 180, 213, 215, 222, 230, 245, 246, 254, 260, 262, 281, 283
이스라엘 군대 225
이스라엘 외교부 158
이스라엘 전범 고발운동 155, 157, 158, 159
이스라엘-팔레스타인 분쟁 281
이스라엘-팔레스타인 평화협정 188
이스라엘-하마스 전쟁 36, 44, 71, 72, 82, 90, 100, 112, 114, 131, 164, 179, 212, 215, 230, 236, 237, 238, 245, 254, 260, 266, 272, 288

이스마일 하니예 182
이슬람 286
이중 잣대 272
이중 전략 52
이집트 66, 174, 177, 178, 179
인권 42, 273
인권유린 225
인도주의 143, 187
인도주의적 위기 248
인도주의적 참상 27, 29
인도주의적 휴전 251, 255
인류애 193
인티파다 33

[ㅈ]

자동화된 아파르트헤이트 119
자연 108
자원봉사대상 203
자위권 41, 272
자위적 국방력 275, 277
자율무기체계 116, 124, 125
자율살상무기체계 118
자율성 개념 116
잠정조치 140, 141, 143, 144
장기 점령 79
재생산권 폭력 75
저항권 41
전범 고발운동 158, 160
전쟁 27, 29, 110, 239, 240, 247, 256

전쟁범죄 37, 149, 150, 151, 247, 255
전쟁범죄자 147
전쟁 종식 179
절멸 214
절멸의 정치 98, 213, 214
점령 폭력 78, 80
정보전 254
정신 건강 80
정전 165
정착민 39, 219
정착민 식민주의 37, 38, 107, 111
정착촌 34, 35
정착형 폭력 218, 219, 220
정치 230
정치적 시온주의 운동 49
제1차 중동전쟁 61
제2차 인티파다 34, 80
제3차 172, 174, 175
제국 대 반제국 280
제국주의의 본성 274
제노사이드 140
제노사이드 방지 잠정조치 141
젠더 불평등 81, 85, 86
젠더폭력 70, 78
《조선일보》 239, 243, 244, 254, 283
종교 190, 201, 204, 210
종교 간 대화 190, 191, 192, 194, 195, 196, 199, 204, 206, 208, 287
종교 간 만남 협회 201
종교 간 협력 사업 199
종교적 극단주의 190, 207

종교적 제국주의 운동 52
종교 정체성 86
종말의 경제 98
종전 165
주교-울라마 협의회 197
주선 168
중개 164, 168, 174, 175, 177, 187, 188
중개국 181, 186, 187
중개역 186
중개자 169, 178
중동 264, 267
중재재판 170, 171
즉각 휴전 251
지배 전략 213, 215, 216, 221, 229
집단학살 27, 29, 248

[ㅊ]

참여연대 155
첨단 기술 114
첨단 무기 115
체포영장 148, 149, 150, 151
총화 단결 244
최소한의 원칙 252
친환경적 시스템 103

[ㅋ]

카타르 177, 178, 179

『쿠란』 286

[ㅌ]

『타나크』 58, 59, 214
타임라인 179
테러리즘 223, 224
테오도르 헤르츨 48
통곡의 벽 76, 77
통제권 267

[ㅍ]

팔레스타인 27, 29, 30, 31, 56, 57, 58, 60, 61, 65, 66, 96, 111, 114, 213, 254, 282
팔레스타인 민족주의 190
팔레스타인인 25, 31, 32, 35, 36, 37, 42, 80, 107, 110, 111
평화 190, 201, 206, 208, 287, 288
평화 구축 83
평화 연대 230
평화운동 158
평화 유지 193
평화적 해결 167
평화 정치 231
평화 정책 280
폐기물 이전 99
폐기물 처리장 99

폭력 81, 213

## [ㅎ]

하마스 29, 66, 67, 164, 180, 182, 282
학살 138
한국 시민운동 153
한국종교인평화회의 199
《한겨레》 245, 247, 248, 249, 250, 254, 283
한반도 209, 210, 277
한스 큉 195
합의 이행 176, 188
행위자적 폭력 91, 103
헤르츨 49, 50
협력 210
호머-딕슨 107
화해 193, 206
환경오염 102
휴먼아웃오브더루프 116
휴먼온더루프 116
휴전 165, 180
휴전 협상 179
휴전협정 164, 166, 174

10·7 테러 29, 37, 237
AI 118, 119, 121, 123, 125, 126, 127
AI 기반 무기체계 116, 118, 126, 127, 131, 132
AI 기술 119
AI 알고리즘 130
AI 워싱 130
AI 윤리 130
K-방산 131

## [기타]

3단계 휴전안 87, 181, 183
9·11 테러 195, 196

## 전쟁에게 평화를 묻다 -이스라엘-하마스 전쟁 연구

등록 1994.7.1 제1-1071
1쇄 발행 2025년 5월 20일

| | |
|---|---|
| 엮은이 | 서보혁 이찬수 허지영 |
| 지은이 | 서보혁 허지영 니달 아부줄루프 이찬수 이나미 |
| | 황용하 임재성 김진주 차승주 강혁민 박아름 |
| 펴낸이 | 박길수 |
| 편집장 | 소경희 |
| 편집·디자인 | 조영준 |
| 관　리 | 위현정 |
| 펴낸곳 | 도서출판 모시는사람들 |
| | 03147 서울시 종로구 삼일대로 457(경운동 수운회관) 1306호 |
| | 전화　02-735-7173 / 팩스 02-730-7173 |
| 홈페이지 | http://www.mosinsaram.com/ |
| 인　쇄 | 피오디북(031-955-8100) |
| 배　본 | 문화유통북스(031-937-6100) |
| ISBN | 979-11-6629-233-0　　　　03300 |

\* 잘못된 책은 바꿔 드립니다.
\* 이 책의 전부 또는 일부 내용을 재사용하려면 사전에 저작권자와
　도서출판 모시는사람들의 동의를 받아야 합니다.